KB133268

인간은 어떻게
움직임을 배우는가

인간은 어떻게 움직임을 배우는가

초판 1쇄 발행 2023년 1월 5일
초판 5쇄 발행 2024년 12월 20일

지은이 롭 그레이
옮긴이 장은욱 정연창 한범연
디자인 정면 조재영
삽 화 정희정
감 수 안성기
편 집 최승표
펴낸곳 코치라운드

출판등록 2022년 2월 8일 신고번호 제2022-000020호
주소 경기 용인시 기흥구 동백7로 96 2311-103
전화 070-4797-3004
전자우편 choopa3000@gmail.com
홈페이지 www.coachround.com

ISBN 979-11-981407-1-5 (03690)

책값은 뒤표지에 있습니다.

How We Learn To Move

인간은 어떻게

움직임을 배우는가

과학이 말하는 스포츠코칭 아이디어

롭 그레이 지음 장은욱 / 정연창 / 한범연 옮김

추천의 글

이기광 국민대학교 체육대학 스포츠건강재활학과 교수 | 인간이 운동 동작을 배우고 익히는데 있어서 적용되는 과학적 원리를 쉽게 설명해 줄 뿐만 아니라, 이러한 원리를 이용해 코치나 선수들이 어떻게 운동 프로그램을 구성해야 할지를 알려주는 매우 통찰력 있는 책이다. 원서보다 읽기가 더 편하도록 다소 어려운 학술적인 표현들을 쉽고 명확하게 번역한 역자에게도 찬사를 보내고 싶다.

그리고 전자책에서만 제공해주는 참고 링크에 대한 QR 코드를 인쇄본에서도 제공해준다는 점에서 독자들에 대한 세심한 배려를 느낄 수 있다. 현장의 코치와 선수들 뿐만 아니라 체육교사나 트레이너를 꿈꾸는 모든 체육학 전공생을 위한 대학 교재로도 훌륭하다.

조세민 조세민의 풋볼레슨 대표 | 초등학교에 입학하기도 전부터 아버지를

따라 새벽 조기 축구회에 나가면서 처음 축구를 알게 되었고, 초등학교 입학 이후 반대항 축구대회를 준비하기 위해 스스로 새벽 일찍 등교해서 홀로 축구 연습을 하던 때가 있었습니다. 그만큼 축구가 좋았고, 축구공만 있으면 세상을 다 가진 것처럼 느껴질 때가 있었습니다. 그런데 전문적으로 축구를 배우고 나서부터 축구에 대한 흥미가 점점 더 떨어지기 시작했 는데, 이 책을 읽으면서 그 이유에 대해 어느 정도 이해할 수 있게 되었습니다. 롭 그레이 박사는 이렇게 말합니다.

"고립된 연습만을 반복하면 선수의 개성은 죽게 된다. 스포츠를 시작하며 선수의 마음에 가득 차 있던 탐구정신을 앗아간다. 경기에 필요한 의사결정 능력을 발전시킬 수도 없다. 그런 연습만을 해온 선수가 경기장에서 창의적인 플레이를 보여줄 수는 없다."

이 책을 관통하는 주된 테마는 배움에 있어서 '탐구심'의 중요성입니다. 그 당시 저는 전문적으로 축구를 배워가고 있었지만 반대로 축구에 대한 탐구심은 잃어 가고 있었습니다. 어떻게 하면 축구에 대한 탐구심을 유지하면서 축구실력의 향상을 도모할 수 있을 지, 약 25년간 대학 교수, 프로구단 자문위원 등으로 일하고 있는 그레이 박사의 이야기를 통해 많은 힌트를 얻게 되었습니다.

유정민 서울고등학교 야구부 감독 | 운동 분야에 종사하는 모든 분들이 읽어봐야 할 좋은 정보가 가득한 책이다. 지도자로서 선수들을 어떻게 훈련시키고

성장시켜야 하는 지, 평소 접하기 힘든 연구논문들과 과학적 사실에 기반해 명료하게 알려준다. 책에 나온 표현처럼 그동안 많은 코치들이 '올바른 동작'을 선수들이 반복할 수 있도록 가르쳐 왔다. 하지만 그레이 박사는 단 하나의 올바른 동작을 반복한다는 개념은 일종의 미신이며 신기루라고 말한다. 책을 읽으며 크게 공감한 대목이다. 많은 코치와 트레이너 분들이 이 책을 읽고 함께 아이디어를 나누면서 선수육성에 적용하는 상상을 하면 너무나 행복하다!

김동현 온트재활의학과 원장 | "어떤 자세가 가장 좋나요?"
진료실에서 가장 많이 듣는 질문 중 하나입니다. 그럴 때마다 저는 "자주 자세를 바꾸는 것이 가장 좋은 자세"라고 답하곤 합니다. 좋은 자세가 정해져 있다는 환상은 두 가지 측면에서 문제가 됩니다.
먼저 하나의 자세에서는 스트레스가 특정 관절이나 인대, 힘줄 등에 집중되기 때문에 근육과 근막의 피로도가 빠르게 높아집니다. 학창 시절 교실에서 '앞으로 나란히' 자세로 벌을 받은 기억이 다들 있으실 겁니다. 근력이 아무리 강해도 그런 자세를 오래 유지하며 버티기는 어렵습니다.
그리고 우리는 일상 생활에서 매우 다양한 환경과 상황을 만나게 됩니다. 이 때마다 움직임의 형태는 계속 변하게 됩니다. 눕기, 앉기, 서기, 걷기, 숙이기, 계단 오르내리기 등등 우리는 다양한 맥락context에 맞게 적절한 움직임과 자세를 가져가야 합니다. 그렇기 때문에 어떤 하나의 '좋은 자세'를 유지하겠다는 것은 오히려 통증과 같은 의도치 않은 문제를 만듭니다. 일자목을 고치겠다고 목보조기를 차고 다니시다 오히려 만성통증이 되어 긴 시간을 고생하셨던 환자분이 떠오릅니다.

이러한 예들은 꼭 보통의 환자분들에게만 국한되지는 않습니다. 많은 스포츠 선수들이 통증으로 병원을 찾습니다. 특히 저에게는 골프선수들의 몸을 살펴볼 일이 많은데요. 아직 성장기인 어린 선수들의 통증은 더더욱 주의깊게 살펴봅니다. 스윙의 메커니즘이 아직 무르익지 않아서 일 수도 있고, 한국에서 유난히 많은 연습량이 문제가 되기도 하지만, 그 안을 들여다 보면 어느 특정 동작을 위한 반복연습이나 동일하고 반복적인 드릴의 사용이 원인이 되는 경우가 많습니다. 의사, 코치, 트레이너 등의 문제라기 보다는 과거의 제한적인 과학적 사실로는 운동제어와 학습, 그리고 뇌과학 등을 제대로 이해하는데에 한계가 있었기에 벌어지는 현상이라고 생각합니다

과학기술의 발달과 연구자들의 노력으로 이제는 우리가 어떻게 해야 움직임을 더욱 쉽게, 효율적으로 익힐 수 있는지에 대한 과학적 근거들이 쌓여가고 있습니다. 코치와 트레이너, 물리치료사, 의사를 포함해서 환자나 선수의 움직임을 다루어야 하는 직종들은 빠르게 업데이트되고 있는 연구결과들을 받아들이고 이해할 필요가 있습니다.

우리나라에서 운동학습이나 운동제어를 다룬 서적은 다소 어렵게 기술된 교과서가 대부분입니다. 배경지식이 충분하지 않은 분들에게는 어렵고 낯설게 느껴질 수 있습니다. 하지만 롭 그레이 박사의 책 "인간은

어떻게 움직임을 배우는가"는 쉬운 문체와 많은 훈련 예시를 다루고 있어 전문적인 지식이 없더라도 쉽게 읽힙니다. 스포츠 분야에 종사하는 분들이 운동학습에 대한 틀을 이해하는 데 큰 도움이 되리라 생각합니다.

이 책에서 그레이 박사는 자신의 경험만을 내세우며 추론으로 가득찬 주장을 하고 있지 않습니다. 운동학습 분야에 대한 전반적인 고찰과 최신 연구를 기반으로 어떻게 효율적인 연습을 디자인할 지에 대해 흥미로운 방안들을 제시하고 있습니다. 개인적으로는 치료를 위해 고민하다가 찾아보던 논문의 내용들이 이 책에 많이 담겨 있어서 더욱 반가웠습니다.

움직임이 어떻게 배워지고, 구성되며, 어떻게 선수나 환자에게 원하는 움직임의 전이를 이끌어 낼 것인지를 고민하는 분이라면 이 책을 통해 큰 방향을 잡으실 수 있을거라 생각합니다.

최종환 최종환 퍼팅 아카데미 코치 | 퍼팅 코치로서 선수의 성과를 향상시키는 방법이 무엇인지가 늘 저의 관심사입니다. 그레이 박사는 움직임을 단순히 동작의 문제로만 다루고 있지 않습니다. 지각과 동작이 작동하는 원리를 여러 사례를 통해 알기 쉽게 설명해 줍니다. 이 책을 읽고 나면 선수가 최적의 움직임을 스스로 조직하도록 하기 위해 코치가 무엇을 해야 하는지 배우게 됩니다. 선수의 발전을 위해 노력하는 코치라면 반드시 읽어야 할 책입니다.

강호석 스쿼시 국가대표팀 감독 | 그동안 우리가 확신했던 코치중심 코칭에 대해 의문을 갖고 새로운 방향을 고민 하고 있는 코치들에게 이 책은 그 고민에 대한 해답 을 제시하고 있습니다. 만약 MZ 세대 선수 지도에 어려움을 겪고 계신 코치분들이 계시다면 종목에 관계없이 당장 이 책을 읽기를 권합니다.

김아림 골프 선수 · 2020년 US 여자 오픈 우승 | 정연창 코치님과의 운동과 대화는 언제나 제 고민을 가볍게 해줍니다. 코치님의 운동철학과 꼭 닮아 있는 이 책은 분명 코치나 선수가 가지고 있는 어떤 문제든 해결의 실마리를 제공할 수 있을거라 생각합니다.

이지풍 한화 이글스 트레이닝 코치 · 《뛰지 마라, 지친다》 저자 | 드디어 나와 같은 생각을 하는 책을 만났다. 오랜 시간 나는 '과도한 연습은 부상을 유발하고 기술 향상에도 좋지 않은 영향을 미친다'고 주장해왔다. 그런 나의 말에 대부분의 지도자들은 '그럼 훈련하지 말고 뭐하라는거냐'고 말하곤 했다. 나는 훈련의 양보다는 방법이 훨씬 더 중요하다고 믿는다. 코치가 창의적이고 효율적인 연습방법을 고민한다면, 연습의 양을 조금 줄이더라도 충분히 좋은 효과를 낼 수 있다고 믿는다. 그레이 박사가 오랜 시간에 걸쳐 해왔던 훈련방법에 대한 고민이 많은 지도자들에게 도움이

되리라 확신한다.

정준섭 IMG 아카데미 한국 본부장 | 스포츠에 관련된 어느 책들보다 더 많은 가르침을 주는 책이다. 이 분야를 다룬 여러 권의 책을 읽기 보다 이 책을 여러 번 천천히 읽으라고 권하고 싶다. 코치와 선수 모두에게 큰 깨달음을 안겨줄 것이다. 동작과 기술에 대한 깨우침을 넘어 그 이상을 경험할 것이다.

강동우 베이스골프 대표 | 우리가 어떻게 움직이고 어떤 방식으로 움직임을 학습하는지에 대한 생각을 해본 적이 있을까? 성장하면서 자연스럽게 익히며 자리 잡았던 여러 움직임들의 배후에 있는 원리를 이해하는 것은 쉽지 않다. 이 책은 누구나 이해하기 쉽게 모두의 언어로 설명해주고 있다. 운동을 하거나 가르치고 있는 사람이라면 움직임을 이해하고 학습하는 방법에 대해 '전문가'가 되어야 한다. 진정한 '움직임 전문가'가 되고 싶은 분은 어렵고 복잡하게 다른 길로 돌아가지 말고 이 책부터 읽어보길 강력하게 추천한다.

역자 서문

움직임을 이해하고 탐구하는 일, 그리고 그것들을 사람들의 삶에 적용할 수 있도록 도움을 주는 일은 교수라는 직업을 가진 나에게 무엇보다 중요한 일이다. 현장에 있을 때에는 선수의 움직임 향상을 위한 맹목적인 탐구를 시도하였고, 대학원에서 연구를 할 때는 객관적인 데이터 위주의 생체역학을 공부하였다. 이와 같은 과정들이 지겹고 긴 시간이었을 수 있으나, 움직임이라는 주제를 바라보는 나의 시각을 넓혀주는 기회였다고 생각한다.

그렇게 15년의 시간이 지나고 생체역학과 운동생리학과 같은 스포츠 과학의 주요 핵심 학문들에 집중하면서도 여전히 풀리지 않는 의문과 궁금증은 마음 속에 그대로 자리잡고 있었다. 스포츠현장에 접목할 수 있는 이론적 배경과 지식은 매우 다양하며 각각의 상황에 따라 서로 다른 이론들이 적용될 수 있다. 운동제어와 운동학습은 기본적으로는 어린 아이들의 성장, 질환을 가진 사람들의 움직임 영역에서 주로 연구되어 왔으나, 최근 접한 운동제어 이론의 스포츠현장 적용은 또 다른 시각으로 선수들을 바라볼 수 있는 좋은 도구가 되었다. 몇 권의 도서 번역을 경험하면서 선수들의 움직임 향상을 위한 훈련 개발의 기초가 되는 이론들에 대해 공부하게 되었으며, 많은 이론의 이해는 곧 다양성 개발의 큰 힘이 된다는 것을 깨닫게 되었다.

선수의 움직임을 이해하기 위해서는 코치와 트레이너의 경험, 비판적인 눈, 끊임없는 탐구가 필수적이며 그 어떤 것도 현장 기반의 비판적인 사고를 뛰어넘지는 못할 것이다. 비판적인 사고는 단단한 지식에 기반한 다고 믿는다. 이 책 '인간은 어떻게 움직임을 배우는가'는 스포츠과학 현장에서 움직임에 대한 기초적인 이해를 위한 중요한 개념들을 담고 있다. 또한 개념을 넘어서 현장에 적용할 수 있는 방향성을 제시해준다. 이 책이 담고 있는 내용은 현장의 코치와 트레이너의 역량을 성장시키는데 큰 도움이 될 것임을 확신한다. 이와 더불어 스포츠과학에서 움직임을 탐구하는 연구자에게도 새로운 세계를 소개시켜 줄 것이다. 이번 번역의 과정은 학자와 교육자로서 보다 더 많은 이론적 지식과 현장 경험으로 학생들을 지도하며 새로운 연구를 진행할 수 있는 새로운 힘을 발견하는 좋은 기회였다. 번역에 함께한 정연창 코치와 한범연 선생님, 그리고 적극적으로 기획을 해주신 코치라운드 최승표 대표님께 감사의 말씀을 드린다. 아무쪼록 선수들을 위해 고군 분투하는 많은 코치, 트레이너, 그리고 스포츠과학 전문가들에게 샘물과 같은 책이 되길 바란다.

장은욱

끝나지 않을 것만 같았던 뜨거운 여름이 지나고 우리는 추운 겨울을 보내고 있다. 저마다 옷장에 고이 걸어 놓은 두꺼운 패딩을 꺼내 입고 몸을 잔뜩 움츠린 채 바쁘게 일상을 보낸다. 이러한 계절의 변화를 넋놓고 바라보거나 그저 세월의 지나감을 무심하게 느껴도 그만이지만 인간의 움직임을 탐구하고 지도하는 직업군의 한 사람으로서 문득 바보 같은 물음이 떠오르기 시작한다.

뜨거운 여름 내내 약간 풀어져 있던 우리의 움직임은 왜 겨울이 되면 바뀌는 것일까? 이렇듯 움츠러들며 바쁘게 종종 걸음을 내딛게 되는 이유는 무엇일까? 그것은 결국 추운 환경이라는 외부의 변수 때문이 아닌가? 그렇 다면 우리 스스로 몸을 조절한다는 이른바 '모터 컨트롤 motor control'은 무엇인가?

저명한 움직임 전문가들이 모터 컨트롤을 강조하지 않는가? 스스로 자신의 움직임을 조절할 수 있다면 우리는 추위에 흔들리지 말고 영하 10도의 겨울에도 여름처럼 당당히 걸어야 하지 않겠는가?

현장의 선수 트레이너와 스트렝스&컨디셔닝 코치로 15년을 지내 오며 나는 혼돈을 겪곤 했다. 수 많은 트레이닝계의 명사들이 그토록 찬양해 마지않는 스스로의 근신경계 조절(모터 컨트롤)에 대해서 큰 의문을 가지기 시작했다. 인간은, 그리고 선수는 혹시 환경과 제약에 지배되고 있는 것은 아닐까? 선수와 함께 하는 감독, 코치의 훈련 스타일, 훈련 환경, 부모 등이 환경과 제약에 해당할 것이다. 인간의 적응이라는 순차적인 단계는 어쩌면 움직임의 갑작스러운 '창발'이라는 단어 앞에서 그 힘을 무력하게 잃어버리는 이론에 지나지 않을까? 어쩌면 트레이너로서의 삶 전체를 무색하게 만들 수 있는 그런 물음들 앞에서 나는 절박함과 답답함을 느꼈다.

코치로서, 트레이너로서 나에게 가장 큰 난제이자 인생 최대의 도전 과제는 유전적 재능에 대한 극복이었다. 프로에서 성공하는 선수들이 반드시 가장 열심히 하는 선수는 아니다. 나는 그들이 천부적인 유전적 재능의 소유자라는 것을 부정하지 않는다. 또한 훈련을 통해 그 차이가 좁혀질 수 있다고 자신있게 이야기할 수도 없다. 특히 골프와 야구 같은 멘탈과 기술적인 요소가 지배하는 스포츠에서는 강인한 내면적인 기질을 타고난 선수와 부모로부터 뛰어난 신체기능적 능력을 물려받은 선수가 경쟁에서 유리할 수 밖에 없다는 사실을 고백하지 않을 수 없다.

타고난 재능은 다소 부족하지만 꿈과 열정을 가진 선수들이 지도자와 손을 잡고 그런 차이를 극복할 수 있다면! 어제보다 조금 더 나아지기 위해 정직하게 땀을 흘리는 많은 선수들을 내가 도와줄 수 있다면! 모든 사람들이 불가능할 거라고 했던 일을 선수와 함께 해낼 수 있다면! 나는 그런 가능성을 현실로 만들어 줄 열쇠가 이 책에서 설명하는 접근법과 이론들 속에 있다고 아직 믿고 있다.

넘치도록 많은 훈련들, 맹목적인 런닝의 반복, 검증되지 않는 훈련 방법들, 무조건 신체 정렬의 잣대를 들이대는 접근법들이 넘쳐나고 있다. 겉보기에는 풍요로워졌지만 여전히 어설픈 시스템 속에서 꿈을 펼치지 못하는 선수들이 여전히 많다. 나는 모든 스포츠는 산업에 기반해야 한다고 생각한다. 그래서 감독, 코치, 트레이너, 스트렝스&컨디셔닝 전문가, 스포츠 영양 전문가 등 다양한 구성원들이 산업을 구성하여 스포츠 이야기를 더욱 풍성하게 만들어 선수들에게 꿈과 희망을 주어야 한다고 생각한다.

우리가 어떠한 이론을 깊이 공유하며 방향성을 잡고, 그 방향성을 표지석 삼아 서로의 역량을 발전시켜 나가면 좋겠다. 이 책에서 소개하는 자기조직화 코칭모델과 다이나믹 시스템 이론은 완벽하진 않지만 스포츠 산업을 구성하는 각각의 전문가 그룹에게 '가지 않은 길'을 보여 주리라 믿는다. 아무쪼록 많은 분들이 이 책을 통해 각자의 영역에서 통찰력이 깊어지기를 바란다.

정연창

나의 이름을 걸고 처음 출판하는 번역서이기에 좋은 책을 잘 소개해야 한다는 생각과 이미 일가를 이룬 분들 사이에서 폐를 끼치면 안된다는 생각으로 시작한 일이다. 이에 더해 이 책을 읽는 독자에게 어떻게 다가가야 할지 걱정이 작지 않았다. 고민 끝에 옆자리에서 나와 함께 공부를 하는 동료와 가볍게 대화한다는 느낌으로 번역 작업에 임했다. 전공자가 아닌 까닭에 이 책의 내용을 전달하는 것이 아닌, 같이 공부한다는 자세로 시작하자 한 문장 한 문장이 끝날 때마다 새로운 지식이 쌓여가는 즐거움이 더 커졌다.

전문가 분들과 함께 했기에 운동과 교육을 전공하는 분들의 고개를 끄덕이게 하기에 모자람이 없을 것이라 생각한다. 물론 이 책도 정답을 던져줄 수는 없을 것이다. 하지만 우리가 그동안 의심하지 않고 쉽게 믿어 왔던 전통적인 운동 교육 방식을 한 번 되돌아 볼 수 있는 계기가 되기에는 충분한 자격이 되는 책이라고 말하고 싶다. 아마도 많은 독자들은 책을 보며 고개를 갸우뚱하게 될 수도 있을 것이다. 하지만 그것 역시 의미가 있는 일이 아닐까?

책의 내용을 쉽게 이해할 수 있게 정성스레 일러스트를 만들어 주신 정희정 작가님께 감사드린다. 덕분에 전공자가 아니라도, 그리고 아직 어린 자녀 혹은 선수에게 알려줄 방향을 고민하고 있는 어른들도 쉽게 다가갈 수 있는 책이 만들어졌다는 생각이 든다.

마지막으로, 이 책은 단순히 운동에 국한된 이야기가 아니라는 생각이 든다. 우리나라의 모든 교육 분야에서 함께 고민해볼 가치가 있는 내용을 담고 있다는 확신을 가지게 되었다. 그저 의미없는 반복, 아이들의 상태를 반영하지 않은 프로그램, 인지 능력에 대한 고려가 없는 수업은 그저 스포츠 현장이나 체육 교육에서만 벌어지는 일은 아니기 때문이다.

부족함이 많은 내 이름이 함께 올라갈 수 있게 품어주신 장은욱 교수님과 정연창 코치님께 감사드린다. 나아가 많은 고민과 고생(!)을 자처하시는 코치라운드 최승표 대표님께 많은 분들의 아낌없는 박수와 응원을 부탁드린다.

한범연

사랑과 지지, 그리고 '강력한 어트랙터'로 나를 이끌어준 나의 아내 사라와

나의 삶을 '없어서는 안될 노이즈'로 채워준 우리 아이들, 앵거스, 몰리, 요나

그리고 격려와 피드백으로 '창발적인' 대화가 일어날 수 있게 도와주신

팟캐스트 구독자분들께 감사드립니다.

목차

8장 중요한 것은 문제해결능력이다 · 197

9장 최고의 선수들을 따라 해도 안되는 이유 · 219

10장 창의적인 움직임은 어디서 나오나 · 241

서문

좋은 동작과 좋은 기술은 다르다

5년 전쯤 어느 한적한 토요일 아침이었던 것으로 기억한다. 나는 집 밖으로 나와 주변의 공원을 산책하고 있었다. 공원에는 많은 아이들이 모여 이런저런 스포츠를 하고 있었다. 축구장에서는 바닥에 놓여진 콘을 요리조리 지나며 드리블하는 연습을 하고 있었다. 아이들은 한 줄로 길게 서서 자기 차례를 기다리고 있었다. 다른 운동장에서는 고등학교 풋볼팀이 여러 개의 타이어를 통과해 달리는 연습을 하고 있었다. 야구장에서는 배팅티에 공을 올려놓고 타격연습을 하는 모습이 보였다. 테니스 코트에서는 한 선수가 스트로크 연습을 하고 있었다. 코치가 언더핸드로 올려준 공을 때려서 반대편 코트로 넘기는 연습을 반복하고 있었다. 이런 풍경들을 바라보며 나의 머리 위에는 커다란 물음표가 올라왔다.

축구, 풋볼, 야구, 테니스 모두 대단히 역동적인 스포츠다. 우리는 이런 종목의 선수들이 선물하는 하이라이트 영상을 보며 감탄하곤 한다. '저게 가능하다고?' 선수들은 더 이상 새로운 기술이 나올 것 같지 않은 스포츠의 세계에서 늘 새로운 움직임을 보여주며 사람들을 열광시킨다. 이런 경기들에서 선수의 움직임은 상대하는 선수의 움직임에 따라 완전히 달라진다. 공격수와 수비수, 투수와 타자, 서브를 넣는 선수와 받는 선수, 이렇게 대부분의 스포츠가 지닌 재미와 역동성은 상대와의 대결구도로부터 나온다.

내가 공원을 산책하며 본 것과 같은, 정적이고 고립된isolated* 연습은 대부분의 스포츠 현장에서 흔히 볼 수 있는 광경이다. 그런 연습을 가만히 지켜보다 보면 마치 정해진 안무대로 움직여야 하는 춤을 배우고 있는 것처럼 보인다. 왜 우리는 이런 코칭방식을 별다른 의문 없이 이어오고 있는 것일까? 골프 레슨은 물론 축구과 야구, 심지어 도예를 배울 때마저도 우리를 지배해 온 믿음이 있다.

> "코치나 교습가가 알려주는 '단 하나의 올바른 동작'을 제대로 할 수 있을 때까지 반복훈련을 해야 기술이 발전한다."

---

* 신체의 전반적인 움직임을 지향하기 보다는 신체의 일부만을 사용하거나, 단순한 동작만으로 구성된 연습을 뜻한다.

야구와 테니스, 골프 선수들은 그래서 '올바른 스윙'을 위해 반복에 반복을 거듭한다. 축구와 농구 선수들은 '올바른 드리블 동작'을 익히기 위해 애를 쓴다. 도예를 시작한 사람은 '올바른 손동작'을 배운다.

역동성이 생명인 스포츠의 세계에서는 선수의 창의성이 중요하다. 상대에 따라, 그리고 변하는 환경에 맞추어 적응하는 능력도 중요하다. 그런데 우리는 역동적인 스포츠를 지루하고 단순한 기본기의 집합으로 쪼그라뜨리고 있다. '좋은 기술은 기본기들을 꾸준히 반복해서 마스터해야 나온다.' 이것이 많은 코치들이 마음 속에 품고 있는 믿음 이다.

올바른 동작과 반복훈련에 대한 믿음

이 책은 많은 코치들이 가지고 있는 그러한 믿음에 질문을 던지는 책이다. 동시에 인간이 어떻게 운동기술을 배우는지에 대해 새로운 관점을 소개한다. 이 책에서 소개하고 있는 아이디어나 이론은 나 혼자만의 주장은 아니다. 이미 많은 종목의 코치들에게 영감을 준 방식이다.

도르트문트, 파리 생제르맹, 첼시 등의 감독을 지낸 토마스 투헬 감독은 수비수들의 손에 테니스공을 쥐어준다. 그런 상태에서 공격수를 막는 연습을 시킨다. 수비수는 손으로 공격수를 잡을 수 없기 때문에 몸 전체를 이용해서 보다 강력하게 공격수와의 몸싸움을 이겨내야 한다. 메이저리그 보스턴 레드삭스의 제이슨 오차트 타격 디렉터는 훌라후프를 이용 해 타격연습을 한다. 타격연습을 하는 배팅게이지 앞쪽에 훌라후프를 걸어놓고 타자들에게 그곳을 맞추는 연습을 시킨다. 스윙동작에 대한 주문은 특별히 하지 않는다.

토마스 투헬의 차이학습법을 적용한 연습

위대한 테니스 선수 노박 조코비치가 하는 연습 중에는 상대 코트가 아니라 자기쪽 코트에 공을 먼저 바운드시켜 넘기는 미니게임이 있다. 이런 연습들에 '단 하나의 올바른 동작' 같은 것은 없다. 선수에게는 풀어야 할 '과제'가 있고 나름대로 창의성을 발휘해 '움직임 솔루션'을 만들어 내야 한다.

노박 조코비치의 변형 미니게임

반복훈련에 대해서도 이 책은 새로운 관점을 제안한다. 반복은 운동기술을 발전시키기 위한 절대적인 요소로 오랫 동안 간주되어 왔다. 반복훈련을 통해 어떤 동작이 자동으로 나올 때까지 만들어야 한다고 수많은 코치들은 말한다. 하지만 맹목적인 반복은 능숙한 기술을 갖추기 위한 만병통치약이 될 수 없다. 코치가 '단 하나의 올바른 동작'을 반복훈련을 통해 가르치는 것은 사실상 불가능하다. 움직임에 대한 답을 가지고 있는 유일한 사람은 코치가 아니라 선수 자신이기 때문이다.

이 책이 스포츠코칭에 대한 기존의 통념을 근본적으로 흔드는 것은 이뿐만이 아니다. 새로운 기술을 배울 때 선수는 동작을 일관되게 하기가 어렵다. 동작이나 기술이 익숙하지 않기 때문에 움직임에 변화가 클 수 밖에 없다. 조금 어려운 말로 표현하면 '움직임의 변동성variability'이 크다고 할 수 있다. 대체로 코치들은 이런 '움직임의 변동성'을 그다지 탐탁치 않게 여겨 왔다. 라디오 주파수가 틀렸을 때 나오는 듣기 싫은 소리처럼 일종의 '노이즈noise, 소음'로 여기고 반복훈련을 통해 없애려고 애를 써왔다. 하지만 이 책에서 소개하는 새로운 스포츠코칭 접근법은 '움직임의 변동성'을 오히려 환영한다.

최고의 선수들은 상대에 따라, 그리고 경기장의 상태, 날씨, 자신의 몸 컨디션 등에 맞추어 기술을 창의적으로 적응하는 능력이 탁월한 선수들이다. 그런데 대부분 종목의 연습은 이런 것들과 관계없이 진행되는 경우가 많다. 같은 동작을 계속 반복하면서 그 동작이 자동적으로, 반사적으로 나오는 것에만 초점을 맞춘다. 우리는 그런 '올바른 동작'을 만들려는 연습이 선수가 경기장에서 실제로 기술을 발휘하는데 도움이 되는 방식인지 진지하게 고민해 볼 필요가 있다. 좋은 동작을 하는 것과 경기에서 좋은 기술을 보여주는 것은 구별되어야 한다.

스포츠 뿐만 아니라 모든 분야의 진짜 전문가는 단순히 머릿속에 많은 것을 담고 있는 사람이 아니다. 주변 세상과 적절히 관계를 맺으면서 자신이 알고 있는 것을 세상의 문제를 해결하는데 효과적으로 사용하는 사람이 진정한 전문가다. 선수 역시 많은 동작들을 잘 수행한다고 해서 무조건 좋은 선수라고 말할 수는 없다. 반복훈련으로 저장된 프로그램만 실행하는 로봇이 되어서는 경기장에서 벌어지는 온갖 상황들을 대처할 수 없다. 상대에 따라 바뀌고, 점수에 따라 바뀌고, 경기의 압박감에 따라 조금씩 바뀌는 과제들을 해결하는 것이 진정한 의미의 기술이다. 그래서 이 책에서 소개하는 새로운 스포츠코칭 접근법에서는 동작이나 기술이라는 말 대신 '움직임 솔루션movement solution'이라는 표현을 주로 사용한다. 모든 움직임에는 과제를 해결하기 위한 목적이 숨어 있다는 의미다.

연습을 창의적으로 디자인하는 코치의 역할

이 책에서 소개하는 혁신적인 스포츠코칭 접근법은 코치의 역할에도 변화를 요구한다. "다 그렇게 해왔어." 이런 태도를 가지고 과거로부터 내려온 연습방법을 맹목적으로 반복하는 것은 새로운 코칭의 세계와 어울리지 않는다. 코치에게는 가이드의 역할, 디자이너로서의 역할이 보다 강조된다. 특히 연습을 창의적으로 디자인하는 능력을 갖추어야 한다. 선수의 연습을 주의깊게 관찰하며 올바른 방향으로 갈 수 있도록 안내해 주어야 한다.

아무런 과제도 주어지지 않는, 지루하고 고립된 동작만을 반복하는 연습에서 이제 벗어날 필요가 있다. 선수에게 다양한 과제를 제공해 주면서 여러 시도를 통해 스스로 움직임 솔루션을 찾아가는 연습환경을 만들어 주어야 한다. 이 책에서 소개할 '제약주도접근법Constraints-Led Approach'이나 '차이학습법Differential Learning' 같은 코칭방식이 코치가 연습을 디자인하는데 큰 도움이 될 것이다. 이런 코칭방식은 제3자가 볼 때는 코치가 선수를 대충 가르치는 것처럼 보이기도 한다. 하지만 이후에 소개할 여러 사례와 연구결과 등으로 확인할 수 있듯이, 이런 코칭방식이 지닌 잠재력은 무궁무진하다. 코치가 연습을 창의적이고 도전적으로 디자인하는 능력에 따라 선수의 기술 수준은 엄청나게 달라질 수 있다.

스포츠코칭에서 일어나고 있는 이런 혁신과 도전들은 관련 분야에도 변화를 불러 일으키고 있다. 기존의 '브레인 트레이닝brain training'은 맥락context이 제거된 형태로 진행되어 왔다. 선수의 움직임과 통합한 훈련이라기 보다는, 눈 앞에 놓인 스크린을 터치하면서 지각능력, 주의력, 의사결정 능력 등을 키우는데 초점을 맞춘다. 하지만 이제는 선수들이 실제 동작을 수행하면서 사용할 수 있는 시각차단안경, 움직임 소니피케이션movement sonification과 같은 혁신적인 테크놀로지가 개발되고 있다. 가상현실VR기술의 발전도 주목할 만 하다. 가상현실 기술의 진정한 가치는 단순히 '실제' 경기를 똑같이 재현하는데 있지 않다. 오히려 실제 연습이나 경기에서는 경험하기 어려운 움직임도 연습할 수 있게 해준다는 점에서 가상현실기술의 가치는 정말 크다고 할 수 있다.

또한 이 책에서 소개할 새로운 스포츠코칭 접근법은 선수가 부상을 예방하거나 부상으로부터 회복하는 과정에도 긍정적인 영향을 미칠 수 있다. 선수가 '단 하나의 올바른 동작'을 반복하는 것이 아니라 조금씩 다른 방식으로 움직이게 되면 부상의 위험도 자연스럽게 줄어들게 된다. 움직임의 변동성이 무릎과 팔꿈치의 부상 위험을 낮춘다는 여러 연구결과들이 실제로 존재한다. 뇌진탕의 위험이 줄어든다는 연구결과도 있다.

또한 새로운 스포츠코칭 접근법은 선수의 재활 프로세스도 다른 관점으로 접근한다. 기존에 정해진 몇 가지 운동을 단계적으로 실행하면서 부상을 당하기 이전 상태로 그저 되돌아가는 것만을 목적으로 하는 조심스러운 작업으로 재활을 바라 보지 않는다. 부상을 당한 선수는 신체조건이 당연히 변하게 된다. 그런 변화된 조건에 맞추어 새롭게 신체능력과 지각능력을 재구성하는 과정으로 생각한다.

다행히 내가 5년 전에 산책을 하며 보았던 모습들은 여러 스포츠 현장에서 조금씩 바뀌고 있다. 이 책을 통해 소개하려는 코칭방식이 이미 적용되고 있는 곳이 많다. 특히 어린 선수들을 가르치는 코치들 사이에 이 정보들이 빠르게 스며들고 있다. 참으로 반갑고 고마운 일이다. 우리가 그동안 오랫동안 사용해온, 기본기와 반복을 강조하는 연습방식은 유소년 선수를 오히려 망가뜨리는 방식이다. 콘 사이를 드리블하거나, 같은 스윙을 반복하는 고립된 연습만을 반복하면 선수의 개성은 죽게 된다. 스포츠를 시작하며 선수의 마음에 가득 차 있던 탐구정신을 앗아간다. 경기에 필요한 의사결정 능력을 발전시킬 수도 없다. 그런 연습만을 해온 선수가 경기장에서 창의적인 플레이를 보여줄 수는 없다.

코치가 연습을 창의적으로 세팅하면 선수는 운동의 즐거움을 깊게 느끼면서도 필요한 기술을 익혀나갈 수 있다. 하지만 실제 많은 어린 아이들은 소위 말하는 '기본기' 연습만 하다가 운동을 그만둔다. 표현하고 싶은 움직임으로 스스로를 마음껏 드러내지 못한 채 '운동신경이 없다'든지 '노력이 부족하다'는 말만 듣고 어린 나이에 스포츠를 떠나게 된다. 분명 우리에게는 더 좋은 방법이 있다. 어린 선수들은 스포츠에 대한 흥미를 잃지 않고도 운동기술을 배워나갈 수 있다.

이 책에서 소개하고 있는 내용들은 사실 꽤 오랜 시간 동안 여러 사람들의 노력으로 발전되어 온 것들이다. 러시아의 모스크바부터 미국의 뉴욕에 이르기까지 전 세계에 걸쳐 이러한 혁신을 이끌어 온 사람들이 있다. 나는 그 분들의 노력을 한 자리에 모아놓았을 뿐이다.

그리고 이 책에는 어려운 용어들도 제법 등장한다. 언뜻 봐서는 그 뜻을 바로 파악하기 어려운 단어들이다. '생태역학Ecological Dynamics', '다이나믹시스템이론Dynamical Systems Theory', '복잡적응계Adaptive Complex System' 이런 개념을 만나면 아마 머리가 멈추게 될 지도 모른다. 하지만 걱정하지 않아도 된다. 이 책은 그런 복잡한 개념들을 하나하나 깊이있게 다루고 있지는 않다. 그것들이 스포츠코칭에 어떤 의미를 가지는지 가볍게 이해하고 넘어가도 충분하다.

나는 연구원과 교수, 그리고 프로구단을 자문하는 컨설턴트로 25년 넘게 스포츠코칭 분야를 공부하고 있다. 많은 사람들이 나를 '살아있는 백과사전'이라고 부른다. 지금과 같은 디지털 시대에 '백과사전'을 읽을 만큼 내가 나이가 많다는 뜻인가 하는 생각에 혼자 웃음지을 때도 있 지만 나는 이 말이 싫지는 않다. 실제 나는 스포츠코칭과 운동학습 관련한 수많은 논문과 자료들을 공부해 왔다. 그리고 내가 아는 정보를 쉽게 전달하기 위한 연습도 꾸준히 해왔다. 지금까지 6년 넘게 진행하고 있는 '지각과 행동Perception & Action' 팟캐스트도 어려운 전문지식을 코치와 선수들이 쉽게 이해할 수 있도록 전달하기 위한 나만의 노력 이라고 할 수 있다. 이 책도 복잡한 운동학습 이론이나 연구논문의 내용들을 최대한 쉽게 설명하고자 노력했다.

이 책을 관통하는 주된 테마는(선수든, 코치든) 배움에 있어서 탐구심의 중요성이다. 나는 이 책이 독자분들에게 영화의 예고편처럼 다가갔으면 하는 바램이 있다. '이거는 조금더 알아보고 싶은데?' 이 책을 다 읽고나서 이런 호기심이 일어나기를 바랄 뿐이다. 관심이 생긴 아이디어나 코칭방법에 대해 조금더 자세히 탐구하고 싶다는 생각이 독자분들의 마음에 일어났다면 내가 이 책을 쓴 목적은 달성된 셈이다. 마지막 장에 이 책에 영감을 받아 탐구의 여정을 조금더 멀리 떠나고 싶은 분들을 위한 책과 영상, 기사, 팟캐스트 등을 정리했다. 스포츠 코칭의 세계를 탐구하는데 작은 길잡이가 되었으면 한다.

자. 이제 모든 준비는 끝났다. 시작을 함께 축하하면서, 스포츠코칭의 흥미진진한 이야기들을 즐기자. 그리고! 커플링coupling이 끊어지지 않도록 하자! (이게 무슨 의미인지는 곧 알게 될 것이다.)

1장

'단 하나의 올바른 동작'이라는 미신

가장 최근에 운동을 배웠던 기억을 떠올려보자. 골프나 테니스 레슨도 좋고, 목공 수업도 좋다. 코치나 강사로부터 들은 말들을 기억으로부터 소환해보자.

"머리를 들면 안됩니다."

"무릎을 조금더 구부리세요."

"양손에 같은 힘을 주어야 합니다."

"오른발이 왼발 앞에 있어야 합니다."

아마도 이렇게 특정 신체부위를 구체적으로 어떻게 움직여야 한다는 주문이 대부분이었을 것이다. 많은 코치들이 이런 코칭큐*를 사용해서 선수들을 지도한다. 코치들이 이렇게 선수의 신체 움직임에 초점을 맞춘 코칭큐를 주로 사용하는 이유는 분명하다. '단 하나의 올바른 동작'을 가르쳐야 하기 때문이다. 코치는 '올바른 동작'이 무엇인지 알고 있다. 선수는 코치가 가르쳐주는 대로 연습을 하면 바로 그 '올바른 동작'을 익힐 수 있다. 선수는 그 '올바른 동작'을 익히기 위해 계속 반복해서 연습을 한다. 동작이 잘못되었다 싶으면 코치가 지적을 하고 바로 잡아 준다. 이런 방식으로 대부분의 연습은 진행된다.

---

* 선수가 어떤 움직임이나 동작을 하기 전에 코치가 주문하는 말을 보통 코칭큐라고 일컫는다. 코칭큐를 통해 코치는 선수가 몸에 주의를 기울이도록 할 수도 있고(내적큐, internal cue), 몸의 외부에 있는 어떤 대상에 초점을 맞추도록 할 수도 있다(외적큐, external cue).

이렇듯 '올바른 동작의 반복'은 운동기술을 익히기 위한 핵심으로 여겨져 왔다. UCLA 농구팀의 전설적인 감독 존 우든John Wooden은 "배움의 8가지 법칙은 설명, 시연, 모방, 반복, 반복, 반복, 반복 그리고 반복이다"라고 말하며 반복의 중요성을 강조했다.[1] 부모에 빗대어 강조한 사람도 있다. 자기계발 분야의 거장이며 초대형 베스트셀러 『네 안에 잠든 거인을 깨워라』의 저자인 토니 로빈슨Tony Robbinson은 반복을 일컬어 "기술의 어머니"라 불렀고,[2] 지그 지글러Zig Ziglar는 '행동의 아버지'라고 말했다.[3] 대니얼 코일Daniel Coyle은 자신의 베스트셀러 『탤런트 코드』에서 "신중하게 주의를 기울인 반복을 대체할 수 있는 것은 없다"고 적었다.[4] 그 밖에도 야구의 전설 레지 잭슨Reggie Jackson[5]부터 화가 밥 로스Bob Ross[6]에 이르기까지, 여러 분야에서 큰 성공을 이룬 많은 사람들이 반복의 중요성에 대해 말해왔다. 이런 말들을 들어보면 어찌되었든 이것만은

분명하다. 반복의 중요성은 계속 반복되어 왔다!!!

반복의 중요성이 스포츠계에 뿌리깊게 자리잡고 있지만 다른 한쪽에서는 이것에 물음표를 가지고 아이디어의 확장을 시도하는 코치들이 있다. 그리고 그런 코치들의 숫자는 점점 늘어나고 있다. 새로운 코칭 방식을 따르는 사람들은 '올바른 동작, 좋은 폼'이라는 개념을 좋아하지 않는다. 그들은 '단 하나의 올바른 동작'을 꾸준하게 반복하는 것이 가능하지 않다고 생각한다. 또한 반복훈련이 운동기술을 익히고 최고의 경기력을 보여주기 위한 절대적인 조건이 아니라고 생각한다.

그렇다면 어떻게 운동기술을 가르친다는 것인지 궁금해지지 않는가? 본격적으로 이야기를 시작하기 전에 먼저 러시아의 모스크바로 날아가 보자. 우리가 이 새로운 코칭방식을 이해하기 위해서는 1900년대 초에 모스크바에 살았던 한 과학자를 먼저 만나야 한다.

번스타인의 대장장이 실험

니콜라이 번스타인(1896~1966)은 인간의 움직임을 연구한 구소련의 과학자다. 그는 논문을 한 편도 쓰지 않았지만 박사학위를 받은 특이한 경력을 가지고 있다. 여러가지 면에서 번스타인은 전형적인 학자들과는 달랐다. 그의 연구는 대부분 이론을 현장에 실용적으로 적용하는 것에 초점이 맞춰져 있었다. 번스타인은 1차 세계대전에 참전하고 돌아와 중앙노동연구소에 고용되어 육체노동자들의 생산성을 향상시키기 위한

연구를 시작했다. 그의 첫 번째 과제는 망치를 내려치는 대장장이의 동작을 연구하는 일이었다.[7]

> "왜 어떤 대장장이는 망치의 끝부분을 정확히 같은 지점에 타격하는 것일까? 반대로 어떤 대장장이들은 왜 부정확한 타격을 하는 것일까?"

이것이 번스타인이 풀어야 할 숙제였다. 그 당시에 사람들이 보편적으로 가지고 있던 생각도 지금 많은 코치들이 품고 있는 믿음과 같았다. 성과가 떨어지는 대장장이들은 망치를 내려치는 '단 하나의 올바른 동작'을 꾸준히 반복하는 법을 익히지 못했기 때문이다. 이것이 번스타인이 대장장이 실험을 시작할 때 사람들이 가졌던 생각이었다.

하지만 번스타인은 직접 확인하고 싶은 욕구가 강한 사람이었다. 그는 움직임을 측정하는 것이 움직임을 이해하는 열쇠라고 믿었다. 그래서 이 문제를 풀기 위해 그는 사이클로그래피cyclography라고 불리는 기법을 사용했다. 대장장이의 주요 신체 부위에 전구를 부착하고, 고속 셔터가 달린 카메라를 이용해 망치질을 하는 동작을 촬영했다. 지금도 이 기법은 컴퓨터그래픽 기술의 발전과 결합해 영화 『반지의 제왕』의 골룸과 같은 캐릭터를 만드는데 사용된다.

번스타인은 촬영한 사진들을 모아 〈그림 1-1〉과 같은 이미지를 만들었다. 이 이미지는 망치의 끝은 물론 대장장이의 손과 팔꿈치 등 각각의

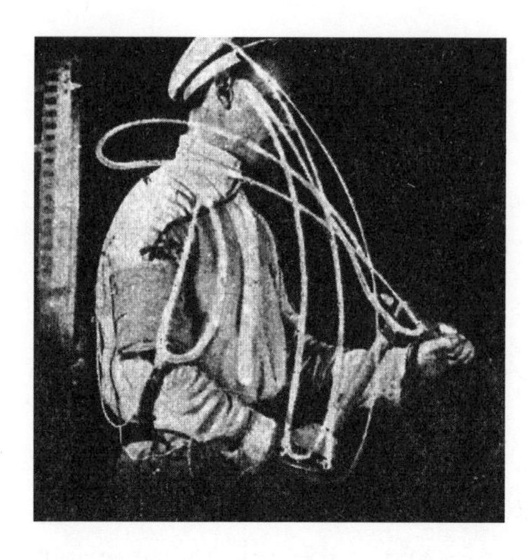

〈그림 1-1〉 니콜라이 번스타인이 사이클로그래피 기법을 사용해 대장장이의 움직임을 분석한 이미지

신체 부위가 어떤 경로로 움직였는지를 보여준다. 번스타인은 이런 기법을 활용해 대장장이의 움직임을 구체적으로 관찰했다.

번스타인은 이 실험을 통해 무엇을 발견했을까? 그는 초보 대장장이와 베테랑 대장장이의 움직임을 비교했다. 초보 대장장이는 망치를 때리는 지점이 들쭉날쭉했다. 같은 위치를 일관성있게 때리지 못했다. 망치가 움직이는 궤적도 매번 내려칠 때마다 달랐다. '동작의 변동성이 크기 때문에 결과의 변동성도 크군!' 초보 대장장이에게서 관찰된 결과는 '올바른 동작'과 '반복'의 중요성을 강조하는 전통적인 믿음을 뒷받침하는 것처럼 보였다.

그렇다면 베테랑 대장장이는 어땠을까? 번스타인의 이 실험에 참여한 베테랑 대장장이의 사이클로그래피 〈그림 1-2〉 이미지는 운동과학의 역사에서 가장 중요한 이미지일 지도 모른다. 베테랑 대장장이는 망치를 내려칠 때마다 같은 지점을 타격하고 있지만 매번 같은 움직임을 반복하고 있지는 않다. 니콜라이 번스타인은 이 놀라운 결과를 '반복 없는 반복repetition without repetition'이라고 이름붙였다. 같은 결과를 반복한다고 해서 그 결과를 만드는 움직임도 똑같이 반복하는 것은 아니라는 의미다.

〈그림 1-2〉 "반복 없는 반복". 베테랑 대장장이가 하는 두 번의 망치질 분석. 그는 정확히 같은 지점을 타격하는 결과를 보여주고 있지만 같은 움직임을 반복하고 있지는 않다.

반복 없는 반복 : 같은 결과를 다른 움직임으로 만들어 내는 능력

도자기를 만드는 작업에서도 우리는 비슷한 결과를 확인할 수 있다. 번스타인의 기념비적인 대장장이 실험이 있고 나서 100년 후에 간돈Gandon의 연구팀은 도예가들의 손동작을 관찰했다.[8] 연구팀은 〈그림 1-3〉처럼 7명의 프랑스 도예가와 6명의 인도 도예가가 두 개의 화병 모양의 도자기를 만드는 모습을 촬영해 손동작이 어떻게 변하는지 들여다보았다.

두 개의 최종 생산물을 비교했을 때 결과는 같았다. 각각의 도예가들이 만들어 낸 A와 B 두 종류의 화병의 모양은 큰 차이가 없었다. 그 러나 화병을 만드는 과정에서의 손의 움직임은 도예가마다 제법 큰 차이를 보였다. 〈그림 1-3〉의 아래 이미지는 13명의 도예가가 화병을 만들 때 보여준 손동작 사이의 상관관계를 나타낸다.

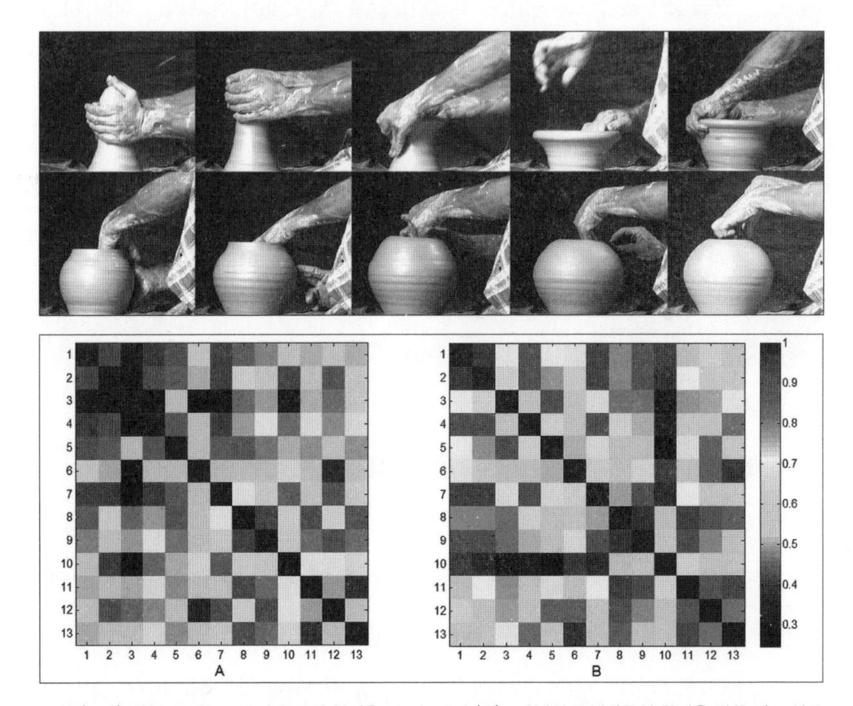

그림 〈1-3〉 도예가들이 두 가지 종류의 화병을 만드는 모습(위). 13명의 도예가들이 화병을 만들 때 보여준 손의 움직임 사이의 상관관계 (1~7까지는 프랑스 도예가, 8-13까지는 인도 도예가), 그레이 스케일을 사용한 상관관계 비교. 검은색에 가까울 수록 거의 같은 손동작을 사용했음을 의미한다(아래).

여기서 우리는 두 가지 사실을 확인할 수 있다. 첫째, 만약 도예가들이 비슷한 테크닉을 사용해 화병을 만들었다면 높은 상관관계를 의미하는 검은색 정사각형이 이미지에 많이 나타나야 한다. 하지만 이미지를 통해 확인할 수 있는 것처럼 대다수의 도예가들은 서로간에 낮은 상관관계를 보여주고 있다. 결과는 같지만 움직임은 달랐던 것이다.

둘째, 상관관계 이미지에서 1~7번까지는 프랑스 도예가, 8~13번까지는 인도 도예가를 의미한다. 이미지를 보면 A와 B 화병 모두 왼쪽 상단과 오른쪽 하단 부근에서 검은색에 가까운 정사각형이 더 많이 분포되어 있다. 이것은 같은 나라의 도예가들 사이에 더 강한 상관관계가 있음을 보여준다. 손을 사용하는 테크닉에 문화적 영향이 있을 지도 모른다는 추측이 가능하다. 이에 관해서는 4장에서 다시 다룰 예정이다. 다시 번스타인의 이야기로 돌아가 보자.

번스타인은 대장장이의 움직임을 관찰하며 또 하나의 중요한 사실을 발견했다. 그 당시에 사람들은(지금도 여전히 그렇지만) 인간이 움직임을 컨트롤하는 방식을 포탄을 쏘는 프로세스와 비슷하다고 생각했다. 대포에서 포탄을 쏘는 모습을 상상해보자. 궤도를 잘 계산해 대포를 목표지점으로 겨눈다. 그리고 대포의 심지에 불을 붙여서 포탄을 발사시킨다. 이렇게 포탄이 발사된 이후에 포병은 할 수 있는 일이 없다. 그저 포탄이 목표한 곳으로 정확히 날아가기만을 바랄 뿐이다. 인간의 움직임도 이렇게 포탄을 발사시키는 과정과 비슷하다고 생각했다. 과제의 해결보다는 올바른 동작에 보다 초점을 맞추고 있기 때문에 반복훈련을 통해 올바른 동작을 제대로 익혔다면 그것으로 충분하다고 믿었다. 움직임을 상황에 맞게 변화시키는 것은 코치의 머릿속에 있는 선택지가 아니었다.

하지만 번스타인은 이런 믿음과는 다른 사실을 발견했다. 그는 대장장이의 어깨와 팔꿈치 관절의 움직임이 망치의 움직임보다 변동성이 크다는 사실에 주목했다. 대장장이의 어깨와 팔꿈치는 망치를 정확한 위치에 때린다는 공동의 목표를 위해 서로의 실수를 보완해 주는 듯 보였다. 포탄에 비유하자면, 마치 발사된 포탄이 처음에 계획한 대로만 일직선으로 날아가는 것이 아니라 목표물에 맞추어 방향을 미세하게 조정하며 날아가는 모습과 같다. 번스타인은 이런 현상에 대해 다음과 같이 결론을 내렸다.

> "대장장이의 몸을 구성하는 여러 관절들이 망치를 목표물에 맞춘다는 공동의 목표를 달성하기 위해 서로의 오류를 바로 잡으면서 협업을 한다."

번스타인에게 대장장이의 움직임은 한번 발사되면 손을 쓸 수 없는 포탄이 아니라 상황의 변화에 맞게 방향을 바꿀 수 있는 유도미사일에 가까웠다. 이렇게 번스타인은 대장장이 실험을 통해 기존에 사람들이 가지고 있던 '올바른 동작'과 '반복'에 대한 생각을 뒤흔들어 버렸다. 좋은 기술이 무엇인지에 대해서도 새로운 관점을 제시했다. 좋은 기술은 '단 하나의 올바른 동작'을 반복하는 것이 아니라 오히려 주어진 과제를 해결하기 위해 조금씩 다른 움직임을 사용하는 능력에 가까웠다.

이제 모스크바를 벗어나 스포츠의 세계로 들어가 보자. 올림픽 금메

달리스트들은 과연 '올바른 동작'을 매번 똑같이 반복하고 있을까?

빠지기 쉬운 평균의 함정

니콜라이 번스타인의 혁신적인 대장장이 실험 이후 인간의 움직임을 분석하는 기술은 꾸준히 발전했다. 측정기법은 더욱 정확해졌고, 영상 테크놀로지도 최첨단으로 진화했다. 숫자와 영상데이터 모두 예전에는 몇 달이 걸리던 분석작업들을 이제는 불과 몇 초만에 해낼 수 있게 되었다. 실제로 번스타인은 초당 500 프레임으로 촬영된 사진들을 몇 시간에 걸쳐 손으로 직접 위치를 찍어가며 분석을 해야 했다. 과학 기술의 발전은 연구자들이 중요하게 생각하는 데이터 표본의 크기를 늘리는 계기가 되었다. 100년 전의 번스타인은 두 명의 대장장이를 분석하는데도 애를 먹었지만, 지금의 연구자들은 수십수백 명의 동작을 초고속카메라, 첨단 측정장비, 분석 소프트웨어를 이용해 보다 쉽게 분석할 수 있다. 과학의 발달은 동작분석에 새로운 지평을 열어주었지만 한편으로는 '올바른 동작'이라는 환상을 강화시키는 역할을 하기도 했다.

2008년에 젱Zheng의 연구팀은 18명의 PGA 투어 선수와 18명의 아마츄어 선수를 모아 골프스윙을 분석했다.[9] 연구팀은 선수들의 여러 신체 부위에 동작분석을 위한 마커를 부착하여 데이터를 측정했다. PGA 투어 선수들과 아마츄어 선수들의 스윙동작이 어떻게 차이가 나는지를 비교하였다.

현대의 운동과학 연구는 대부분 이런 방식의 그룹 연구로 진행된다. 겉으로 보기에 이러한 접근방식은 PGA 레벨의 골프 선수를 만드는 요인이 무엇인지 알 수 있는 좋은 방법처럼 보인다. 실력 차이가 크게 나는 두 그룹의 데이터를 비교하면 그 차이를 쉽게 확인할 수 있기 때문이다. 또한 그룹 단위로 비교함으로써 실험에 참여한 사람이 해당 분야의 이단아일 가능성을 제거할 수 있다. (어쩌면 번스타인의 대장장이가 평균에서 벗어난 특이한 움직임을 가진 사람일 수도 있지 않은가?)

'의도적인 연습deliberate practice'이라는 개념을 창안한 분으로 널리 알려져 있는 안데르스 에릭손Anders Ericsson 박사는 이렇게 최고의 선수들의 데이터와 비교하는 방식을 '전문가-퍼포먼스 접근법expert-performance approach'이라고 불렀고, 전문성의 본질을 이해하기 위한 첫 단계로 간주했다.[10]

그런데 이렇게 최고의 선수들과 비교해서 부족한 점을 보완하는 방식이 기술습득을 위한 최선의 방법일까? 여기에는 하나의 전제가 있다. 바로 PGA 선수들이 하고 있는 동작이 '올바른 동작'이라는 생각이다. 쳉 연구팀의 분석 결과 PGA 선수들은 평균적으로 백스윙의 탑 포지션에서 아마추어 선수들에 비해 팔꿈치는 더 많이 구부려졌고, 어깨는 몸의 측면으로부터 더 멀리 움직였으며, 몸통도 더 크게 회전하였다. PGA 선수들이라면 세계에서 가장 골프를 잘 치는 선수들 아닌가? 이제 그들의 스윙의 비밀을 알아냈으니 거기에 맞추어 연습을 하면 되지 않을까? 팔꿈치와 어깨, 그리고 몸통의 회전을 그들로부터 측정한 데이터의 평균 수준으로 만들면 되지 않을까?

여기서 잠깐! 심호흡을 한번 크게 하자. 너무 쉽게 답을 찾았다 싶을 때는 잠시 멈추어 돌아볼 필요가 있다. 먼저 이런 측정데이터는 어떤 의미를 가지는 것일까? 이 연구에서 데이터는 18명으로 구성된 선수들의 평균값이다. 평균에는 여러가지 숨은 의미가 내포되어 있다. 18명이 정말 모두 비슷한 동작을 보여주었을 수도 있고, 9명은 평균 이상, 또다른 9명은 평균 이하의 움직임을 보여주었을 수도 있다. 아니면 18명이 정말 다양한 동작들을 중구난방으로 보여주었을 수도 있다.

〈그림 1-4〉는 골프 선수들마다 백스윙 탑에서의 클럽 위치가 저마다 다르다는 점을 보여주는 사진이다. 데이터를 굳이 측정하지 않고 눈으로 보더라도 이 선수들이 백스윙 탑에서 보여주는 자세는 크게 차이가 난다. 팔을 조금 더 편 선수도 있고, 손목이 더 구부러진 선수도 있다. 클럽의 방향은 말할 것도 없다.

〈그림 1-4〉 백스윙 탑에서 관찰되는 서로 다른 클럽 위치.

인간의 몸은 변화를 좋아한다

엘리트 선수들의 동작을 분석해 연습의 기준으로 삼는 방식에는 이와 같은 '평균의 위험'이 존재한다. 그렇다면 여기서 관점을 180도 전환해 보면 어떨까? 잘하는 선수들의 공통점을 찾으려는 노력 대신 선수 저마다의 장점을 찾아보는 것이다. 볼프강 숄혼Wolfgang Schollhorn은 선수들마다 가지고 있는 신체의 협응능력 차이를 확인하기 위해 '코디네이션 프로파일링coordination profiling'이라는 기법을 사용했다.[11]

코디네이션 프로파일링의 핵심 내용을 요약하면 다음과 같다. 선수들의 동작을 측정해 데이터를 수집한다. 머신러닝machine learning 알고리즘을 훈련시켜 선수들의 움직임 패턴을 학습하고 구분하게 한다. 이는 마치 범죄수사에서 연쇄 살인범의 행동 특성을 조합해 프로파일링을 하는 작업과 비슷하다. 선수마다 코디네이션 프로파일을 만드는 것이다.

숄혼의 연구팀은 국가대표 수준의 남자 창던지기 선수 8명과 여자선수 19명의 코디네이션 프로파일을 만들었다. 3년 이상의 훈련 기간에도 선수들마다 창을 던지는 스타일은 상당한 일관성을 보였기 때문에 어떤 선수인지 식별하는 것은 어렵지 않았다. 그러나 창을 던질 때 몸을 코디네이션하는 방법은 실력이 좋을수록 더 다양했다. 즉 세계적인 선수들일수록 오히려 '단 하나의 올바른 동작'과는 거리가 멀었다.

같은 동작이라 하더라도 선수마다 신체를 코디네이션하는 방식이 다르다는 사실은 엘리트 남자 수영선수들의 동작을 분석한 연구에서도

확인되었다.[12] 물 속에서 잠영하는 시간, 각 스트로크 사이의 균형, 호흡의 대칭성 등으로 나누어 선수별로 코디네이션 프로파일을 만든 결과, 선수들간의 차이는 분명했다.

마지막으로 코디네이션과 관련한 흥미로운 연구가 또 하나 있는데, 호스트Horst의 연구팀은 최근 코디네이션 프로파일링이 서로 다른 운동기술 사이에도 통한다는 사실을 10종경기 선수들을 대상으로 한 연구에서 발견했다.[13] 연구팀은 창던지기 동작의 데이터로 알고리즘을 훈련시키고, 이 알고리즘이 포환을 던질 때에도 선수들을 식별할 수 있는지 관찰했다. 결과적으로 신뢰할 수 있는 수준으로 선수들을 식별할 수 있다는 것을 발견했다.

이런 연구들이 말하는 메시지는 단순하고 분명하다. 코디네이션 프로파일링을 통해 선수들의 움직임을 쉽게 구분할 수 있다는 것은 그들이 모두 같은 방식으로 움직이는 것이 아니라는 사실이다.

번스타인의 대장장이 실험, 평균의 함정, 그리고 코디네이션 프로파일링을 이어주는 핵심 주제는 움직임에 있어서 변동성variability의 중요성이다. 좋은 기술과 높은 수준의 퍼포먼스를 결정짓는 것은 '반복'이 아니라 '변동성'이다. 같은 동작을 반복할 수 있는 능력이 아니라 같은 결과를 다른 움직임으로 만들어 내는 능력이다.

많은 코치들은 지금까지 '올바른 동작'을 선수들이 반복할 수 있도록 가르쳐왔다. 하지만 '단 하나의 올바른 동작을 반복한다'는 개념은 일종의 미신이며 신기루다. 반복은 선수 사이에서도, 선수 안에서도 일어날 수 없다. 선수들은 같은 목적을 위해 움직이더라도 서로 다른 방식으로 신체를 코디네이션한다. 또한 자신이 하는 동작마저도 매번 같은 방식으로 신체를 코디네이션하지 않는다.

반복훈련을 통해 '올바른 동작'을 반복할 수 있다고 믿어온 코치와 선수들에게 이런 이야기는 매우 불편하게 다가올 수도 있다. 이 책을 읽어나가며 조금씩 그런 불편함이 사라지게 되리라 믿는다. 우리의 몸은 변화를 좋아한다. 인간의 몸에 세팅된 프로그램은 반복이 아니라 변동성이다.

2장

내가 하는 모든 스트로크는 다르다

우리의 심장박동은 얼마나 규칙적으로 뛰어야 할까? 많은 사람들은 심작박동이 '매우 규칙적으로 뛰어야 한다'고 생각할 것이다. 심장이 불규칙하게 뛴다? 어쩐지 몸에 문제가 생길 것 같은 느낌이 든다. 그러나 실제는 다르다. 심장박동이 완벽하게 규칙적으로 뛰는 것이 오히려 심각한 질병의 징후가 될 수 있다.

심장의 활동을 보여주는 심전도 모니터 화면을 보면 심장의 파동은 위쪽으로 정점을 찍은 후 내려가서 아래쪽에 저점을 만든다. 두 지점 사이의 시간을 측정하면, 'R-R인터벌'이라고 불리는 값을 얻게 된다. 대부분 사람들의 'R-R인터벌' 값은 0.6~1.2초 사이이다.

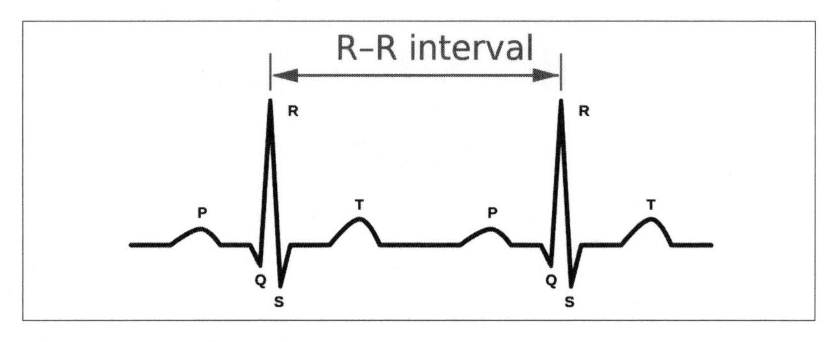

〈그림 2-1〉 R–R 인터벌 (사진 : Wikipedia commons)

심박변이도가 알려주는 신체의 비밀

그렇다면 이 값을 몇 분 동안 반복해서 측정해보자. 'R-R인터벌' 값은 매번 같을까? 심장 박동은 마치 메트로놈의 움직임처럼 매번 정확한 타이밍으로 일어날까? 심박변이도heart rate variability는 연속된 심장박동 사이의 시간 변동을 측정한 것이다.[1] 심박변이도 값은 개인마다 차이가 있지만 0이 나타나지는 않는다. 성별과 나이를 포함해 다양한 요인에 따라 변하지만, 대체로 0.03~0.1초의 차이를 보여준다. 심장 박동이 매번 그만큼 변한다는 의미다.

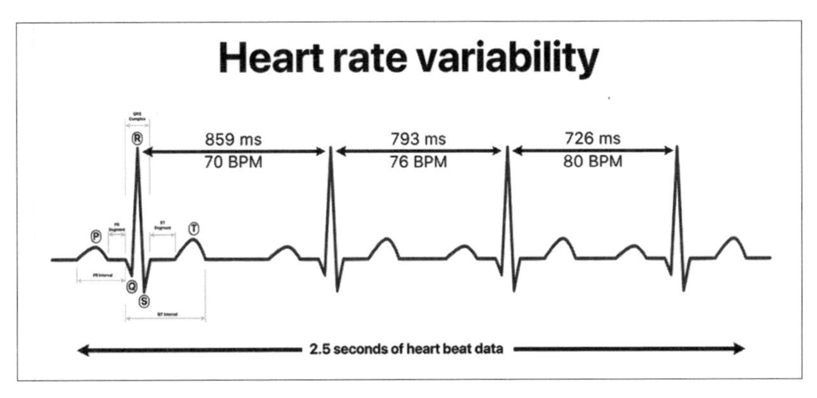

〈그림 2-2〉 심박변이도의 변동성 (사진 : Wikipedia)

엘리트 운동선수들은 일반인보다 높은 심박변이도를 가지고 있다. 그런데 엘리트 선수라도 스트레스를 받고 있거나 압박감이 심한 경우에는 심박변이도가 떨어진다. 압박감이 큰 상황에서 심박변이도가 얼마나 줄어드는지에 따라서 클러치 능력이 좋은 선수*와 '초크choke'**에 빠지는

* 위기나 결정적인 상황에서 좋은 결과를 내는 선수를 보통 클러치 능력이 좋다고 말한다.

** 정신적 공황상태를 의미한다.

선수로 나눠질 수 있다. 클러치 능력이 좋은 선수는 심박변이도가 적게 떨어진다. 과도하게 긴장하는 선수는 심박변이도가 크게 떨어진다.[2] 극도로 낮은 심박변이도는 심혈관질환이나 갑작스러운 심장마비의 전조가 될 수 있다. 심박변이도는 인간이 변동성variability을 통해 몸을 유지하는 대표적인 사례라고 할 수 있다. 인간의 몸은 변동성이 떨어질 때 여러가지 문제가 생긴다.

농구를 할 때 자유투를 쏘는 장면을 떠올려 보자. 슛을 쏠 때 선수들은 농구 골대에 시선을 의도적으로 고정시킨다. 하지만 그렇게 시선을 고정시키려고 하더라도 선수의 눈은 완전히 고정되지 못한다. 머리의 아주 작은 움직임들이 눈에 들어오는 이미지를 미세하게 흐트러뜨린다.[3] 이 움직임은 너무나도 미세하게 나타나지만 우리가 어떤 대상을 볼 때 몇 가지 중요한 기능을 수행한다.

첫째, 눈에 작은 움직임들이 있기 때문에 내가 바라보는 대상이 눈에서 사라지지 않는다. 바꿔 말하면 눈에 그런 움직임이 없다면 내가 보고 있는 대상이 사라질 수도 있다는 이야기다. 아니! 내가 눈을 멀쩡하게 떠서 보고 있는데 그것이 사라진다고? 이러한 '지각 소멸perception fading'은 인간의 인지기능을 이해하기 위한 중요한 현상이다.[4]

목받침과 같은 장비를 사용하여 시선을 완전히 고정하였을 때 연구에 참가한 사람들은 눈으로 보고 있는 대상이 의식에서 사라지는 현상을 경험했다. 여전히 눈앞에 있음에도 불구하고 방금 전까지 보이던 물체가 더 이상 보이지 않는다고 고백했다. 아무런 변화도 없을 때 우리의 감각시스템은 뇌에 신호를 보내는 것을 멈춘다. 이것이 지각소멸 현상이 일어나는 이유다.

지각소멸 현상을 이해할 수 있는 또다른 예가 있다. 지금 당신은 시계를 차고 있는가? 만약 그렇다면 시계를 차고 있다는 사실을 어떻게 아는가? 마치 곤충이 팔에 떨어졌을 때처럼 시계에 대한 촉감을 계속 느끼고 있는 것인가? 아마도 그렇지는 않을 것이다. 시계를 차고 얼마 지나지 않아 시계에 대한 감각은 바로 사라지게 된다. 아무 것도 변하지 않을 때 우리의 감각에는 새로운 정보가 들어오지 않는다. 그러면 우리의 감각시스템도 뇌에 아무런 신호도 보내지 않는다.

자유투를 쏘는 눈의 움직임을 관찰한 연구팀은 눈의 미세한 움직임들이 다가오는 물체를 인지하는데도 도움을 준다는 사실을 발견했다. 눈의 움직임에서도 우리는 심박변이도와 같은 메시지를 읽을 수 있다. 눈의 움직임에 변동성이 없으면 우리는 세상을 지각하는데 어려움을 겪게 된다.

눈의 움직임에 대해 하나 더 짚고 넘어갈 내용이 있다. 과학기술이 발달하기 전에는 머리가 움직이기 때문에 눈이 덩달아 움직이는 거라고 이해하고 있었다. 하지만 고해상도 시선추적 장비를 통해 눈의 움직임을 관찰해 보니 그것은 사실이 아니었다. 아무리 눈을 완벽하게 고정시킨다고 해도 눈에서는 미세한 움직임들이 끊임없이 일어난다는 사실을 발견했다. 이는 '미세도약안구운동microsaccades'이라는 현상이다.[5]

미첼 루시Michele Rucci의 연구팀은 눈의 미세한 움직임들이 어떤 역할을 하는지 관찰했다. 눈에서 미세한 움직임들이 사라질 때 사람들은 보고 있는 대상의 세세한 부분들을 제대로 확인하지 못했다. 미세도약안구운동 현상은 관찰하는 수준이 어려워질수록 더 두드러지게 나타났다. 별다른 목적 없이 어떤 대상을 바라볼 때보다 유심히 들여다 볼 때 눈의 움직임도 늘어났다.

우리의 몸은 또한 주변 환경의 변화(변동성)를 감지하도록 디자인되어 있다. 눈과 귀가 두 개인 것도 정보를 보다 민감하게 받아들이기 위한 목적이라고 할 수 있다. 왼쪽에서 들려오는 소리는 오른쪽 귀보다 먼저 왼쪽 귀로 들어온다. 이러한 차이를 통해 우리는 소리로부터 위치를 감별해낼 수 있다. 또한 우리의 눈은 5cm 정도 떨어져 있기 때문에, 양쪽 눈에 닿는 이미지 정보에도 약간의 차이가 있다. 이런 눈의 특성 때문에 인간은 바라보는 대상의 깊이depth, 즉 원근감을 인지할 수 있다. 오늘날 3D 영상기술의 기초가 되는 개념이다. 똑같은 감각정보를 이렇게 다르게 받아들여 활용하는 인간의 능력은 참으로 경이롭다고 할 수 있다.

이렇듯 우리의 몸에는 변동성이라는 프로그램이 내장되어 있다. 심장박동처럼 똑같이 규칙적으로 반복할 것처럼 보이는 움직임조차 그렇다. 그렇다면 날아오는 공을 때리는 것과 같은 복잡한 운동기술은 말할 것도 없지 않을까?

노이즈로 가득 찬 인간의 신경계

전통적으로 움직임의 변동성을 '정보이론Information Theory'의 관점으로 바라보기도 했다. '정보이론'은 찰스 섀넌Charles Shannon이 통신을 이해하기 위해 개발한 이론이다.[6] 당신이 친구와 전화통화를 하고 있는데 수신 상태가 좋지 않다고 해보자. 여기서 전달되는 신호는 일종의 체계적인 패턴을 가진 음향신호다. 당신은 그 신호를 안정적으로 받아서 그 의미를 이해해야 한다.

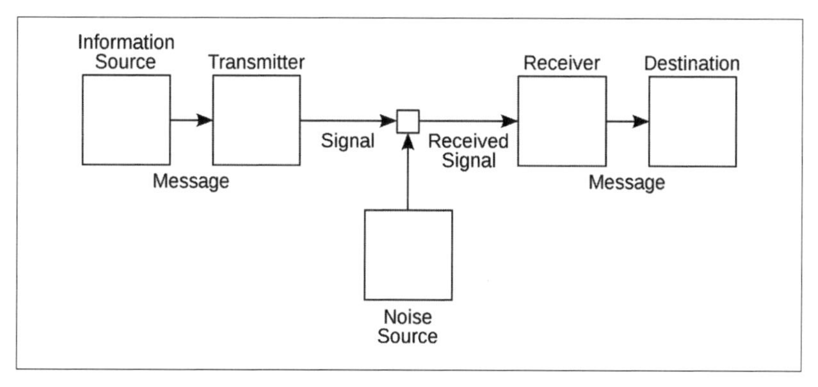

〈그림 2-3〉 섀넌의 정보이론 다이어그램. 섀넌(1948)

그런데 음향신호에는 종종 랜덤하고 불규칙적인 변화가 일어난다. 그럴 때 우리의 귀에는 노이즈noise(소음)가 들린다. 누구나 한번쯤은 라디오를 들으며 노이즈를 경험해 본 적이 있다. (주파수 라디오를 사용해 보지 않은 요즘 젊은 세대는 이해하지 못할 수도 있겠다.) '치지직'하는 노이즈가 들리면 우리는 주파수를 조정하기도 하고, 라디오의 위치를 옮겨보기도 한다. 이런 방법으로도 노이즈가 사라지지 않으면 라디오를 바꾸게 된다. 라디오의 기능이 근본적으로 망가졌기 때문이다.

우리 인체에서 일어나는 움직임의 변동성도 일종의 '노이즈'라고 할 수 있다. 이미 살펴본 심박변이도나 미세도약안구운동처럼 인간의 신경계는 머리부터 발끝까지 태생적으로 노이즈(변동성)를 생산하도록 디자인되어 있다.[7] 이온(양전하를 띤 원자)의 이동에서도 변동성은 관찰된다. 뇌의 이온 통로는 어떤 때는 열려서 이온이 지나가도록 하고, 또 어떤 때는 열리지 않아 이온의 이동을 가로막기도 한다. 이온의 움직임은 '활동전위action potential'를 생성하여 뇌의 서로 다른 부분들이 정보를 주고 받을 수 있게 만든다. 활동전위는 어떤 사건에 반응하여 '전기적 활성'이 솟구치는 현상을 말하는데, 그것의 원인이 되는 이온의 이동이 이렇듯 랜덤하고 불규칙적으로 일어나기 때문에 활동전위가 생성되는 타이밍 또한 심박변이도처럼 변화가 심한 모습을 보여준다. 우리 몸은 이렇듯 별다른 쓸모도 없어 보이는 변동성을 여기저기서 보여준다. 우리 몸이 종종 노이즈가 심한 라디오처럼 느껴지기도 한다.

정보이론에 빗대어 해석하면 노이즈는 없애야 할 에러로 간주된다. 어떤 기술을 배우기 시작한 초보자는 매번 연습을 할 때마다 동작에 차이가 크다. 노이즈가 심한 상태라고 할 수 있다. 높은 변동성으로 인한 노이즈는 '올바른 동작'이라고 하는 '진짜 신호'를 가로막게 된다. 우리의 몸이 움직임을 만들어내는 일종의 시스템이라고 본다면 노이즈는 일종의 에러인 셈이다. 노이즈가 없는 움직임, 즉 '올바른 동작'을 계속해서 반복하면 바로 그 '올바른 동작'에 해당하는 신호는 점점 강화된다. 그렇게 초보자에게 보이던 들쭉날쭉한 동작의 변화는 조금씩 줄어든다. 이처럼 노이즈는 최대한 줄이거나 없애야 한다는 것이 전통적인 관점이다.

이제 스포츠의 세계로 들어와 노이즈를 들여다 보자. 여기 재밌는 사례가 있다. 축구선수는 자신의 발에 대한 감각을 키울 필요가 있다. 그렇다면 선수의 발에 대한 감각은 신고 있는 신발에 따라서 얼마나 달라질까? 2003년에 와딩턴Waddington과 아담스Adams의 연구팀은 세계적인 축구선수 22명을 대상으로 그들이 발에 대해 느끼고 있는 감각을 테스트했다.[8] 연구팀은 선수들의 눈을 가리고 다양한 발동작을 재현해줄 것을 요청했다. 〈그림 2-4〉처럼 한번은 발목을 안쪽으로 30도 꺾으라고 하고, 다음에는 바깥쪽으로 15도 돌리라고 하는 식이다.

선수들은 세 가지 다른 조건에서 테스트를 했다. 한번은 맨발로, 또 한번은 전형적인 푹신한 깔창이 있는 축구화를 신고, 마지막으로 질감이

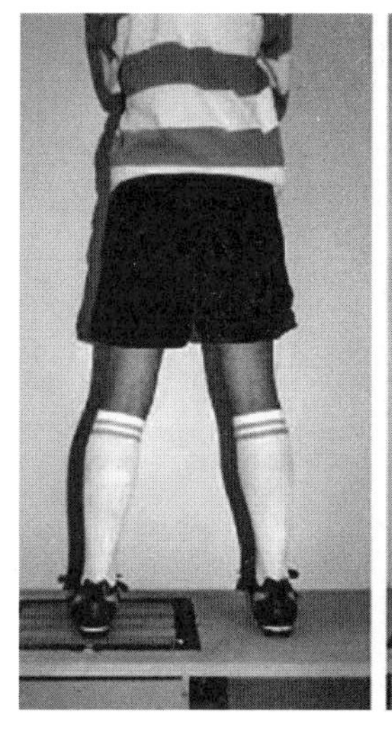

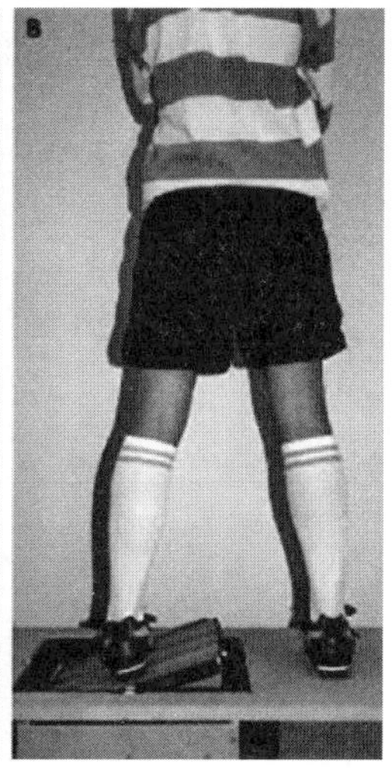

〈그림 2-4〉 축구화 깔창에 따른 발목의 움직임에 대한 민감도 테스트. 와딩턴과 아담스(2003)

느껴지는 지압깔창이 있는 축구화를 신고 여러 발동작을 재현했다.

연구팀이 발견한 사실을 정리하면 다음과 같다. 각 조건별로 동작을 얼마나 정확하게 재현했는지를 관찰해보니, 맨발로 먼저 움직였다가 푹신한 깔창이 있는 축구화로 바꿔 신었을 때 정확도는 5% 가량 떨어졌다. 이는 그다지 놀랄 만한 결과는 아니다. 발과 지면 사이에 고무 스파이크, 양말, 깔창이 개입되면 지면에 닿을 때 얻는 촉각신호가 약해질 수 있기 때문이다.

그렇다면 일반적인 푹신한 깔창에서 지압깔창으로 바꿨을 때는 어땠을까? 분명 정확도가 더 떨어질 것으로 예상하기가 쉽다. 지압깔창의 울퉁불퉁한 질감이 선수들이 발을 움직일 때 얻는 촉각신호를 교란해 노이즈를 일으킬 가능성이 높기 때문이다. 하지만 연구결과는 예상 밖의 데이터를 보여주었다. 지압깔창을 신고 움직인 선수들은 축구화를 신었을 때는 물론 맨발로 움직였을 때보다도 더 정확하게 발동작을 재현했다. 도대체 무슨 일이 일어난 것일까? 지압깔창은 선수들의 감각에 무슨 영향을 준 것인가?

이 연구결과는 노이즈를 다른 관점으로 바라볼 것을 제안한다. 인간의 신경계는 노이즈의 재료로 가득 차 있다. 노이즈는 우리의 움직임을 방해하는 에러가 아니며, 오히려 움직임을 도와주는 선물이다.

〈그림 2-5〉의 (a)는 이미지가 불분명하다. 3개의 수평막대가 있지만 잘 보이지 않는다. 여기에 점을 여기저기 떨어뜨려보자. 그랬더니 (b)처럼 수평막대가 선명하게 보인다. 가시성이 확실히 높아졌다. (b)에

추가된 것은 그저 무작위로 찍힌 점들 뿐이다. 참으로 의아한 현상이다. 아무짝에도 쓸모없을 것 같은 이런 점들이 이미지를 식별하는데 도움을 주고 있다.

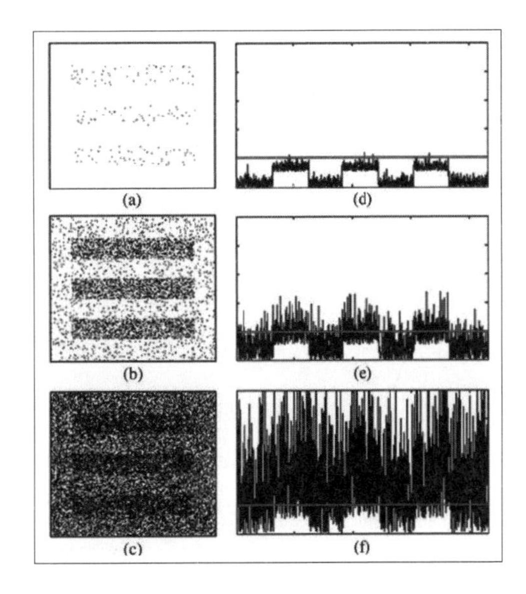

〈그림 2-5〉 확률적 공명의 예. 3개의 수평막대는 노이즈(랜덤하게 추가된 점들)가 추가되면 더 선명하게 보인다. 딜로브 (2011).

이런 현상은 '확률적 공명stochastic resonance'이라 불린다. 무슨 뜻인지 선듯 와닿지가 않기에 두 단어를 나눠서 살펴보자. '확률적stochastic'이라는 단어는 기본적으로 랜덤하게 일어난다는 뜻을 담고 있다. 규칙적으로 일어나는 것이 아니라 특별한 질서가 없이 무작위적으로 일어난다는 의미다.

'공명resonance'은 음향학에서 유래된 용어다. 만약 우리가 특정한 주파수나 피치pitch로 소리나 진동을 만들면, 그것이 닿는 대상에도 소리나 진동을 일으킬 수 있다.[9] QR 코드와 연결된 영상을 보면 이런 공명현상에 대해 쉽게 이해할 수 있다. 어떤 대상에 적절한 것을 더하면, 그 대상의 안에 존재하는 무언가와 공명하여 신호를 끄집어낼 수 있다.

청각공명현상

〈그림 2-5〉에서 일어난 현상도 확률적 공명으로 설명할 수 있다. (b)에 추가된 점들(노이즈)이 수평막대와 공명하여 보다 분명한 신호를 만들어낸 것이다. 하지만 여기에는 최적의 포인트가 존재한다. (c)처럼 노이즈를 너무 많이 추가하면 다시 수평막대가 내보내는 신호를 감지하기가 어려워진다. 8장에서 다시 다루겠지만, 적절한 수준의 노이즈(변동성)를 추가하는 것은 코치가 습득해야 할 중요한 기술이다. 코치는 변동성의 수준을 선수의 수준에 맞게 적절히 조절할 필요가 있다.

그렇다면 확률적 공명을 이용해 앞에서 다룬 지압깔창 축구화의 수수께끼를 풀어보자. 발목을 이런저런 방식으로 움직이며 선수는 발동작과 관련한 촉각정보를 얻게 된다. 깔창이 들어간 축구화는 지면으로부터 오는 힘을 흡수해 약화시킨다. 맨발로 움직였을 때는 느낄 수 있는 작은 차이를 알아채지 못하게 된다. 그래서 맨발로 움직였을 때보다 발동작을 정확하게 파악하는 능력이 떨어지게 된다.

지압깔창이 있는 축구화를 신는 것은 〈그림 2-5〉의 ⓑ처럼 이미지에 효과적으로 점을 추가한 거라고 볼 수도 있고, 다른 한편으로는 확률적 공명을 만들어냈다고 볼 수도 있다.[10] 지압깔창이 만든 적당한 수준의 노이즈와 지면으로부터 온 신호가 서로 공명해서 '확률적 공명'이 일어난 것이다. 지압깔창을 신었을 때 발의 각도를 판단하는 능력이 더 좋아졌다는 실험결과는 지압깔창이 노이즈로서 긍정적으로 작용했음을 보여준다.

어떤 공도 똑같이 날아오지 않는다

번스타인의 실험에서 대장장이는 왜 망치를 내려칠 때마다 조금씩 다르게 움직였을까? 같은 조건에서, 같은 결과를 내고 싶다면, 그냥 똑같은 동작을 반복하면 될 것 같은데 말이다. 번스타인은 내가 방금 한 말이 논리적으로도 타당하지 않다는 점을 꿰뚫어 보았다. 바로 '같은 조건'이라는 대목이다. 우리가 움직일 때의 조건은 결코 똑같지 않다. 비슷해 보일 뿐 매 순간 다르다. 세계적인 테니스 스타 라파엘 나달은 이와 관련해 자신의 책에 의미심장한 말을 남겼다.

"사람들은 제가 수십수백만 번의 연습을 통해 익힌 스트로크의 기본기를 갖고 있다고 생각할지도 모릅니다. 그래서 저한테는 매끄럽고 정확한 샷을 매번 구사하는 게 식은 죽 먹기일 거라고 말이죠. 하지만 그것은 사실이 아닙니다. 저는 매일 아침 일어날 때마다 제 몸이 다르다는 것을 느낍니다. 그리고 모든 샷은 다릅니다. 정말이지 제가 마주하는 매순간의 샷이 다릅니다.
공이 상대의 라켓에 맞고 움직이는 순간부터 모든게 다르죠. 매번 네트 너머로 공이 올 때마다 수없이 다른 각도와 스피드로 날아옵니다. 탑스핀, 백스핀, 코트에 깔려 오는 공, 높게 날아오는 공 등 모든 샷들이 다 다릅니다. 그 차이가 매우 작더라도 저의 몸은 각각의 샷에 따라 변화를 주어야 합니다. 어깨, 팔꿈치, 손목, 엉덩이, 발목, 무릎 어디라도 움직임에 변화가 생길 수 밖에 없죠. 그 뿐이 아니죠. 날씨, 코트의 바닥 상태, 상대방의 수준이나 컨디션 등 경기에 영향을 미치는 요소들은 너무나도 많습니다. 그렇기 때문에 제가 상대하는 어떤 공도 똑같이 날아오지 않습니다. 저의 스트로크 역시 마찬가지입니다." [11]

나달의 말은 우리가 풀어야 할 문제가 무엇인지 제대로 알려주고 있다. 니콜라이 번스타인은 이렇게 여러 조건에 따라 달라질 수 밖에 없는 움직임의 변화를 '맥락에 조건화된 변동성context conditioned variability'이라고 불렀다[12]

단순하게 말하면 우리 몸의 움직임은 진공상태에서 일어나는 것이 아니다. 나달의 친절한 설명처럼 우리의 움직임은 변화무쌍한 요인들과 얽혀서 일어난다. 즉 맥락context 속에서 일어나는 것이다. 그렇기 때문에

척수와 근육에 똑같은 명령이 내려지더라도 똑같은 결과를 얻지 못할 수 있는 것이다. 날씨나 날아오는 샷의 방향, 상대방의 플레이 스타일 등이 움직임에 영향을 주는 외적 변수라면, 전날의 연습으로 인한 피로, 근육의 미세한 손상, 선수의 성장단계 등은 내적 변수라고 할 수 있다.

이런 식으로 맥락에 대한 이해가 없으면 '같은 조건'이라는 말을 별다른 의문없이 받아들이게 된다. 선수에게 같은 조건이란 존재하지 않는다. 선수는 끊임없이 변하는 조건 속에서 같은 결과를 얻기 위한 방법을 찾아야 한다. 테니스 역사상 가장 위대한 선수에게도 매번 다른 숙제를 내주는 것이 스포츠다. 당연히 모든 선수들은 끊임없이 바뀌는 문제에 답하기 위해 여러 움직임 솔루션을 가지고 있어야 한다.

10년이 지나도 자전거를 탈 수 있는 이유

"자전거를 타는 법은 절대로 잊어버리지 않는다"

우리가 종종 듣는 말이다. 나도 한동안 자전거를 타지 않고 있다. 자전거를 타지 않은 시간 동안 나는 살이 찌고 빠지기를 반복했으며(아마도 무척 살이 쪘을 가능성이 높지만), 유연성도 떨어졌을 가능성이 높다. 하지만 선물로 받은 피트니스 회원권 덕분에 더 단단한 몸을 가지게 되었다. 만약 내가 오랜만에 자전거를 탄다면 무슨 일이 벌어질까? 마지막으로 자전거를 탔을 때와 똑같은 근육의 힘과 움직임 패턴을 사용하면 아마도 나는 자전거에서 떨어지게 될 것이다. 우리가 10년이 지나도 자전거를 탈 수 있는 이유는 자전거를 타는 '단 하나의 올바른 동작'을 익혔기 때문이 아니다. 지나간 시간 동안 일어난 신체의 변화에 본능적으로 적응해 새로운 움직임 솔루션을 만들어 내는 능력 때문이다.

자연계의 많은 생물들은 같은 목적을 달성하기 위해 여러가지 움직임 솔루션을 사용하는 적응능력을 보여준다. 이런 적응능력 중에 '생물학적 퇴화biological degeneracy'라고 부르는 현상이 있다. 퇴화라는 표현에는 '퇴폐적인, 타락한degenerate'이라는 의미가 있다. 별로 좋은 뜻으로는 읽히지 않는 이 표현이 적응을 도와주는 개념으로 사용된다니 다소 의아하기도 하다.

'생물학적 퇴화'를 제대로 이해하면 '단 하나의 올바른 동작'이라는 미신은 또다시 힘을 잃게 된다. 생태계 안에서 어떤 구성 요소들은 일부러 자신의 기능을 퇴화시키는 경우가 있다. 레고를 예로 들면 생물학적 퇴화를 이해하기가 쉽다. 레고에는 여러 종류의 큰 조각과 작은 조각들이 있다. 레고로 조립을 하다 보면 어떤 공간에 끼워넣을 딱 맞는 조각이 없는 경우가 있다. 이때는 작은 조각 몇 개로 그 공간을 채워넣으면 된다. 일종의 '퇴화된' 솔루션으로 목적을 달성한 셈이다. 인간이 환경에 적응하는 방식도 마찬가지다. 레고의 작은 조각처럼 신체의 각 부분들은 때때로 자신의 기능을 퇴화시켜 움직임에 기여 한다.

인간이 가지고 있는 유전자 코드도 변동성을 바탕으로 적응능력을 보여주는 대표적인 예라고 할 수 있다. 우리의 DNA 안에는 단백질의 구성 요소인 아미노산에 대한 정보를 담은 유전자 코드가 있다. 유전 학에서는 이러한 유전자 코드들을 코돈codons이라고 불리는 세 가지 알파벳의 조합으로 부른다. GAA, GGU, UCA 이런 식이다. 우리는 유전자 코드를 마치 열쇠와 자물쇠처럼 각각의 아미노산에 하나의 코드가 매칭되어 있다고 생각하기 쉽다. 그러나 실제로 유전자 코드는 그런 방식으로 만들 어지지 않는다.

예를 들어, GAA와 GAG는 구조적 으로 다른 DNA 시퀀스를 가지고 있지만 둘 다 글루탐산의 코드 역할을 한다. 왜 하나의 신경전달물질에 두 개의 코돈이 연결되어 있을까? 두 개의 코드, 즉 두 개의 솔루션을 갖는 것이 같은 결과를 더 확실하게 얻을 수 있기 때문이다. 바이러스나 감염으로 인해 어떤 유전자가 공격을 받아 제 기능을 수행하지 못하면 다른 유전자가 그 일을 대신 해준다.

상대가 넘긴 공이 일반적인 백핸드를 할 수 없는 방향으로 넘어올 때, 라파엘 나달은 발의 움직임을 '퇴화'시켜 다리 사이로 공을 쳐서 넘긴다. 나달이 매번 다른 샷을 마주하면서도 네트 너머로 꾸준하게 강력한 스트로크를 날려보낼 수 있는 것은 그가 가지고 있는 다양한 움직임 솔루션 덕분이다.

부상은 정말 잘못된 동작 때문에 일어나는 것일까?

선수가 부상을 당할 때 코치들은 보통 두 가지 이유를 들곤 한다. 무언가를 잘못했거나, 아니면 너무 많이 했기 때문이다. 동작의 문제이거나 과사용의 문제인 것이다. "무릎이 발 앞으로 자꾸 나가서 통증이 생기는 거야.", "어깨가 열린 채로 계속 던지니 다칠 수 밖에 없어." 이런 말들은 좋은 폼이나 올바른 동작으로 움직이지 않으면 부상이 생긴다는 믿음을 표현하는 말들이다. 아니면 "지난 시즌에 너무 많은 공을 던졌어.", "갑자기 너무 많은 무게를 들어 올리려고 했잖아." 이렇게 신체에 과부하를 주면 다친다고 말하기도 한다. 그럼 반대로 질문해 보자. 올바른 동작만 반복할 수 있다면, 신체의 과부하만 막을 수 있다면 부상은 막을 수 있는 것일까?

2004년에 제임스James의 연구팀은 부상의 이유를 동작의 문제로 돌리는 관점에 의문을 제기했다.[13] 제임스는 부상이 일어나는 과정을 설명하는 새로운 가설을 만들었다. 몸에 반복해서 부하를 주면 신체조직의 손상과 부상으로 이어지기 때문에 과도하게 몸에 부담을 주어서는 안된다. 여기까지는 특별한 내용이 없어보인다. 하지만 이 가설은 여기에 신선한 관점을 추가한다.

부상은 움직임에 충분한 변동성이 없어서 주변 환경의 변화에 적응 을 할 수 없을 때 일어난다. 부상은 올바른 동작으로 움직이지 않기 때문에 일어나는 것이 아니다. 오히려 반대다. '단 하나의 올바른 동작'을 반복하려는 노력이 오히려 부상의 위험을 높인다.

상자 위에서 점프하여 지면에 착지하는 운동이 있다. 만약 이 운동을 매번 같은 방식으로 하면 같은 근육, 같은 관절에 스트레스를 주게 될 것이다. 그렇다면 움직이는 방식에 약간의 변화를 주면 어떨까? 뛰는 방향이나 착지하는 지점 등을 조금씩 바꾸는 것이다. 그러면 점프를 할 때마다 근육과 관절에 전달되는 스트레스도 조금씩 변하게 된다. 비록 같은 근육과 관절에 가해지는 부하라 할 지라도 힘이 전달되는 범위를 조금이라도 넓혀주게 되면 부상의 위험도 자연스레 낮아지게 된다.

대퇴슬개통증을 가지고 있는 달리기 선수들을 대상으로 발목, 무릎, 고관절의 각도를 측정한 연구도 무척 흥미롭다.[14] 대퇴슬개통증은 무릎 주변이나 슬개골 뒤쪽에서 발생하는 만성 통증으로 달리기와 같은 동작을 견뎌내는 과정에서 악화되는 증상이다. 측정 결과 대퇴슬개통증을 겪고 있는 선수들은 건강한 선수들에 비해 관절 움직임의 변동성이 적은 것으로 나타났다. 연구팀은 선수의 움직임에 변동성을 키워주면 대퇴슬개통증을 줄이는데 도움이 되지 않을까 생각했다. 그래서 선수들을 런닝머신을 뛰게 하면서 메트로놈의 박자에 맞춰 다리의 움직임에 다양한 변화를 주었다. 그렇게 변동성을 자극하는 훈련을 한 결과 관절의 움직임에 변동성이 커졌을 뿐만 아니라 통증의 수준도 크게 감소했다. 변동성과 부상에 관한 보다 구체적인 이야기들은 14장에서 다시 다룰 예정 이다.

지금까지 이야기나눈 것처럼 우리 몸에서 일어나는 변동성은 우리의 움직임을 방해하는 에러가 아니다. 변동성은 인간이 다양한 환경에 적응하기 위해 세팅된 우주의 선물이다. 옛날이나 지금이나 인간은 끊임없이 변화하는 환경 속에서 살고 있다. 선수들 역시 끊임없이 변화하는 조건 속에서 경기를 한다. 변동성이 있어 선수들은 그 상황에 맞는 움직임 솔루션을 만들어 낸다. 그렇다면 우리는 변동성이라는 선물을 제대로 즐길 필요가 있다. 분명 변동성이라는 선물을 잘 이용할 수 있는 방법이 있을 것이다.

3장

인간의 움직임은
어떻게 일어나는가

"코디네이션(협응)이 어려운 것은 기본적으로 우리 몸이 가지고 있는 엄청난 자유도(degrees of freedom) 때문이다. 자유도는 뇌가 직접 다룰 수 없는 요소다." - 니콜라이 번스타인

테니스의 포핸드 스트로크를 생각해보자. 〈그림 3-1〉에서와 같이 스트로크를 하는 방법은 사실상 무한대에 가깝다. 어깨 관절을 중심으로 팔전체를 회전시킬 수도 있고, 어깨와 팔꿈치를 함께 회전시키되 팔꿈치를 중심으로 팔뚝을 강력하게 돌릴 수도 있다. 또는 어깨와 팔꿈치, 손목 관절의 회전을 적절히 결합해 스트로크를 할 수도 있다. 어깨와 팔꿈치, 손목과 손이 움직이는 모든 경우의 수를 생각하면 엄청나게 많은 선택지가 나오게 된다. 니콜라이 번스타인은 우리의 신체가 만들어내는 사실상 무한대에 가까운 움직임을 '자유도degrees of freedom'라고 불렀다. 자유도는 운동과학 분야에서 중요한 화두로 남아 있는 개념이다.

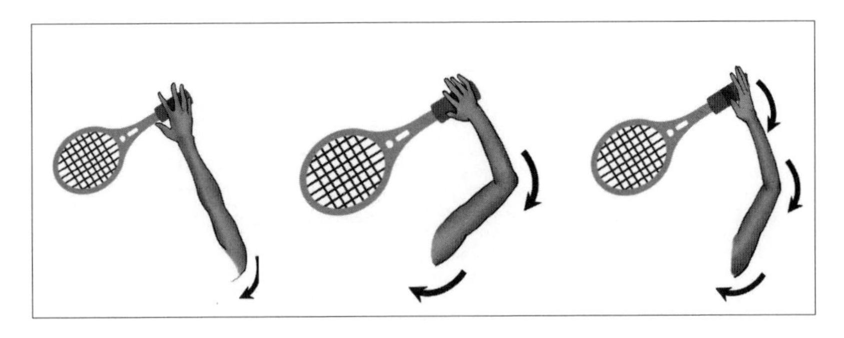

〈그림 3-1〉 테니스 스트로크로 묘사된 번스타인의 자유도 문제

자유도를 가지고 있는 인간의 몸은 특정한 과제를 수행하기 위해 수많은 선택지 중에 어떤 방법을 선택하게 된다. 투수가 공을 던지는 목적은 같다. 원하는 곳으로 강하고 정확하게 공을 던지는 것이다. 이를 위해 투수는 여러 팔동작 가운데 하나를 선택한다. 골반과 다리의 움직임도 선택한다. 이는 마치 음식을 데우기 위해 전자레인지 앞에 서 있는 것과 같다. 음식을 전자레인지에 넣고 생각한다. 중간 온도로 10분을 데울까? 아니면 높은 온도로 5분을 데울까? 아니면 해동 메뉴를 사용해야 할까? 아니다. 혹시 팝콘 메뉴로 데우면 더 맛있지 않을까?

우리 신체의 각 부분들은 공동의 목적을 위해 서로 힘을 합쳐 움직이는데 이를 코디네이션coordination(협응)이라고 보통 부른다. 결국 자유도 안에서 어떤 움직임을 선택하느냐 하는 문제는 '어떤 코디네이션 능력을 갖고 있느냐'와 같은 말이라고 할 수 있다. 자유도의 문제, 즉 인간이 움직임을 어떻게 코디네이션하는가 하는 문제를 이해하기 위해 다같이 운동제어motor control의 세계로 들어가보자.

명령에 따라 일어나는 움직임

인간이 움직임을 어떻게 만들고 컨트롤하는지를 설명하는 비유들이 많다. 1900년대 초 번스타인의 시대에는 '대뇌피질 키보드'가 인간의 움직임을 설명하는 대표적인 비유였다. 연주자가 피아노를 두드리며 음악을 만드는 것처럼 우리의 뇌 안에도 마치 연주자같은 존재가 있어서 운동에 관한 명령을 내린다고 생각했다. 뇌 안에 있는 연주자가 운동을 지시하는 키보드를 누르면 척수와 근육으로 그 신호가 전달되어 움직임이 일어난다고 상상했다. 이런 비유는 철저하게 뇌의 역할에 집중하고 있다. 이런 비유에서 근육과 관절들은 그저 뇌로부터 내려온 지시대로 움직이기만 하면 된다.

지금은 인간의 움직임을 컴퓨터가 작동하는 방식으로 이해하는 사람들이 많다. 다음과 같은 흐름이다. 용량이 큰 정보 저장소를 만들고(하드드라이브), 감각정보를 해석해서 처리하는 능력을 개발하고(CPU), 운동 프로그램을 실행하기 위해 작업기업working memory에 정보를 불러온다(RAM). 나는 머릿속의 연주자나 컴퓨터 대신 다른 비유를 사용해 인간의 움직임을 설명하려고 한다. 내가 사용할 비유는 기업의 운영 방식이다. 독자 여러분들을 '우리몸' 기업으로 초대한다!

기업의 전형적인 의사결정 구조를 생각해 보자. 사장이나 임원들로부터 중요한 지시가 내려오고 중간관리자들은 그 지시를 실행하기 위해 직원들에게 전달한다. 인간의 움직임도 이렇게 탑-다운 방식으로 운영되는 기업처럼 일어난다고 많은 사람들은 생각한다.

〈그림 3-2〉는 '우리몸'이라는 기업이 운영되는 방식을 간단히 정리한 그림이다. '우리몸' 기업은 '움직임'이라는 제품을 생산한다. 위에서 아래를 컨트롤하는 수직적인 구조를 가지고 있다.

뇌 안에 있는 대뇌피질이 이 회사의 보스(사장과 임원들)다. 대뇌피질은 감각정보를 수집해서 움직임을 위한 계획을 제공한다. 운동피질은

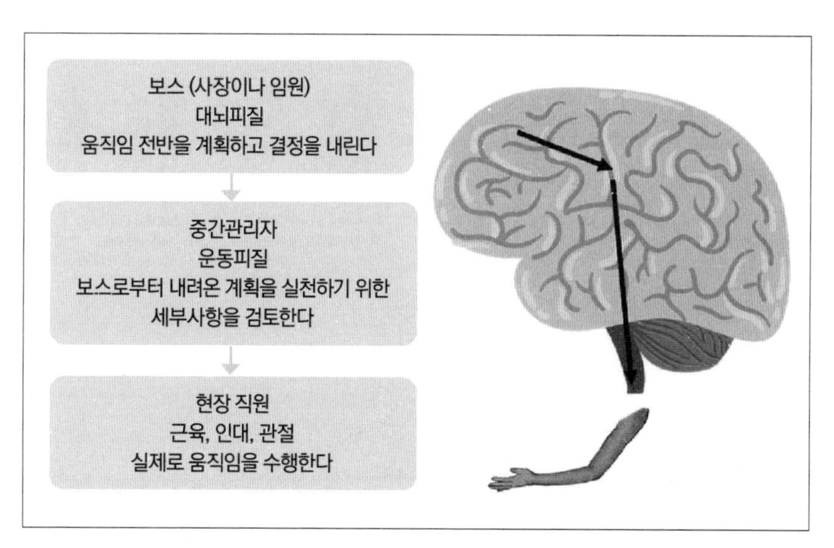

〈그림 3-2〉 '우리몸' 기업의 수직적 운영구조

중간관리자다. 대뇌피질이 만든 움직임 계획을 실행하기 위해 필요한 세부사항을 검토한다. 맨 아래에 뇌간과 척수가 있다. 생산라인과 영업 현장에서 일하고 있는 직원들이다. 실제 움직임을 실행한다. 이렇게 '우리몸' 기업에서 '움직임'을 생산하는 일련의 활동에서는 보스의 역할이 절대적으로 중요하다.

〈그림 3-3〉과 같은 플로우차트로도 '우리몸' 기업의 업무흐름을 설명할 수 있다. 지각팀perception은 시장 환경에 대한 정보를 수집한다. 인지팀cognition은 지각팀이 수집한 정보를 분석하고 해석한다. 의사결정팀decision Making은 분석된 내용을 가지고 움직임 계획을 세운다. 운동제어팀motor Control은 계획대로 움직임을 실행한다.

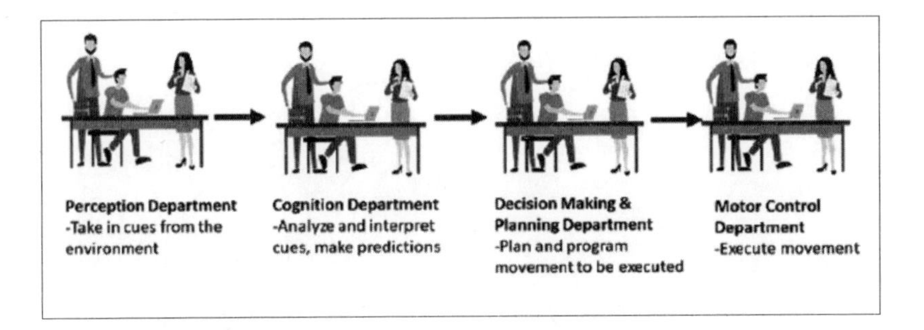

지각팀	인지팀	의사결정팀	운동제어팀
환경으로부터 정보를 수집한다	수집된 정보를 분석하고, 해석하고, 예측한다.	분석된 정보로 움직임 계획을 세운다	움직임 계획을 실행한다

〈그림3-3〉 전통적인 비즈니스 모델이 가지고 있는 선형적 업무 흐름

두 개의 그림을 통해 보듯 '우리몸' 기업은 수직적인 동시에 선형적linear*인 방식으로 '움직임'을 생산한다. 모든 과정이 분명한 순서에 따라 이루어지며, 각각의 팀은 비교적 독립적인 역할을 한다.

이렇게 선형적인 단계에 따라 '움직임'이 만들어지는 '우리몸' 기업에서 자유도 문제는 보스나 인지팀, 의사결정팀 수준에서 결정이 이루어진다. 관절과 근육에서 일하는 현장 직원들은 자유도 안에서 동작을 선택하는 과정에 참여하지 못한다. 리차드 슈미트Richard Schmidt는 이런 관점을

* '선형적(linear)'이라는 말은 각각의 단계가 '직선(line)'으로 연결되어 있다는 의미를 담고 있다. 어떤 일이 순차적, 단계적으로 일어난다는 것을 표현할 때 자주 사용된다.

발전시켜 '일반운동프로그램Generalized Motor Program(GMP)'이라는 개념을 주장했다.[1] 일반운동프로그램GMP은 과거의 경험을 통해 어떤 특정 동작에 대한 표상(表象)representation**을 우리 뇌가 갖고 있으며, 그런 표상들이 프로그램으로 작동해 움직임을 만들어 낸다는 개념이다. 일반운동프로그램에 따르면 뇌에 입력되어 있는 표상이 자유도 안에서의 구체적인 동작을 지정한다. 테니스에서 포핸드 스트로크를 한다면, 어깨를 30도, 팔꿈치는 20도, 손목은 15도를 회전해야 한다고 정해주는 식이다.

지각연습 따로 동작연습 따로

그렇다면 '우리몸' 기업은 좋은 '움직임'을 만들기 위해 어떤 훈련을 할까? '우리몸' 기업은 훈련 역시 수직적이고 선형적인 구조를 반영해 진행한다. 첫 번째는 모듈화modularity*** 내지 개별화separability하는 방식이다. '우리몸' 기업은 조직이 분명하게 나눠져 있기 때문에 훈련도 개별적으로 진행한다. 지각팀은 지각기능을 높이는데 집중한다. 운동제어팀은 근육과 관절의 힘을 키우는 트레이닝에 집중한다. 이렇게 팀별로 나눠서 훈련한 다음 기능을 합쳐버리는 방식으로 '우리몸' 기업은

** 표상(表象, representation) : 지각(知覺)에 의하여 의식에 나타나는 외계 대상의 상(像). (출처 : 국립국어원)

*** 모듈(module) : 프로그램을 기능별로 분할한 논리적인 일부분 (출처 : 표준국어대사전)

움직임의 수준을 높인다.

'맥락으로부터 분리된context independence' 연습을 한다는 것도 '우리몸' 기업의 특징이다. 모든 종목은 저마다의 특이성이 있다. 하지함 '우리몸' 기업은 종목마다의 고유한 맥락은 크게 고려하지 않고 일반적인 능력을 향상시키는데 초점을 맞춘다. 리더십, 커뮤니케이션 능력, 데이터분석 능력, 팀워크 등이 보통 비즈니스 세계에서 중요하게 여기는 기술들이다. 이런 기술들은 생산하는 제품과 관계없이 두루두루 적용된다고 생각하는 경향이 있기 때문에 제품의 특성을 고려해 고유한 방식으로 교육을 할 필요가 없다고 생각한다. 마찬가지로 우리의 몸도 지각과 인지능력, 주의력, 의사결정능력과 같이 일반적인 기술이라고 여겨지는 것들이 있다. 하지만 달리기, 스케이팅, 축구, 농구 등 모든 종목에는 그런 기술들이 다르게 적용될 수 밖에 없는 특이성이 존재한다. '우리몸' 기업은 지각과 인지능력을 키우기 위해 굳이 그런 특이성을 반영할 필요는 없다고 생각한다.

'우리몸' 기업의 훈련 방식이 지금까지 코치들이 주로 사용해온 방식이다. 먼저, 동작이나 기술을 나눠서 연습하는 모듈화의 사례를 보자. 야구의 티배팅 연습이나 축구에서 콘을 놓고 하는 드리블 연습은 동작의 수준을 높이기 위한 연습이다. 이런 연습을 통해서는 지각능력이나 판단력이 길러질 수 없다. 두 연습 모두 주변으로부터 무언가를 지각해서 움직임을 선택할 필요가 없기 때문이다.

실제 야구 경기에서 타자는 스윙도 중요하지만 투수가 던지는 공을 식별해 내는 것도 중요하다. 하지만 티배팅 연습을 하는 타자는 그런 지각기능을 동원할 필요가 없다. 축구 선수는 상대 선수의 움직임에 순간적으로 반응하면서 드리블을 할 지, 패스를 할 지 등을 선택해야 한다. 하지만 콘을 놓고 드리블 연습을 하는 선수는 그런 선택을 할 필요가 없다. 그냥 눈 앞에 있는 콘을 보고 움직이면 된다. 코치들은 이런 연습으로 익힌 테크닉을 보통 '기본기'라고 부른다.

'우리몸' 기업은 지각기능을 향상시키기 위한 훈련도 운동과 별개로 진행하곤 한다. 스포츠 현장에서 자주 볼 수 있는 사례는 영상을 활용하는 것이다. 코치들은 영상을 보여주며 선수들이 경기 중에 해야 할 것들을 알려준다. 경기 중에 무엇을 잘 살펴야 하고, 어떤 선택을 하는게 좋은지 영상을 보며 교육시킨다. 예를 들어 풋볼 코치는 쿼터백에게 경기 영상을 보여주다가 특정한 장면에서 화면을 멈춘다. 그리곤 다음 플레이를 어떻게 할 건지 물어본다. 선수는 앞으로 달려가는 선수에게 공을 던질 것인지, 아니면 러닝백에게 볼을 건내줄 것인지 자신의 생각을 말한다.

이렇게 지금까지의 스포츠코칭은 '맥락으로부터 분리된 연습'을 주로 사용해 왔다. 지각능력을 키우기 위한 연습을 따로, 동작을 익히기 위한 연습을 따로 진행하는 것이 보통이었다. 일반적인 지각훈련을 시키면 경기력도 좋아질 거라고 믿었다. '비전 트레이닝vision training'이 대표적인 예다.

비전 트레이닝을 하면 디테일한 부분을 알아보는 능력, 거리를 파악하는 능력, 움직이는 대상을 추적하는 능력 등이 좋아진다. 비전 트레이닝이 처음 소개된 것은 대략 40여 년 전이다. '아이로빅스

〈그림 3-4〉 브록스트링을 이용한 비전 트레이닝

Eyerobics'와 '스포츠 비전Sports Vision'과 같은 프로그램이 세상에 나온 이후로, 비전 트레이닝은 스포츠팀과 코치들에게 꽤나 인기가 높은 훈련 프로그램이 되어 가고 있다.

줄에 매달려 있는 구슬, 컴퓨터 화면에서 움직이는 원, 글자가 표시된 차트 등이 비전 트레이닝에서 선수들에게 제공되는 자극이다. 이런 방식의 비전 트레이닝에 대해 나는 다소 비판적이다. 경기 안에서 제공되는 자극들과 크게 관계가 없기 때문이다. 선수들이 실제 경기에서 줄에 매달려 있는 구슬을 볼 일은 없다. 컴퓨터 화면에서 정신없이 이동하는 원을 눈이 따라갈 일도 없다. 이런 방식의 비전 트레이닝은 보편적인 지각능력을 키우는데 초점을 맞추고 있다. 그렇게 향상된 지각능력이 실제 경기에서의 퍼포먼스 향상으로 이어진다는 실질적인 증거는 아직 존재하지 않는다.[2,3]

코치들이 좋아하는 '맥락으로부터 분리된 연습'의 또다른 예는 핸드-아이 코디네이션eye-hand coordination 연습이다. 어릴 때 혼자서 다들 해본 적이 있는 놀이가 있다. 테니스공을 벽에 던져서 다시 잡는 놀이다. 큰 돈을 들이지 않아도 할 수 있는 핸드-아이 코디네이션 연습이다. 투자할 예산이 있다면 '다이나비전Dynavision'같은 장비를 구매할 수도 있다. 이 제품은 1.5m x 1.2m 크기의 보드 위에 64개의 빨간색 버튼이 장착되어 있으며, 버튼을 터치하여 불을 켜고 끌 수 있도록 만들어졌다. 보드 위 어느 위치에 있는 불이 켜질 지 선수는 모른다. 불이 켜지면 가능한 빨리 그곳으로 손을 옮겨 터치를 해야 한다.

다이나비전과 같은 장비 역시 스포츠의 특이성보다는 보편적인 지각 능력 발달을 목적으로 한다. 핸드-아이 코디네이션, 반응속도, 주변시*

---

* 주변시(周邊視, peripheral vision) : 시야의 주변부를 통해 들어오는 시각을 의미한다. 망막 가운데 작은 구멍 주변의 시각 세포에 비친 시각은 중심시(中心視)라고 부른다. (참조 : 표준국어대사전)

등 지각능력 전반을 향상시키는데 초점을 맞추고 있다. 다이나비전이 선수에게 주는 자극은 일반적이고 추상적이다. 축구나 야구, 골프 같은 종목의 고유한 맥락 속에서 나오는 자극이라고 보기는 어렵다. 어떤 스포츠를 할 때도 그렇게 불빛에 반응해서 플레이하지는 않기 때문 이다.

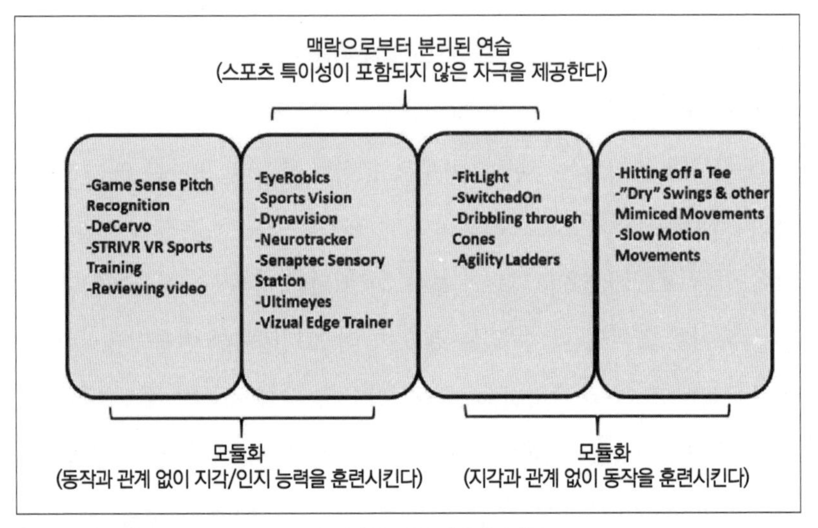

〈그림 3-5〉 전통적인 스포츠코칭에서 주로 사용하는 연습과 훈련장비들

움직임을 뇌가 전부 컨트롤할 수 있을까?

머릿속의 연주자와 컴퓨터로 비유한 것처럼 '우리몸' 기업은 보스가 움직임을 지시하고 컨트롤한다는 점이 핵심적인 특징이다. 움직임을 계획하고 명령을 내리는 보스가 존재한다. '우리몸' 기업에서 운동기술의 발전은 지각팀, 인지팀, 의사결정팀이 주도한다. 실제 움직임을 수행하는 운동제어팀은 위에서부터 내려온 결정을 따를 뿐이다. 움직임에 관해 어떤 의견도 낼 수 없다. 정해진 매뉴얼대로 부품을 조립하기만 해야 하는 생산라인의 노동자들과 같다. 제품생산공정을 개선할 수 있는 아이디어가 떠올라도 의견은 반영되지 않는다. 모든 결정은 위에서 한다.

'우리몸' 기업의 움직임 모델에는 몇 가지 근본적인 문제가 있다. 다른 무엇보다 적응의 문제다. 나달은 자신에게 날아오는 공이 모두 다르다고 말했다. '우리몸' 기업의 움직임 모델에 따르면 나달이 공을 때리기 위해서는 날아오는 공의 회전, 방향, 스피드, 상대의 실력, 코트의 상태, 기상조건 등을 고려한 모든 경우의 수가 보스의 머릿속에 저장되어 있어야 한다. 그게 과연 가능한 일일까 의문이 드는 것이 사실이다.

자유도의 문제를 고려하면 문제는 더욱 심각해진다. 〈그림 3-1〉의 테니스 포핸드 스트로크를 다시 들여다 보자. 어깨 관절의 움직임은 어림잡아도 10개 내외의 근육이 관여하고 있다. 팔꿈치는 6개, 팔뚝에는 4개, 그리고 손목을 회전시키는 데는 6개의 근육이 관련되어 있다. 이것들을 그냥 더하기만 해도 26개의 변수가 나온다. 코트의 상태, 날씨, 경기장 분위기 등 외적 변수도 어마어마하다. '우리몸' 기업의 움직임 모델에 따르면 보스가 그런 모든 변수들을 모두 고려해 26개 근육의 움직임을 구체적으로 알려준다. 이런 방식으로 네트 너머로 날아오는 수많은 공들을 받아칠 수 있을까 여전히 의문은 남는다.

다음으로는 '맥락으로부터 분리된 연습'이 지닌 문제다. 배구 선수를 대상으로 '뉴로트래커Neurotracker'라고 불리는 시스템의 훈련 효과를

테스트한 연구가 있다.[4]

'뉴로트래커'는 컴퓨터 화면에서 무작위로 움직이는 몇 개의 노란색 공을 따라 눈을 움직이도록 하는 일종의 게임이다. 움직이는 공을 놓치지 않고 따라가다가 움직임이 멈추면 지정한 공을 골라내야 한다. 인지기능에 초점을 맞춘 모듈화된 훈련이라고 할 수 있다. 마지막에 스크린을 클릭하는 것 말고는 특별히 몸을 움직일 일은 없다. 움직임과는 관계 없이 지각능력과 주의력을 키우기 위한 연습으로, 전형적인 '맥락으로부터 분리된 연습'이라고 할 수 있다.

뉴로트래커 트레이닝

이 연구가 밝힌 내용이 흥미롭다. 뉴로트래커 훈련을 하고 선수들은 뉴로트래커 게임은 확실히(!) 더 잘하게 되었다. 하지만 실제 배구 코트에서 필요한 세트플레이 능력, 패스와 서브의 정확도 등은 뉴로트래커 훈련을 하지 않은 대조군과 비교했을 때 그다지 향상되지 않았다. 뉴로트래커 훈련의 효과가 배구 경기로 전이transfer*되지 않은 것이다.

* 전이(transfer) : 어떤 대상이나 분야에 대한 학습효과가 다음 단계의 학습, 또는 다른 분야의 학습에도 영향을 주는 것을 말한다.

이런 패턴은 요즘 널리 진행되고 있는 '브레인 트레이닝brain training'에서도 관찰된다. 대부분의 '브레인 트레이닝' 프로그램은 스포츠의 특이성과 관계없이 일반적인 지각능력 향상을 목적으로 한다. 대표적으로 '루모시티Lumosity'와 같은 스마트폰 어플이 있다. 하지만 이러한 훈련의 효과를 뒷받침하는 연구결과들은 아직 설득력이 부족하다. 그래서 미연방거래위원회(FTC)에서는 이러한 상품을 개발한 기업에게 몇 차례 거액의 과징금을 부과하기도 했다.[5, 6]

어쩐지 '우리몸' 기업은 번스타인의 자유도 문제를 푸는데 어려움이 있어 보인다. 그렇다면 우리에게는 새로운 비즈니스 모델이 필요하다. 이제 비로소 여러분들께 소개한다. 바로 '자기조직화Self-Organizaion' 기업이다! 여기 놀라운 사실이 있다. '자기조직화' 기업에는 보스가 없다!

자기조직화 : 보스가 없이 무리를 지어 나는 새들

그럼 이제 '자기조직화' 기업의 기업설명회를 시작한다. 먼저 두 가지 장면을 떠올려 보자. 하나는 마칭 밴드Marching Band(퍼레이드 악단)가 연주를 하며 거리를 지나가는 모습이고, 또 하나는 하늘을 날고 있는 새의 무리들이다.

이 두 집단 모두 상당한 수준의 코디네이션을 보여준다. 밴드 멤버 들은 흥겹고 재밌는 동작들을 음악에 맞추어 일사분란하게 보여준다. 새들은 여기저기로 방향을 바꾸면서 마치 한 마리가 움직이는 것처럼 아름다운

군집을 형성해서 날아다닌다. 그런데 마칭 밴드와 새들의 무리는 움직임이 일어나는 방식에 근본적인 차이가 있다.

마칭 밴드는 보스의 지시를 따르는 전통적인 모델에 따라 움직인다. 보스의 역할을 하는 안무가가 밴드 구성원들의 동작과 이동경로 등을 계획한다.

> "30미터 앞에서 트럼펫 연주자는 악기를 하늘로 든다. 50미터 앞에서 왼쪽으로 한번 스텝을 밟는다."

이런 식으로 각각의 밴드 멤버들에게 구체적인 지침을 준다. 좋은 계획을 세우고, 밴드 멤버들이 계획대로 실수없이 움직이기만 하면 마칭 밴드는 문제없이 공연을 마치게 된다. 하지만 새들의 무리에는 명령을 내리는 보스가 없다. 마칭 밴드의 안무가처럼, 어느 시점에 어떻게 움직이라는 신호를 주는 존재가 없다. 그런데도 새들은 요리조리 방향을 바꿔가며 조화롭게 무리를 지어 날아다닌다.

무리를 지어 나는 새들의 모습

엄청난 속도로 서로에게 반응하며 일사분란하게 움직이는 새들의 코디네이션 방식은 보면 볼수록 놀라움을 안겨준다. 비행 중에 새들이 보여주는 경이로운 코디네이션을 설명하기 위한 여러 노력들이 있었지만 어떤 설명도 명확한 답을 주지는 못했다. 그러다가 1984년에 나온 웨인 포츠Wayne Potts의 연구가 사람들의 시선을 사로잡았다.[7] 포츠는 도저히 이론적으로는 설명할 수 없는 빠른 속도로 새가 방향을 튼다는 사실을 발견했다. 연구실에서 반짝이는 빛으로 놀라게 했을 때 새들의 반응시간은 대략 0.04초였다. 그런데 새들이 무리를 지어 다닐 때는 0.015초만에 방향을 바꾸는 모습이 보였다. 하늘을 나는 새들은 본래 가지고 있는 반응속도보다 더 빨리 다른 새들의 움직임에 반응한 것이다.

포츠는 새들이 '코러스 라인chorus line'*을 형성하고 있다는 주장을 했다. 한 마리의 새가 방향을 틀기 시작하면 이어서 가장 가까이에 있는 새들이 반응하여 같은 방향으로 움직인다. 이런 과정이 도미노처럼 이어지면서 멀리 떨어진 새들은 이 모든 과정이 일어나는 것을 보게 된다. 이는 마치 합창이나 의장대 공연을 하는 사람들이 다른 멤버들의 동작을 보면서 자신의 퍼포먼스를 예상하는 일과 같다고 할 수 있다. 일이 벌어지고 나서 반응을 하는 것이 아니라 일이 벌어질 것을 예상한 반응이기에 본래 가지고 있는 반응속도보다 더 빠른 반응이 가능하다는 주장이다.

---

* 코러스 라인(chorus line)은 합창 공연이나 뮤지컬에서 주연급 배우만이 넘을 수 있는 무대 전면의 백선을 뜻하기도 하고, 합창 그 자체를 의미하기도 한다.

새의 무리가 날아다니는 방식이 바로 '자기조직화' 기업의 비즈니스 모델이다. '자기조직화' 기업은 기본적으로 기업에 소속된 구성원들의 상호작용에 의해 운영된다. '우리 몸' 기업처럼 보스가 정하는 규칙이나 계획에 따라 굴러가는 것이 아니다. '자기조직화' 기업의 직원들은 보스의 도움 없이도 자신들이 직접 얻은 정보를 이용해 '움직임'이라는 제품을 만드는데 기여한다. 이것이 '자기조직화' 모델의 흥미로운 점이다. 지시나 명령에 의한 움직임이 아닌, 신체 각 부분의 상호작용으로부터 움직임이 창발*할 수 있다는 사실이다. 자기조직화 방식은 세포의 구조, 모래와 같은 무생물에서 형성되는 패턴들, 물고기의 성장에 이르기까지 자연현상 전반에 걸쳐 확인할 수 있다.

'자기조직화' 모델은 움직임이 일어나는 메커니즘에 대해 전통적인 스포츠코칭 모델과는 근본적으로 다른 관점을 가지고 있다. 〈그림 3-6〉처럼 '지각-동작 커플링perception-action coupling'**이 기본 구조다. (서문의 마지막에 커플링을 유지하자고 말했던 것을 기억하는가!) '자기조직화' 모델에서는 지각perception이 바로 움직임을 컨트롤한다. 그리고 움직임 역시 지각에 영향을 미친다. 움직임이 일어나는 순간 감각 시스템으로부터 들어오는 정보 역시 변하기 때문이다. 이런 일련의 순환과정 속에서

---

* 예상하기 어려운 일이 일어날 때, 또는 어느 순간 갑자기 어떤 현상이 나타날 때 창발(創發, emergence, emergency는 응급이라는 뜻)이라는 표현을 사용한다.

** 커플링(coupling)은 '연결, 결합'의 뜻을 가진 단어다. 이 책에서는 지각과 동작이 서로에게 영향을 준다는 의미로 사용되고 있다. 그래서 '커플링'이라는 단어를 그대로 사용했다.

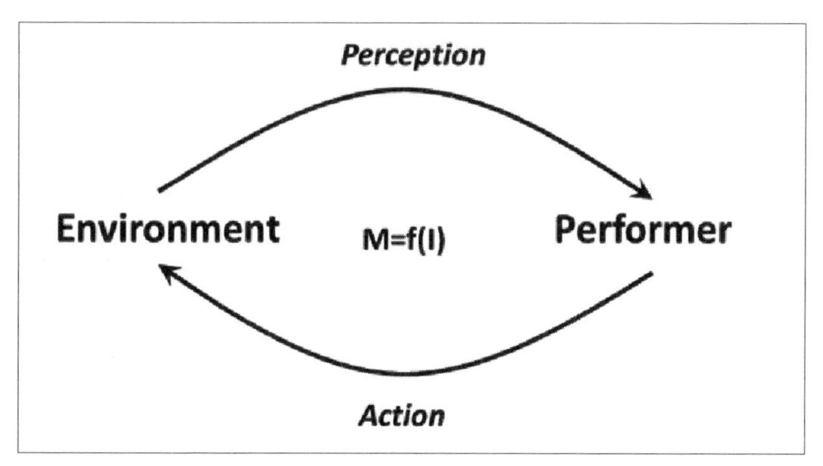

〈그림 3-6〉 지각-동작 커플링perception-action coupling. M = f(I)
M(Movement) : 움직임
I(Information) : 움직임으로부터 얻는 정보

움직임이 '창발'한다고 보는 관점이 '자기조직화' 모델이다.

새의 무리를 다시 떠올려보자. 무리 안에 있는 새는 다른 새의 지시에 따라 움직이지 않는다. 무리를 지어 날면서 새들은 옆에 있는 동료가 얼마나 가깝게 있는지를 지속적으로 지각한다. 그런 지각을 바탕으로 움직임을 조절한다. 새들이 방향을 바꾸는 '선택'도 지각과 움직임 사이에 따로 존재하는 것이 아니다. 지각과 동작이 커플링되어 서로에게 영향을 주는 과정 속에서 선택도 그 일부가 된다. '우리 몸' 기업의 지각 팀, 의사결정팀, 운동제어팀이 '자기조직화' 기업에서는 한 팀이 되어 일을 하고 있는 셈이다.

신체의 모든 기능들이 참여하는 훈련

'자기조직화' 모델은 훈련 방식도 전통적인 스포츠코칭 모델과는 근본적으로 다르다. 지각-선택-동작 이렇게 구분이 가능한 선형적인 단계에 따라 움직임이 일어난다고 생각하지 않기 때문에 '우리몸' 기업처럼 팀별로 따로 훈련을 진행하지 않는다. '자기조직화' 모델에서 움직임은 신체의 각 부분의 상호작용으로부터 창발한다. 그리고 그 상호작용에 구체적으로 어느 근육과 관절이 참여할 지를 예측하기도 어렵다. 해결해야 할 과제가 생기면 그때마다 즉흥적으로 작업그룹이 만들어진다. 때문에 '자기조직화' 기업에서는 직원들 모두가 훈련에 참여 한다.

앞서 나달이 한 말처럼 선수는 경기장의 상태, 날씨, 상대의 실력, 자신의 피로 수준 등 수많은 변수들에 맞추어 경기를 해야 한다. 자기조직화 방식으로 훈련된 선수는 그런 변수들을 훨씬 더 효과적으로 다룰 수 있다. 하늘을 나는 새들은 방향을 자유자재로 바꾸며 날아간다. 무리에 속한 새들의 숫자도 매번 바뀌고 바람의 세기와 방향도 시시각각 변하지만 새들은 긴밀한 상호작용을 통해 그런 변수들에 적응하며 비행을 계속해 나간다.

'자기조직화' 기업의 또 다른 장점은 직원 한 명이 저지른 '실수'가 크게 영향을 미치지 않는다는 점이다. 훨씬 더 안정적으로 실수에 대응할 수 있다. 마칭 밴드의 멤버 중 한 명이 이동방향을 잘못 틀면 무슨 일이 일어날까? 관객의 눈에 실수를 한 모습이 분명하게 잡히게 된다. 그리고 실수를 수습하기도 만만치가 않다. 보는 사람은 재밌을지 몰라도 밴드를 운영하는 단장은 그다지 기분이 유쾌하진 않을 것이다.

유튜브를 보면 마칭 밴드의 실수 장면을 보여주는 재미있는 영상들이 실제로 많이 있다. 위로부터의 계획에 따라서만 움직이는 조직은 예기치 못한 상황을 적절히 대처하기 힘들다. 50미터 라인에 도착하면 좌회전하라는 지시를 받은 심벌즈 연주자는 계획과는 다르게 갑자기 트럼본 연주자가 다가오게 되면 어떻게 해야 할지 몰라 당황하게 된다. 이런 상황에 대해 어떤 지시도 받지 못했기 때문이다.

하지만 '자기조직화' 기업에서는 직원의 작은 실수가 큰 문제가 되지 않는다. 개별 구성원들이 바로 그 순간의 정보에 기반해 무엇을 할 지 선택하기 때문이다. 무리지어 다니는 새는 '저 나무 위를 지나갈 때 오른쪽으로 돌아야 한다'는 지시에 따라 움직이지 않는다. 새들은 동료와 안전한 거리를 유지하기 위해 움직임을 바꾼다. 새의 움직임은 동료의 움직임에 반응해 일어난다. 만약 하나의 새가 '실수'를 해서 잘못된 방향으로 움직이면, 다른 새들은 다시 그 새를 따라 방향을 바꾼다. 새들이 모여있을 때 갑자기 방향을 바꾸는 경우가 많은 이유이기도 하다.

이상으로 '자기조직화' 기업의 설명회를 마친다. 투자할 마음이 생기지 않는가? 그렇다면 이제는 코치와 트레이너의 입장에서 선수의 '자기조직화' 능력을 어떻게 키울 수 있는지를 살펴보자. 자기조직화 방식은 그냥 뒤로 물러서서 선수가 모든 것을 스스로 하도록 놔두는 것인가? 그게 아니라면 코치는 어떤 방법으로 선수의 '자기조직화' 능력을 키울 수 있을까?

4장

맨땅에서 공을 차는 브라질 아이들

어린 아이들이 축구를 하는 모습은 늘 우리를 웃음짓게 한다. 아이들은 공이랑 뒤섞여 우르르 몰려다니곤 한다. 공이 어디에 있는지 한참을 찾아야 할 때도 있다. 그렇게 진지한 얼굴로 공을 필사적으로 쫓는 모습에 절로 웃음이 나온다.

축구 경기에서 선수는 다양한 선택의 상황과 마주한다. 공을 받기 좋은 비어 있는 공간으로 이동하거나, 상대 골대를 향해 달려가거나, 동료에게 패스를 하거나, 슛을 쏘거나, 그 선택지는 무수히 많다. 하지만 축구를 막 시작한 어린 아이들은 그저 눈에 보이는 공을 향해 달릴 뿐이다. 만약 새의 무리가 이렇게 움직인다면 서로 부딪히며 엉망진창이 되었을 것이다.

이런 아이들에게 축구를 보다 재미있게 즐기는 방법을 알려주는 것이 바로 코치의 몫이다. 경험과 지식이 일천한 사람에게 너무 많은 선택지는 오히려 학습에 장애가 될 수 있다. 실력에 맞게 적당히 선택지를 줄여주는 지혜가 필요하다. '제약constraints'은 그런 면에서 코치가 이해하고 있어야 할 매우 중요한 개념이다.

축구 이야기로 시작을 했으니 축구의 나라 브라질로 가보자. 축구에서만큼은 자기조직화의 놀라운 세계를 보여주고 있는 곳이다. 유럽과 전세계에서 뛰고 있는 최고 수준의 선수들을 계속해서 배출하고 있지만, 브라질에서는 다른 나라에서 흔히 볼 수 있는 첨단 훈련시설을 보기가 어렵다. 브라질이 지난 수십년간 보여준 놀라운 성과를 생각하면 참으로 의아한 일이다.

브라질에서 대부분의 어린 아이들은 매일 축구를 하며 논다. 그런데 브라질 아이들이 하는 공놀이는 잔디가 깔리고 골대가 세워진 경기장에서 하는 축구가 아니다. 어쩌면 '축구경기'라기 보다 '축구놀이'라는 표현이 더 어울릴 지도 모르겠다. 브라질 어린이들이 하는 이런 공놀이를 '파이라다pelada'라고 부르기도 한다.[1] 축구황제 펠레도 그렇게 파이라다를 하며 어린 시절을 보냈다고 알려져 있다.

'파이라다pelada'는 포르투갈어로 '벌거벗은, 맨몸nude'이라는 의미다. 말 그대로 맨몸으로, 거칠게 하는 놀이라는 뜻이다. 잘 정돈된 잔디나 골대는 없다. 반듯하게 그어진 사이드라인과 엔드라인도 없다. 당연히 코치도 없다! 집 밖을 나가면 어디라도 경기장이다. 지저분한 골목길, 모래 사장, 울퉁불퉁한 공터 어디라도 아이들은 모여 축구를 한다. 정해진 인원도 없다. 그날 모인 아이들의 수에 따라 두 팀으로 나눠진다. 늘 11명씩 나눠서 경기를 하는 경우는 거의 없다. 체계적으로 조직된 리그도 당연히 없다. 여자 아이들도 남자 아이들과 섞여서 공을 차고, 여러 나이대의 아이들이 함께 어울려 공을 찬다.

브라질의 어린 아이들은 체계적인 연습과는 거리가 먼 축구를 하고 있기 때문에 유럽의 유소년 선수들에 비해 뒤떨어진 기술을 갖고 있어야 하지만 결코 그렇지 않다. 영국, 독일, 스페인, 포르투갈, 네덜란드와 같은 많은 유럽 국가들의 유소년 축구는 '유니폼을 입고' 하는 축구다. 이들 나라들은 지난 50여년간 프로팀이 운영하는 유소년 축구아카데미라는 모델을 통해 선수를 육성해왔다. 이런 아카데미에서는 9살도 안된 아이

〈그림 4-1〉 브라질의 파이라다 풍경

들도 프로팀과 계약을 맺고 축구선수의 길을 시작한다.

유소년 아카데미에 선발된 선수들은 아주 이른 나이부터 체계적인 프로그램으로 육성된다. 축구기술을 발전시키기 위한 연습은 물론 과학적인 트레이닝과 영양 프로그램도 제공받는다, 첨단 훈련시설에서 최고의 코치들이 달라붙어 지도를 한다. 포지션에 특화된 연습도 하고, 매주 연령대별 경기를 뛰며 경기경험도 쌓는다. 무엇 하나 부족함이 없는 환경에서 최고의 축구선수로 성장해 나간다.

브라질은 이렇게 고도로 전문화된 육성시스템을 갖춘 유럽 국가들 못지 않게 뛰어난 선수들을 세상에 내놓고 있다. 그렇다면 우리는 이런 질문을 던져볼 필요가 있다.

혹시 열악한 조건이라 생각했던 '파이라다' 같은 방식이 어쩌면 축구선수로 성장하는데 장점으로 작용하고 있는 것은 아닐까? 모래밭에서 축구를 하는 경험이 우리가 모르는 어떤 능력을 키워주는 것은 아닐까?

모래밭에서 공을 던질 때 발달하는 능력

야구에서 가장 흔하게 볼 수 있는 부상은 바로 투수의 팔꿈치 부상이다.[2] 이제 토미존 수술은 투수라면 언제든 받을 수 있는 수술로 인식되는 수준이다. 토미존 수술은 찢어진 팔꿈치의 내측인대ulnar collateral ligament를 신체의 다른 부위(보통 손목)에 있는 인대를 떼어내어 연결하는 수술이다. 메이저리그 경기를 보고 있다면 지금 나온 투수가 토미존 수술을 받았을 확률은 대략 85% 정도가 된다. 그만큼 흔한 수술이 되었다는 증거라고 할 수 있다.

투수에게 부상이 생기는 이유는 여러가지가 있지만 전문가들은 점점 빨라지는 구속을 중요한 이유로 꼽는다. 빠른 공을 던지려고 할 때 투수는 신체에 엄청난 스트레스를 주게 된다. 몸에 부담이 되는 동작을 반복하면 당연히 부상의 위험도 커지게 된다. 그리고 투구동작에서의 문제가 부상을 일으키는 요인이 되기도 한다. 하체가 안정되지 못할 때 투수는 상체와 팔에 과도한 힘이 가해지게 된다.

예를 들어 투수가 앞발을 지면에 내딛을 때 발을 단단히 고정시키지 못하고 발목이 살짝 돌아가는 경우가 있다. 그렇게 되면 투구 동작이 전반적으로 불안정해진다. 발목 뿐만 아니라 무릎과 팔꿈치에도 부담을 주어 부상의 위험이 높아진다. 투수에게서 이런 현상이 보이면 어떤 연습으로 바로잡을 수 있을까?

네덜란드 야구대표팀 코치들은 브라질 아이들이 맨발로 공을 차듯 연습환경을 원시적으로 바꿔버렸다. 흙이 가지런히 정리된 마운드가 아닌, 밟으면 발이 푹푹 들어가는 모래밭에서 공을 던지게 했다.[3]

모래밭에서 공을 던지는 연습

모래밭에서 공을 던진다? 야구 연습으로는 전혀 생각지도 못한 방식이다. 이런 연습이 투수에게 도움이 될까? 앞발의 안정성을 키우는 연습이 될까? 오히려 발의 움직임을 더 불안하게 만드는 건 아닐까? 이런 의문들이 자연스럽게 일어난다.

결론적으로, 이렇게 모래밭에서 공을 던지는 연습은 투수가 투구동작을 효과적으로 '자기조직화'하는 좋은 연습이다. 여기에 담겨 있는 의미를 알기 위해서는 '제약constaints'이라는 개념을 먼저 이해할 필요가 있다.

스포츠코칭의 역사에서 가장 중요한 책이 무엇인지 누가 묻는다면,

나는 스포츠에 관한 책도, 코칭을 다룬 책도 아닌, 1986년에 칼 뉴웰Karl Newell이 발표한 논문이라고 말하고 싶다. 아이들이 어떻게 운동기술을 발달시키는지 새로운 관점을 제시하는 논문이다.[4]

뇌가 기억의 형태로 가지고 있는 정보를 이용해 인간의 움직임을 처방한다는 것이 당시의 운동학습 분야의 대체적인 견해였다. 뉴웰은 이런 생각에 동의하지 않았다. 그는 우리 신체의 어떤 부분도 인간의 움직임을 주도적으로 처방하지 않으며, 뇌 역시 마찬가지라고 주장했다. 대신 뉴웰은 '신체 전체의 자기조직화 과정을 통해 창발하는 것이 인간의 움직임'이라는 새로운 관점을 제시했다.

뉴웰은 인간이 살아가면서 끊임없이 맞닥뜨리는 환경의 변화를 '제약constaints'이라고 표현했다. 어렵게 생각할 필요가 없다. 특정한 방식으로 움직이지 못하도록 하는 것이 제약이다. 선택지를 줄여주는 것도 제약이다. 전자레인지의 예를 들면, 일부 버튼을 아예 작동하지 않도록 막아버리는 거라고 할 수 있다.

제약에는 몇 가지 중요한 포인트가 있다. 이걸 분명히 짚고 넘어가야 제약을 연습에 올바로 적용할 수 있다. 먼저 제약은 어떤 특정 동작을 처방하는 수단이 아니다. 그보다는 오히려 특정 동작을 하지 못하도록 도와주는 수단이다. 제약은 기술에 방해가 되는 동작이나 불필요한 움직임을 막아주는 역할을 할 뿐이다.

〈그림 4-2〉는 뉴웰이 만든 '제약 3요소constraint triangle' 모델이다. 운동과학과 스포츠코칭에 관심이 있는 사람이라면 너무나 익숙한

그림이다. 뉴웰은 제약을 세 가지로 나누어 설명했다. 개인제약individual constraints, 환경제약environment constraints, 과제제약task constraints이다.

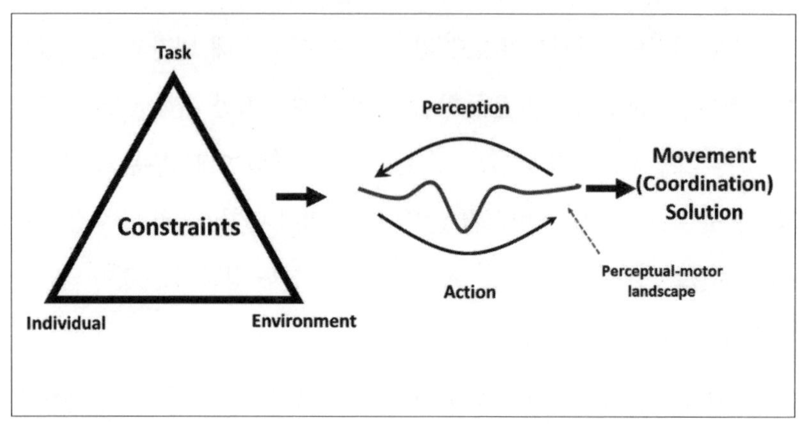

〈그림 4-2〉 뉴웰의 제약모델

개인제약individual constraints은 선수 마다의 고유한 특성을 말한다. 선수들은 키와 몸무게 등 신체적 조건도 다르고 스트렝스, 스피드, 유연성의 수준도 저마다 다르다. 이렇게 다른 신체적 특성들은 선수들이 운동기술을 수행하는데 제약으로 작용한다. 너무나 당연한 이야기지만 라파엘 나달은 나와는 완전히 다른 개인제약을 가지고 있다. 나달처럼 코트의 좌우를 빠르게 이동할 수 있는 능력이 있으면 공이 백핸드 방향으로 날아올 때 보다 많은 선택을 할 수 있다. 그대로 백핸드 스트로크를 할 수도 있고, 조금 더 이동을 해서 강력한 포핸드 스트로크를 할 수도 있다. 나달과는 비교할 수 없을 정도로 느린 나에게 그런 선택은 불가능하다. 이렇듯 선수가 가지고 있는 개인제약은 자신만의 움직임 솔루션을 만들어 내는데 크게 영향을 미친다.

환경제약environment constraints은 날씨, 경기장의 상태와 분위기 등 경기력에 영향을 미치는 환경 조건을 말한다. 갑자기 바람이 거세게 불면 양궁 선수는 바람을 고려해 활을 쏘는 방법에 변화를 주어야 한다. 축구 선수는 비가 내려 잔디가 젖어 있으면 공이 더 빨리 움직인다는 사실을 고려하고 경기를 해야 한다. 야구에서 투수가 공을 던지는 마운드는 매번 공을 던질 때마다 상태가 바뀐다. 그리고 상대팀 투수가 공을 던지고 나면 더욱 많이 바뀐다. 이렇듯 선수가 모든 경기를 같은 조건에서 치른다는 것은 사실상 불가능하다. 코치는 선수가 환경제약에 적절히 적응하며 경기를 하는 경험을 제공해 줄 필요가 있다. 비가 와서 경기장이 젖었다고 해서, 바람이 심하게 분다고 해서 무조건 연습을 취소할 필요는 없다.

마지막은 과제제약task constraints으로 이 책에서 가장 많이 다루게 될 제약이다. 세 가지 제약 중에 코치나 트레이너가 활용하기 가장 좋기 때문이다. 테니스 선수에게 짧은 라켓으로 연습을 시키는 것이 과제 제약을 활용한 방식이다. 3대3, 8대8로 하는 축구 연습도 과제제약에 해당한다. 이처럼 과제제약은 경기의 룰을 바꾼다든지, 사용하는 장비에 변화를 준다든지, 경기에 참여하는 선수의 숫자나 경기장의 크기를 바꾸어 선수에게 새로운 과제를 제공하게 된다.

배구를 막 시작하며 서브를 배운다고 생각해 보자. 하나부터 열까지 어떻게 해야 할 지 모르는 것 투성이일 수 밖에 없다. 어깨는 얼마나 회전시켜야 할까? 팔꿈치는 어느 정도 구부려야 하나? 손목은 움직여야 하나? 고정시켜야 하나? 발목과 무릎, 그리고 고관절은 어떻게 움직여야 할까? 서브를 하기 위해 몸을 움직이는 방법은 말 그대로 무한대의 수가 존재한다. 배구를 막 시작한 사람이 이 중에 하나의 방법을 선택하는 것은 너무나 버거운 일이다. 이럴 때 코치가 제약을 선수의 연습에 제공 해주면 보다 용이하게 동작을 선택할 수 있다.

번스타인은 자신이 제기한 자유도 문제를 인간이 어떻게 해결 하는지와 관련해 다음과 같은 주장을 했다. 우리가 새로운 기술을 처음 배울 때는 자유도를 '동결하는freezing' 방식으로 스스로에게 제약을 건다는 것이다. 번스타인은 인간이 두 가지 동결 방식을 제약으로 활용 한다고 말했다.

첫 번째는 특정 관절이나 근육을 사용하지 않음으로써 신체의 일부를 단단히 고정시키는 방식이다. 〈그림 4-3〉처럼 테니스 서브를 할 때 손목이나 팔꿈치는 거의 움직이지 않고 어깨의 움직임만으로 연습을 하는 방식이다.

또다른 동결 방식은 서로 다른 신체 부위가 커플링되어 움직이도록 하는 방식이다. 이를테면 〈그림 4-4〉처럼 팔꿈치가 어깨와 함께 타이밍을 맞추어 움직여야 한다는 제약을 추가하여 자유도를 단순화시키는 방식이다. 이 밖에도 여러 종목에서 사용하는 동결전략을 9장에서 살펴볼 예정이다. 그리고 왜 동결전략이 자유도 문제를 해결하는 최선의 방법이 아닌지도 다루려고 한다.

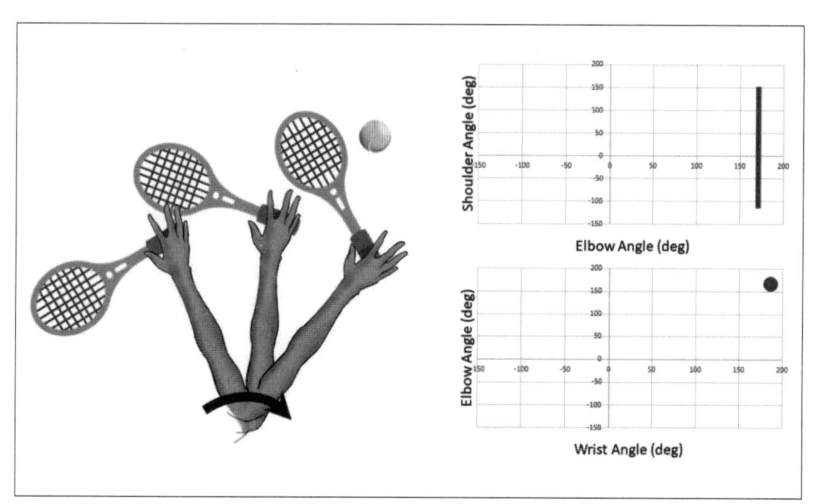

〈그림 4-3〉 동결 유형 I. 팔꿈치나 손목 관절의 회전을 제한해서 테니스 스트로크의 코디네이션 방식을 단순화시킨다.

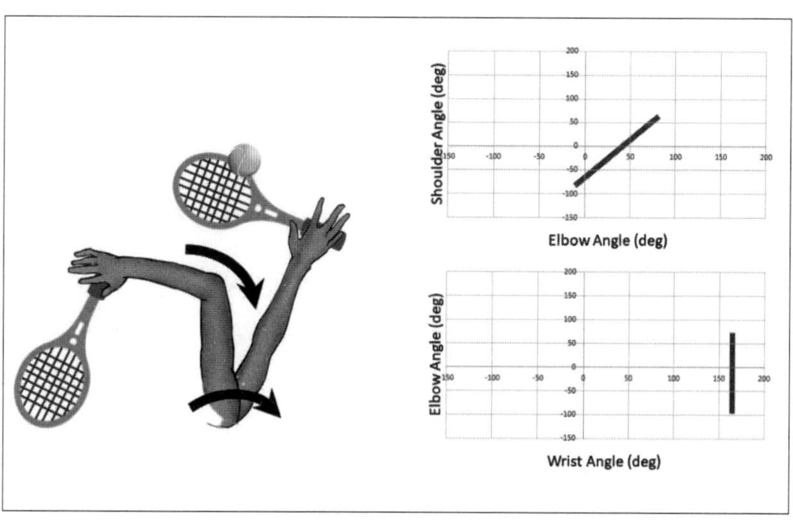

〈그림 4-4〉 동결 유형 II. 어깨와 팔꿈치 관절이 단단히 커플링되어 움직이게 해서 스트로크를 단순화시킨다.

오류를 과장해 동작을 교정한다

제약이라는 개념을 너무 어렵게 받아들일 필요가 없다. 축구공을 따라 우르르 몰려 다니는 어린 아이들을 가르친다고 상상해 보자. 아주 단순한 주문을 통해 코치는 아이들이 공을 쫓아 몰려다니지 않도록 만들 수 있다. 경기장의 특정 지역에서만 움직이도록 제약을 두는 것이다. "너는 레프트윙어야. 경기장 왼쪽에 자리를 잡고 움직여야 해." "너는 오늘 수비수야. 뒤로 물러서서 우리편 골대 근처에서만 플레이하는거야." 이처럼 움직여야 할 범위를 정해주는 것이 바로 제약이 된다

이제 다시 모래밭에서 공을 던지게 한 네덜란드 야구코치들의 사례로 돌아가 보자. 앞발을 지면에 견고하게 내딛지 못하는 투수를 마운드가 아니라 모래밭에서 공을 던지게 하는 것은 환경제약을 이용한 방식이다. 사실 모래밭에서 공을 던지게 되면 해결하고자 하는 투수의 문제는 순간적으로 더욱 악화될 수 있다. 발목이 돌아가는 현상은 모래밭에서 공을 던질 때 더 심해진다. 중심을 잃고 넘어질 때도 있다. 그런데 그 과정에서 선수는 발목의 불안정함을 보다 분명하게 인지한다. 그러면서 점점 모래밭에서도 앞발을 확실히 내딛을 수 있는 움직임 솔루션을 만들어 나간다.

이런 접근법을 '오류증폭방법Method of Amplification of Errors'이라 부르기도 한다. 동작의 결함을 선수가 더욱 분명하게 인지하도록 해서 교정을 촉진한다는 의미다. 이탈리아 밀라노의 연구팀이 골프선수를 대상으로

진행한 재밌는 연구가 있다.[5] 연구팀은 34명의 골프선수들의 스윙을 모션캡쳐 장비를 이용해 분석했는데, 백스윙을 할 때 체중이 뒷발로 제대로 이동되지 않는 공통된 현상을 발견했다. 효과적인 체중 이동은 샷의 비거리를 결정짓는 요소이기 때문에 연습을 통해 동작을 개선할 필요가 있었다.

선수들은 두 개의 그룹으로 나눠 연습을 진행했다. 직접지도 그룹은 선수에게 필요한 동작을 직접 말로 주문했다. 많은 코치들이 사용하는 방식이다. "백스윙을 할 때 뒷발로 체중을 이동하는데 신경을 쓰라"는 코칭큐를 주고 연습을 시켰다.

오류증폭 그룹은 "백스윙을 할 때 가능한 한 앞발로 체중을 이동하라"는 매우 이상한 주문을 받았다. 문제를 더 악화시키는 코칭큐라고 할 수 있다. 연습을 마치고 나서 테스트한 결과가 매우 재미있었다. 오류를 증폭시키는 코칭큐로 연습한 선수들은 클럽 헤드와 볼의 스피드가 모두 빨라졌다. 이는 체중 이동이 더 효과적으로 이루어졌음을 의미한다. 반면, 체중을 뒷발로 이동시키는데 신경을 쓰라는 직접적인 코칭큐로 연습한 그룹과 아무런 지시도 받지 않은 통제그룹은 클럽 헤드와 볼 스피드 모두 특별한 발전이 없었다.

모래밭에서 공을 던지게 하는 것이 환경제약을 이용한 방식이라면 사용하는 장비를 바꾸는 것은 과제제약을 이용한 방식이다. 어떤 골프 코치들은 스윙이 자꾸 끊기는 느낌이 나는 선수들을 일반적인 골프 클럽 대신 샤프트가 크게 휘어지는 클럽을 사용해 연습을 시킨다. 야구 코치는 스윙을 할 때 힘의 전달이 매끄럽게 이루어지지 않는 타자에게 배트 대신 PVC 파이프를 사용해 스윙연습을 시키기도 한다. 두 경우 모두 스윙의 오류를 더욱 과장해서 느끼게 하는 방법들이다.

오류를 증폭해 동작을 개선하는 이런 방법은 우리가 알고 있는 상식과는 많이 다르다. 많은 코치들은 선수에게 '올바른 움직임'을 알려주어야 동작을 개선할 수 있다고 믿는다. 하지만 동작의 오류를 과장해서 경험하도록 하는 오류증폭방법이 선수의 동작을 개선하는 더 효과적인 방법이 될 수도 있다.

골대는 낮추고, 라켓은 가볍게

지금까지는 특정 동작을 '하지 못하게 하는' 수단으로 제약을 활용하는 사례들을 소개했다. 그렇다면 이제는 원하는 기술을 배우기 위한 수단으로서 제약을 어떻게 연습에 적용할 수 있는지 살펴보자. 코치나 트레이너가 가장 관심을 가질 내용이라 생각한다.

먼저 경기의 구조나 사용하는 장비를 바꾸는 방식이다. 표준 규격인 3미터의 농구 골대에서 농구를 처음 배우는 어린 아이를 떠올려 보자. 이 아이가 가지고 있는 운동능력은 그렇게 높은 골대를 향해 슛을 던지기에는 턱없이 부족하다. 아이가 감당할 수 있는 수준의 과제라고 볼 수 없다. 그런데 많은 아이들이 그렇게 처음 농구를 배운다. 키가 골대의 반도 되지 않는 어린 아이들이 3미터 높이의 골대를 향해 슛을 쏘기

위해서는 그야말로 온몸을 사용해 공을 던져야 한다.

이와 같은 상황은 몇 가지 문제를 안고 있다. 무엇보다 아이들은 슛을 거의 성공시키지 못하기 때문에 낙담하게 된다. 실패만 계속되는 놀이에 재미를 느낄 수는 없다. 아이들은 슈팅 연습을 계속 해나갈 의욕을 잃어버리게 된다. 두 번째로, 그렇게 온몸을 써서 슛을 쏘는 움직임은 좋은 점프슛 동작을 배우는데 별로 도움이 되지 않는다. 아이의 성장 수준에 맞추어 골대의 높이를 조절해 주면 아이들이 보다 즐겁게, 농구의 재미를 느끼며, 좋은 움직임 솔루션을 개발하도록 만들 수 있다. 실제 골대의 높이를 2.4미터로 낮추고 어린 아이들을 대상으로 테스트를 한 연구가

있다. 낮아진 골대에서 더 많은 슛을 성공시킨 아이들은 자연스럽게 자기효능감*도 높아졌다.[6]

테니스에서도 비슷한 풍경을 볼 수 있다. 테니스를 처음 배우는 아이들도 대부분은 손에 쥐기에도 버거워 보이는 성인용 라켓을 들고 연습을 시작한다. 공도 잘 튀는 성인용 공을 그대로 사용한다. 신체능력으로는 감당하기 어려운 라켓을 사용해 스트로크를 하면 스윙궤적을 자연 스러운 곡선으로 만들기가 어렵다. 그냥 공을 맞추는데 급급해져서 스윙이 일직선으로 나오기 쉽다. 라켓을 컨트롤하는 능력이 떨어지기 때문에 공을 몸에 붙여서 강하게 때리지도 못한다.

* 자신의 능력으로 과제나 목표를 달성할 수 있다는 믿음

라켓과 공을 바꿔주기만 해도 많은 변화가 일어난다. 조금 가볍고 작은 라켓으로 연습을 하면 아래에서 위로 자연스러운 궤적이 이루어지는 스윙을 어린 선수도 경험할 수 있다. 몸의 앞쪽에서 공을 강하게 타격할 수 있게 된다. 강하고 정확한 스트로크로 공을 날려보내는 경험을 통해 어린 선수는 자신감을 얻게 된다. 테니스가 더욱 재밌어질 수 밖에 없다.

지금까지는 주로 환경제약과 과제제약을 통해 연습에 변화를 주는 방법을 소개했지만, 개인제약 역시 코치가 선수를 지도할 때 관심을 기울여야 할 중요한 요소다. 이를테면 적절한 스트렝스 트레이닝으로 선수의 운동능력을 향상시키는 것이야말로 다른 어떤 연습만큼이나 중요하다고 할 수 있다. 맷 딕스Matt Dicks의 연구팀이 축구의 골키퍼를 대상으로 수행한 연구는 (너무나 당연하지만) 신체능력의 변화가 경기력에 어떻게 영향을 미치는지를 분명하게 보여준다.[7]

페널티킥을 막는 골키퍼는 두 가지 상충되는 과제와 직면한다. 골대의 코너쪽으로 날아오는 슛을 막으려면 골키퍼는 최대한 일찍 다이빙을 시작해야 한다. 골키퍼는 또한 상대 키커가 어느 쪽으로 공을 찰 지 정보를 얻기 위해 최대한 오래 기다렸다가 몸을 날릴 필요도 있다.

연구에 참여한 골키퍼들은 페널티킥 테스트를 하기 전에 먼저 신체능력을 평가받았다. 그리고 골대의 가운데에 서있다가 페널티킥을 막기 위해 다이빙을 해서 코너에 닿을 때까지 걸리는 이동시간을 정밀하게 측정했다. 측정결과 이동시간이 더 빠른 골키퍼들은 다이빙을 시작하기 전에 조금더 오래 기다리는 모습이 관찰되었다. 상대 키커의 움직임을 더 많이 관찰했다고 볼 수 있다. 당연하게도 그런 선수들이 더 많은 페널티킥을 막았다. 더 빨리 움직일 수 있는 신체적인 능력을 갖고 있기 때문에 동작에 여유를 가질 수 있었던 것이다. 스피드가 떨어지는 골키퍼는 조금이라도 일찍 몸을 던져야 하고 이는 키커의 움직임을 파악하는 시간에서도 손해를 볼 수 밖에 없다. 이렇듯 트레이닝을 통해 개인제약에 변화를 주면 선수는 움직임 솔루션을 선택할 수 있는 범위가 늘어나게 된다.

어떤 공이 날아올 지 모르는 타격연습

2장에서 살펴본 개념인 '노이즈'도 선수의 기술습득을 도와주는 일종의 제약이다. 자기조직화 코칭모델은 하나의 이상적인 동작을 익혀서 반복하는 것을 목표로 삼지 않는다. 환경의 변화에 유연하게 적응하면서 다양한 움직임 솔루션을 만들어내는 능력을 키우는데 초점을 맞춘다. 자기조직화 모델에서는 어떤 동작을 잘 하는 것이 아니라 경기 내내 새롭게 등장하는 과제를 해결하는 것이 중요하다. 그렇다면 어떻게 과제해결능력을 키울 수 있을까? 기본적으로 과제해결능력은 다양한 과제를 해결하는 경험으로부터 나온다. 따라서 코치는 다채로운 과제가 주어진 연습을 선수의 수준에 맞게 준비할 필요가 있다. 바로 이때 '노이즈'가 다채로운 과제를 세팅하는데 활용된다.

제약을 통해 연습에 변동성을 추가한 대표적인 사례를 하나 소개한다. 내가 직접 진행한 연구로 나는 이 연구에 큰 애착을 가지고 있다. 무려 10년의 시간을 이 연구를 위해 투자했기 때문이다. 나는 가상현실기술을 이용해 고등학교 야구선수들을 대상으로 타격연습을 진행했다.[8] 가상현실은 경기장의 이미지, 투수가 공을 던지는 모습과 공이 날아오는 궤적 등을 그대로 반영해 만들었다. 타자는 실제 배트를 가지고 스윙을 했고 배트에는 스윙 궤적을 측정할 수 있는 장비를 달았다. 타자는 가상현실 속에서 날아오는 공을 때리기 위해 배트를 휘둘렀고 컴퓨터 프로그램을 이용해 타자가 공을 제대로 맞추었는지를 계산했다. 계산한 결과값에 따라 공은 가상현실 속의 위치로 날아갔다. 타자는 공이 날아가는 모습을 볼 수 있었을 뿐만 아니라 배트의 중심에 공이 제대로 맞았는지도 소리와 진동으로 알 수 있었다. 중심에 잘 맞은 타구는 '딱'하는 경쾌한 타구음이 들렸고, 빗맞은 타구는 배트가 부러지는 듯한 타구음으로 제대로 맞지 않았다는 사실을 알 수 있었다. 공을 얼마나 정확하게 타격했는지에 따라 손에 느껴지는 진동도 달라졌다. 이렇게 선수는 소리와 진동, 타구가 날아가는 모습을 보며 타격의 결과를 피드백받을 수 있었다.

내가 이런 테스트를 해보고 싶다고 생각한 것은 야구선수들의 타격연습을 보며 느낀 의문 때문이다. 내가 관찰한 대부분의 타격연습은 대체로 비슷했다. 피칭머신에서 날아오는 공을 칠 때 타자는 매번 같은 공을 상대한다. 배팅볼 투수가 던져주는 공을 칠 때도 로케이션(공이 날아오는 지점)만 조금 다를 뿐 거의 같은 구종과 속도의 공을 때리는 연습을 한다. 한마디로 연습에 변동성이 낮다고 할 수 있다. 피칭머신을 조작해 변화를 주는 경우도 거의 본 적이 없다. 구종도 같고, 속도도 같고, 로케이션도 매번 거의 동일하다. 공부를 하는 학생이라면 같은 문제만 계속해서 풀고 있는 셈이다. 이런 모습을 지켜보며 나는 물음표가 생겼다. 실제 경기에서 투수는 엄청나게 다양한 공을 던진다. 그런데 이런 연습으로 실제 경기에서 좋은 결과를 낼 수 있을까?

연구를 시작하며 나는 타자를 네 그룹으로 나누었다. 첫 번째 그룹은 원래 팀에서 하는 타격연습을 하기 전에 피칭머신에서 날아오는 공을 치는 연습을 추가로 진행했다. 피칭머신에서 날아오는 공은 구종, 속도, 로케이션이 모두 같았다. 두 번째 그룹은 원래 팀에서 하는 타격연습을 하기 전에 가상현실 속에서 타격연습을 추가로 진행했다. 가상현실이라는 환경만 다를 뿐 날아오는 공의 구종과 속도, 로케이션은 모두 같았다. 세 번째 그룹은 팀훈련 외에 별도로 타격연습을 진행하지 않은 통제그룹이었다.

네 번째 그룹은 내가 가장 흥미롭게 관찰한 그룹이었다. 이 그룹은 가상현실기술을 이용해 다양한 공을 상대하는 타격연습을 진행했다. 날아오는 공마다 구종과 속도, 로케이션이 달랐다. 그 뿐만이 아니라 타자의 타격 결과에 따라서도 변화를 주었다. 예를 들어 타자가 두 번 연속으로 시속 135km의 패스트볼을 때려냈다면 그 다음에는 시속 139km의 패스트볼을 던져주었다. 로케이션이 위아래로 30cm 정도 차이가 나는 공에도 잘 반응한다 싶으면 60cm로 변화를 더욱 크게

주었다. 그러면 타자는 공을 구별하는 일이 더 어려워질 수 밖에 없었다. 단순하게 말해 이 그룹의 타자들은 해결해야 할 과제가 다른 그룹에 비해 훨씬 많았다고 할 수 있다.

이렇게 6주에 걸친 연습을 마치고 나는 실제와 가상현실 모두에서 타격능력을 테스트했다. 그리고 이 선수들의 고등학교 3학년 성적도 관찰했다. 이 연구가 그토록 오랜 시간이 걸린 이유는 선수들의 미래를 확인하기 위해 5년 정도를 더 기다려야 했기 때문이다. 대학에 진학은 했는지? 메이저리그팀에 드래프트가 되었는지? 아니면 고등학교를 끝으로 야구를 그만두게 되었는지?

연구에 참여한 선수들의 타격 테스트 결과는 〈그림 4-5〉와 같다. 결과적으로 가상현실 기술을 이용해 구종, 속도, 로케이션에 변화 를 주어 타격연습을 한 선수들은 여러 지표에서 더 나은 결과를 보여 주었다. 맨 위의 그래프에서 확인할 수 있듯이 (검은색 막대 그래프) 정타를 때려내는 비율이 다른 그룹에 비해 두드려지게 높아졌다. 투구인식능력도 눈에 띄게 나아졌다. 가운데 그래프처럼 스트라이크 존으로 들어오는 공에 스윙하는 비율은 늘어났고, 반대로 스트라이크존 바깥으로 나가는 공에 스윙하는 비율은 줄어들었다. 변동성을 가미한 연습이 선수의 전반적인 타격능력을 향상시키는데 크게 영향을 미쳤다고 볼 수 있다.

이 그룹의 선수들은 실제 대회에서의 출루율도 더 높았다. 출루율은 안타 뿐만 아니라 볼넷으로 출루한 것도 모두 포함한 기록이다. 그리고 이 그룹의 선수들이 높은 수준의 대학팀으로 보다 많이 진학을 했다. 이와

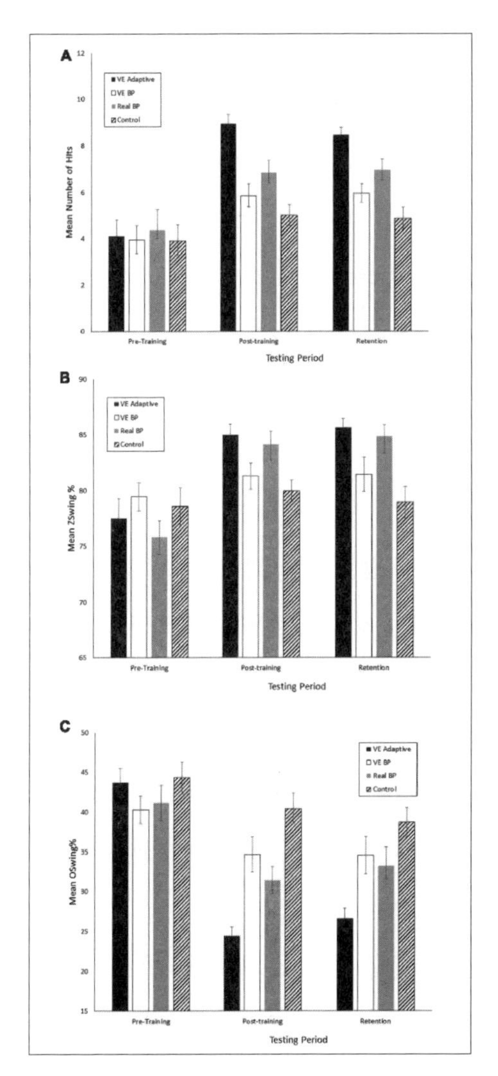

〈그림 4-5〉 야구의 타격연습에 가상현실 기술을 이용해 제약을 세팅한 결과. 롭 그레이(2017)

관련해서는 9장에서 더 자세히 살펴 보겠지만, 연습에 변동성을 추가하는 것이 선수의 문제해결사로서의 능력을 키워주는 것은 분명해 보인다.

브라질의 어린이들이 하는 축구가 바로 내가 가상현실기술을 이용해 타자들을 연습시킨 방식과 같다고 할 수 있다. 울퉁불퉁한 길바닥이나 모래사장 위에서 축구를 하면 공은 여기저기로 튀기 마련이다. 공의 움직임을 예측해서 움직이기가 몹시 불편해진다. 늘 갑작스러운 돌발상황에 순간적으로 반응하면서 움직여야 한다.

또 모이는 인원이 달라서 매번 다른 숫자로 팀을 나눌 수 밖에 없는 환경도 아이들이 축구를 하는 방식에 영향을 주게 된다. 아이들은 경기를 할 때마다 사용하는 공간과 상대의 압박을 다르게 경험하게 된다. 슛이나 패스를 하는 타이밍, 드리블로 치고 나가는 스피드를 상황에 맞게 바꿔가며 선택할 수 밖에 없다. 또한 나이도 많고 신체조건도 좋은 형들과도 어울려 축구를 해야 하기 때문에 공을 빼앗는 능력이나 상대와 부딪히며 경쟁하는 기술도 그만큼 더 향상될 수 있다.

언듯 보면 여러가지 면에서 불리해 보이는 이런 거친 환경이 축구선수로 발전하는데 오히려 긍정적으로 작용한다는 사실을 우에헤라Uehera의 연구가 말하고 있다.[9] 브라질의 어린 선수들은 수많은 '제약' 속에서 공을 차지만, 그 '제약'이 기술을 더욱 풍성하게 만들고 있다.

앞으로도 '제약'을 이용한 연습사례들을 계속 소개할 테지만 다시 한번 제약의 활용과 관련한 핵심 포인트를 강조하고 싶다. 코치가 생각하는 올바른 동작을 선수에게 가르치는 전통적인 스포츠코칭 모델과는 달리 제약을 이용한 자기조직화 모델은 그렇게 특정한 동작이나 기술을 가르치려고 하지 않는다. 연습에 적용된 제약에 반응하며 스스로 움직임 솔루션을 찾아내도록 유도할 뿐이다. 실제로 가상현실기술을 이용한 타격연습을 할 때 나는 선수들에게 어떤 주문도 하지 않았다. 스윙을 하는 방법에 대해서 아무런 코칭큐도 전달하지 않았다. 하지만 선수들은 소리와 진동, 날아가는 공의 모습을 피드백 삼아 스스로 스윙을 만들어 나갔다. 코치가 없이 맨땅에서 공을 차는 브라질 아이들이 놀라운 축구 기술을 보여주는 모습에서 우리는 아이디어를 얻을 필요가 있다.

5장

우리는 몸을 통해 세상을 지각한다

앞서 이야기한 것처럼 자기조직화 코칭모델은 반복훈련에 대한 우리들의 오랜 고정관념에 의문을 제기한다. 그 뿐 아니라 우리가 세상을 어떻게 지각하는지에 대한 생각도 돌아보게 만든다. 인간의 움직임은 지각과 밀접하게 연결되어 있기 때문에 이 이야기는 반복훈련에 대한 논의만큼이나 중요하다.

책을 놓고 주변을 한번 둘러보자. 나의 눈은 주변에 있는 사물들의 물리적 특성을 정확히 파악하려고 애쓴다. 책상 위에 놓인 책의 크기를 입력한다. 앞에 놓인 TV와 내가 얼마나 떨어져 있는지 입력한다. 창 밖을 지나는 자동차가 얼마나 빨리 움직이고 있는지 입력한다. 이렇게 입력된 정보를 재구성해서 운동제어 영역으로 넘기면 시각 시스템의 역할은 끝이 난다.

이것은 3장에서 소개한 전통적인 스포츠코칭 모델을 바탕으로 한 프로세스다. 지각과 움직임은 완전히 분리되어 있다. 이 모델에 따르면 어느 누구든 같은 사물을 보면 같은 정보가 입력되어야 한다. 경기장에 들어선 선수는 주변 환경을 똑같이 받아들여야 한다. 하지만 선수들은 이와는 다른 이야기를 하고 있다.[1]

공이 수박만하게 보인다는 말이 의미하는 것

152m나 날아간 어마어마한 홈런을 친 후, 미키 맨틀은 "공이 자몽만하게 크게 보였다"는 유명한 말을 남겼다. 명예의 전당에 헌액된 위대한

야구선수 조 메드윅은 "슬럼프에 빠져 있을 때는 마치 아스피린을 먹고 스윙하는 기분"이라는 재미있는 비유를 했다. 테니스 스타 존 맥켄로는 경기가 잘 풀릴 때의 느낌을 "경기가 천천히 진행되는 것처럼 느껴지고, 공도 더 크게 보이며, 시간도 충분하다는 기분이 든다"고 표현했다. 농구선수 데니스 스캇은 "슛이 잘 들어가는 날은 바다에 조약돌을 던지는 것처럼 슛이 쉽게 느껴진다"고 말했다.

선수들이 말하는 이런 주관적인 표현들은 코치나 선수 모두 주의해서 받아들일 필요가 있다. 하지만 이들의 말에서는 어떤 공통점을 발견할 수 있다. 선수의 지각perception의 수준이 움직임의 수준에 따라 변한다는 사실이다! 좋은 흐름 속에 있는 타자는 투수가 던지는 공이 수박처럼 크게 보인다고 말한다. 반대로 슬럼프에 빠져 있는 타자는 공이 오다가 사라지는 것 같다는 표현을 하기도 한다. 실제 공의 크기는 변하지 않지만 선수가 지각하는 공의 크기는 이렇듯 다르게 입력된다. 우리의 지각 시스템이 신체의 다른 기능과는 무관하게 외부 세계에 관한 정보를 정확하게 받아들인다면 이것은 있을 수 없는 현상이다.

지각의 수준이 움직임의 수준에 따라 달라지는 예를 몇 가지 더 들어보자. 싸이클 선수가 지각하는 도로의 경사도는 피로도의 수준에 따라 달라진다. 골프 선수가 퍼팅을 할 때 홀컵을 지각하는 것도 마찬가지다. 실제 홀컵의 크기는 늘 변하지 않고 그대로지만 선수가 지닌 퍼팅기술의 수준에 따라 홀컵의 크기는 다르게 지각된다. 스키를 처음 배울 때를 떠올려 보자. 초보자 코스도 무척 가파르게 느껴져서 슬로프

위에 다리가 얼어붙은 경험을 누구나 해봤을 것이다.

이렇듯 인간의 지각 시스템은 외부 세계의 정보를 있는 그대로 받아들이는 것이 아니라 그 사람이 가지고 있는 신체능력과 결합되어 운영된다. 즉 몸과 무관한 정신능력이 아니라 '신체화된embodied' 기능이라고 할 수 있다. 그래서 인간은 똑같은 사물이나 현상을 조금씩 다르게 받아들이고 해석하게 된다. 지각은 모두에게 같은 방식으로 일어나는 객관적인 프로세스가 아니며, 운동능력에 변화가 생기면 같은 사람의 지각능력 또한 변화한다.

지각이 신체화되어 있다는 사실을 증명하는 재밌는 연구들이 있다. 한 연구에서 사람들은 무거운 배낭을 메고 올라갈 때 언덕이나 계단을 더 가파르게 지각했다.[2] 키가 작은 사람들은 큰 사람들에 비해 경사를 더 가파르게 지각했다. 몸무게가 많이 나가는 사람들도 덜 나가는 사람들보다 경사가 더 가파르다고 지각했다.

또 다른 연구는 사람들이 지하철의 계단을 오르기 전에 에너지음료와 물 중에 하나를 골라 마시도록 했다.[3] 아마도 몸의 컨디션이 다소 떨어져 있다고 느낀 사람들이 에너지음료를 더 많이 선택했을 것이고, 그 사람들이 계단이 더 가파르다고 지각했다. 운동능력의 수준이 지각의 수준에 영향을 미친 것이다. 무거운 짐 때문이든 무거운 체중 때문이든 더 많은 무게를 움직여야 하는 조건이 계단의 경사를 더 가파르게 지각하게 만들었다. 에너지음료를 찾게 만드는 몸상태가 마찬가지로 경사를 더 가파르게 지각하게 만들었다.

스포츠의 세계에서도 미키 맨틀이나 맥켄로가 한 말의 의미를 과학적으로 분석하기 위한 노력을 해왔다.[4] 여러 종목에서 선수의 지각이 운동능력에 따라 달라진다는 연구결과를 보여준다. 보다 높은 수준의 경기력을 보여주는 선수들은 경기 중에 공이나 타겟을 보다 크게 지각한다. 야구의 타자와 테니스 선수는 날아오는 공이 더 크게 보이고, 풋볼의 키커는 골대가 더 크게 느껴진다. 다트와 양궁 선수는 타겟의 정중앙을 더 크게 지각하며, 골프 선수 역시 퍼팅 홀컵을 더 크게 지각한다.

선수에게 보다 어려운 과제를 내주면 지각의 수준에도 변화가 일어난다. 이를테면 테니스 선수에게 더 작은 라켓을 가지고 스트로크를 하게 만들면 날아오는 공을 더 작게 지각한다. 골프 선수에게 퍼트 거리를

늘리면 홀컵이 작게 느껴진다. 야구의 타자에게 특정한 방향으로 타구를 보내도록 과제를 세팅하면 선수는 날아오는 공을 더 작게 지각한다.

선수가 느끼는 압박감도 지각의 수준에 영향을 미친다. 큰 압박감으로 인해 거의 '초크choke' 상태에 빠진 골프 선수는 홀컵을 아주 작게 지각한다. 하지만 위기 상황에서도 좋은 경기력을 보이는, 소위 말해 '클러치 능력'이 있는 선수는 별다른 지각기능의 변화를 겪지 않는다.[5]

왜 인간의 지각 시스템은 이렇게 기이한 방식으로 작동하는 것일까? 그냥 내 눈 앞에 보이는 대상을 있는 그대로 보면 될 것 같은데 왜 인간은 자신의 신체능력에 따라 같은 공을 다르게 지각하는지 무척 궁금해진다. 혹시 이런 지각 시스템이 작동하는 방식에 인간이 움직임을 배우는 비밀이 숨어 있는 것은 아닐까? 이런 질문에 대한 답을 찾기 위해 번스타인과 뉴웰에 이어 또다른 역사적인 인물을 한명 소개하려고 한다.

우리는 세상을 있는 그대로 보는 것이 아니다

제임스 J. 깁슨James J. Gibson은 1950년에 코넬대학의 교수로 임용된 이후 1979년에 세상과 작별을 고할 때까지 지각이론을 30년에 걸쳐 체계적으로 발전시켰다. 탁월한 연구자이자 교육자였던 깁슨의 책들은 전부 나의 책장 서랍에 꽂혀 있다. 나는 그의 책들을 하도 많이 들여다 보아서 이제는 제목들을 전부 외울 정도다. 『시각 세계의 지각The Perception of the Visual World』, 『지각 시스템으로서의 감각The Sense Consi dered as Perceptual Systems』, 『시각 지각에 대한 생태학적 접근The Ecological Approach to Visual Perception』 등 그의 모든 연구결과물들은 볼 때마다 정말 감탄이 나온다.

특히 나는 깁슨이 초창기에 한 연구를 좋아하는데, 니콜라이 번스타인의 대장장이 실험 못지 않게 나에게 큰 영향을 주었다. 1941년에 깁슨은 2차 세계대전에 참전하여 조종사들의 심리 지원을 위한 프로그램을 개발하게 된다. 비행이 시각 지각에 어떤 영향을 미치는지가 깁슨이 가진 최우선 관심사였다. 그리고 조종사 지원자들을 평가하기 위한 시각 테스트를 개발하는 것이 그에게 주어진 과제였다. 번스타인의 연구가 노동생산성을 높이기 위한 목적에서 시작된 것과 마찬가지로 깁슨의 연구 역시 조종사들의 능력을 키우기 위한 현실적인 목적에서 시작되었다고 할 수 있다.

인간의 지각 시스템이 사람에 따라 다르게 신체화된 기능이라고 생각하는 사람은 당시에 거의 없었다. 내가 보는 것은 다른 사람도 똑같이 본다고 믿었으며, 우리의 지각은 그렇게 외부의 대상을 왜곡없이 받아들인다고 하는 것이 당시의 지배적인 생각이었다. 지각은 움직임에 영향을 주지 않으며 움직임 역시 지각에 영향을 주지 않는다고 생각했다.

야구장으로 이동해서 이 문제를 같이 이야기해 보자. 외야로 날아오는 플라이볼을 잡기 위해 달려가고 있는 외야수의 모습을 상상해보자. 달리면서 선수의 눈은 날아가는 공을 바라본다. 눈을 통해 공의 움직임에 대한 물리적 속성이 입력된다. 공이 날아가는 속도나 궤적 등으로 판단해 볼 때 지금 서있는 지점으로부터 30미터 떨어진 곳에 3초 안에 공이 떨어진다고 알려준다. 이런 정보를 바탕으로 선수는 선택해야 한다. 속도를 더 내서 달려간 다음에 다이빙을 해서 잡을까? 아니면 속도를 늦춰서 땅에 한번 바운드된 공을 잡을까?

지각이 신체화된 기능이 아니라면, 다시 말해 지각과 움직임이 서로에게 영향을 주지 않는 독립된 기능이라면 외야수는 이 공을 어떻게 잡을 수 있을까? 3장에서 살펴본 '우리몸' 기업의 모델에 따르면 이런 상황에서의 선택은 뇌에 저장된 정보로부터 나온다. 경험이 많은 외야수는 수많은 플라이볼을 받은 기억을 저장하고 있다. 뇌 안에 있는 보스가 현재 상황과 매치되는 기억을 끄집어 내어 다이빙을 할 지, 속도를 줄여 원바운드로 잡을 지 명령을 내린다.

깁슨은 이와는 다른 관점을 제시했다. 그는 '어포던스affordance'라는 단순한 개념을 사용해 인간의 지각과 움직임이 밀접하게 연결되어 있다고 주장했다. 어포던스는 어떤 대상이 우리에게 제공하는 '행동의 기회' 내지는 '움직임의 가능성'을 의미한다. 깁슨은 어포던스를 설명하기 위해 우리가 살면서 마주치는 여러 표면surface을 예로 들었다. 마루와 같은 평평한 표면은 우리에게 누워서 쉴 수 있는 기회를 제공한다. 붙어 있는 두 건물의 벽(표면) 사이의 틈은 지나갈 수 있는 기회를 제공한다. 천막과 같이 공중에 매달린 구조물(표면)은 햇빛이나 비를 피할 수 있는 기회를 제공한다. 우리가 평평한 지면을 보거나, 건물 사이의 통로를 보거나, 천막 등을 볼 때 크기, 넓이 등과 같은 중립적인 속성만을 지각한다고 보기는 어렵다. 표면이 제공하는 '행동의 기회'를 함께 지각한다고 볼 수 있다. 다른 말로 하면, 그 표면에서 할 수 있는 움직임이나 할 수 없는 움직임을 지각하는 것이다. 깁슨은 이에 대해 다음과 같이 말했다:

> "어포던스를 지각하는 것은 어떤 대상을 가치중립적인 물리적 대상으로 지각하는 프로세스가 아니다. 풍부한 가치를 지닌 생태학적 대상을 지각하는 과정이다. 어떤 물질, 표면, 외형도 어포던스를 가지고 있다. 도움이 되는 어포던스이기도 하고 해를 끼치는 어포던스이기도 하다. 물리의 세계에서는 가치중립적일지 몰라도 생태적으로는 그렇지 않다."[6]

어포던스는 스포츠의 세계를 통해 이해하는 것이 더 쉬울 지도 모르겠다. 농구 선수는 상대 선수들 사이의 공간을 객관적인 넓이로 지각하는 것이 아니라 드리블을 해서 들어갈 수 있는 공간, 패스를 할 수 없는 공간 등으로 지각한다. 축구 선수는 달려 가는 상대 선수와의 거리를 단순히 물리적 거리로 지각하는 것이 아니라 태클을 할 수 있는 거리, 달리면 따라 잡을 수 있는 거리 등으로 지각한다. 야구의 타자는 투수가 던진 공의 스피드를 시속 140km, 135km 이렇게 정확한 속도로 지각하는 것이 아니라 칠 수 있는 공인지 여부로 지각한다. 이렇듯 어포던스를 지각한다는 것은 '행동의 기회' 내지는 '움직임의 가능성'을 지각한다는 의미와 같다.

그렇기 때문에 선수의 신체능력, 운동능력에 따라 지각의 수준은 달라진다. 같은 스피드의 공이 날아오더라도 타격 기술이 좋은 타자는 '칠 수 있을 것처럼' 공을 지각하지만 타격 기술이 떨어지는 타자는 '칠 수 없을 것 같이' 지각한다. 똑같은 시속 155km의 공을 상대하더라도 빠른 배트 스피드를 가진 타자는 느린 배트 스피드를 가진 타자보다 지각의 수준이 높아지게 된다.

또한 선수에게 주어진 과제의 난이도에 따라서도 지각의 수준은 바뀌게 된다. 그냥 편하게 칠 때는 공을 지각하는데 문제가 없던 타자도 특정한 방향으로 타구를 보내라는 까다로운 과제가 주어지면 공을 지각하는데 어려움을 겪는다.

미키 멘틀의 '공이 자몽만하게 보인다'는 말이나 맥켄로의 '공이 크게 보인다'는 말 모두 어포던스의 맥락에서 한 이야기라고 할 수 있다. 두 선수 모두 행동의 기회, 움직임의 가능성 측면에서 자신의 지각이 작동했음을 말하고 있다.

운동능력에 따라 바뀌는 선수의 지각

지금 우리는 세상을 있는 그대로 지각하는 것이 아니라 저마다 가지고 있는 신체능력에 따라 다르게 지각한다는 이야기를 하고 있다. 하나의 예를 더 들어보자. 공구함을 찾기 위해 컴컴한 지하창고 안으로 들어갔다고 상상해보자. 지하창고 안에는 여러가지 잡동사니 물건들이 가득 쌓여있고, 기둥들도 몇 개 있어서 지나기가 불편하다. 최근에 체중이 불어서 그런지 얼마 전까지는 지나는데 문제가 없었던 좁은 통로가 지나갈 수 없을 것처럼 느껴진다. 그냥 평소처럼 지나가면 될 지, 아니면 몸을 살짝 돌려서 옆으로 지나가야 할 지 애매하다. 여기서 지각은 지하창고의 사물들을 '지나갈 수 있는 지' 판단하기 위해 작동 하고 있다.

이렇게 우리가 어포던스(행동의 기회)의 차원으로 세상을 지각한다는 것을 실험을 통해 밝힌 연구가 있다. 어깨가 넓은 사람과 좁은 사람을 대상으로 틈새공간을 지나가도록 한 워렌과 왕Warren & Wang의 연구다.[7] 지나가는 공간을 조금씩 좁혀가며 연구팀은 사람들의 지각이 어떻게 작동하는지를 관찰했다.

〈그림 5-1〉의 왼쪽 그래프(a)에서 볼 수 있듯 80cm 폭의 공간을 지날 때는 두 그룹 모두 어깨를 돌리지 않았다. 조금씩 공간을 좁혀나가자 두 그룹의 행동은 조금씩 차이가 나기 시작했다. 어깨가 넓은 사람들은 65cm 부근부터 먼저 어깨를 돌리기 시작했다. 어깨가 좁은 사람들은 공간이 더 좁혀졌을 때 어깨를 돌리기 시작했다. 사람들의 지각은 자신의 어깨 넓이에 완벽하게 커플링되어 작동하는 것처럼 보였다. 실제 오른쪽 그래프(b)에서 볼 수 있듯이, 지나가는 공간의 간격을 실험 참가자의 어깨 넓이로 나누었더니 두 그룹의 숫자가 거의 비슷했다. 이것은 두 그룹 모두 신체조건이 공간을 지각하는데 비슷하게 영향을 미쳤음을 의미한다.

지각이 신체조건이나 운동능력에 따라 달라진다는 사실을 발견한 또다른 연구가 있다.[8] 사람들은 키가 155cm든 210cm든 상관없이

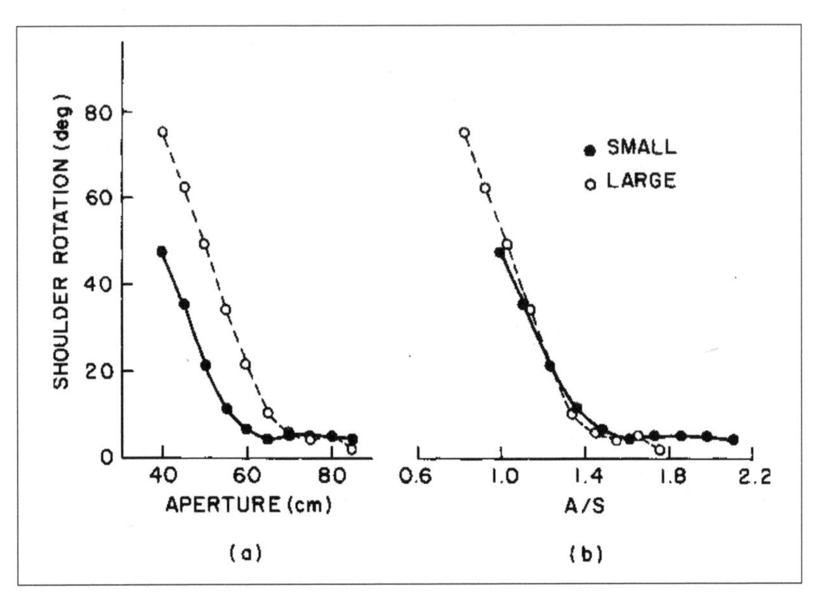

〈그림 5-1〉 '공간통과능력'이라는 어포던스 지각. 워렌 & 왕(1987)

다리 길이의 1/4 정도 높이의 계단을 가장 잘 오를 수 있다고 지각했다. 사람들은 계단을 무미건조한 콘크리트 구조물로 지각하는 것이 아니라 행동의 기회, 움직임의 가능성으로 지각한다. 우리의 지각에는 의미와 가치가 담겨있다.

임산부를 대상으로 한 실험도 매우 흥미롭다.[9] 인간의 지각에 대해 통찰력있는 메시지를 담고 있기 때문에 내가 아주 좋아하는 연구다. 사실 우리들 대부분은 키나 어깨 넓이, 다리 길이 같은 신체조건이 어느날 갑자기 변하지는 않는다. 하지만 임산부는 다르다. 10개월의 임신 기간 동안 임산부의 몸은 계속해서 변한다. 그렇다면 임산부의 지각기능도 변하는 몸에 따라 계속 조정을 해나갈 지 무척 궁금해진다.

연구팀은 임산부들이 다양한 사이즈의 출입문을 어떻게 지각하는지 임신 기간 동안 주기적으로 관찰했다. 결과적으로 출입문에 대한 임산부의 지각은 임신 기간 동안 계속 바뀌었다. 한달 전에는 지나갈 수 있다고 지각한 문을 다음 달에는 지나갈 수 없다고 지각하는 모습을 보여주었다. 임산부의 출입문에 대한 지각은 점점 커지는 배의 크기와 거의 일치했다. 신체조건의 변화가 지각에 직접적으로 영향을 미쳤다고

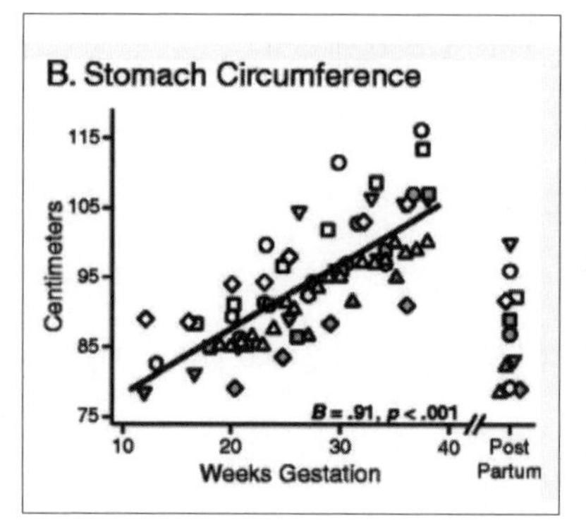

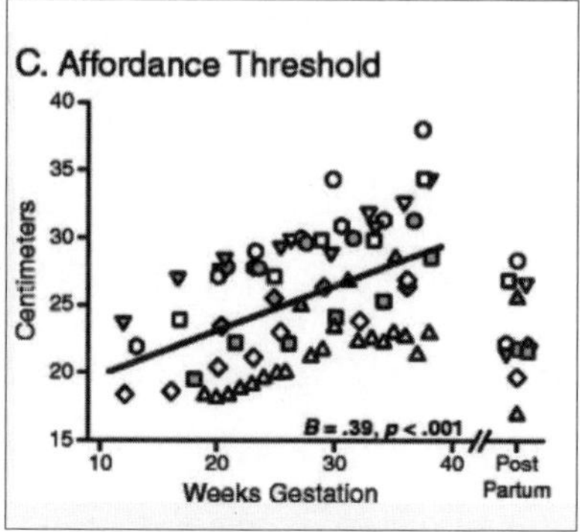

〈그림 5-2〉 임신기간 중의 '통과능력'에 대한 어포던스의 변화. 프랑책 & 아돌프(2014)

볼 수 있다.

임산부가 보여주는 이런 놀라운 조정능력에서도 확인할 수 있듯, 인간의 지각은 신체조건이나 운동능력과 커플링되어 역동적으로 변화한다. 어떻게 보면 '당연히 그래야 하지 않을까?' 하는 생각도 하게 된다. 선수는 나이가 들고 성장을 해나가며 신체적인 특징이 계속해서 변하게 된다. 하루하루 몸의 컨디션도 바뀐다. 어느날은 피곤함을 심하게 느껴서 운동능력이 떨어질 때도 있다. 부상을 당하게 되어도 운동능력은 변하게 된다. 그럴 때마다 지각기능에 적절한 변화를 주지 않으면 선수는 경기 중에 올바른 선택을 하기 어려울 것이다.

또한 선수들은 트레이닝을 하면서 스피드, 유연성 등이 시시각각 변한다. 지난 장에서 예를 든 것처럼, 트레이닝을 통해 스피드와 민첩성이 향상된 골키퍼는 페널티킥 상황에서 지각의 수준을 보다 높일 수 있다.

슛을 막기 위해 몸을 날리기 전에 조금이라도 더 기다리며 더 많은 정보를 키커로부터 얻을 수 있다.

암벽을 등반할 때는 손으로 잡을 수 있는 지점을 발견하는 작업이 매우 중요하다. 그러한 지점을 '홀드hold'라고 한다. 반 노벨스도르프Van Knobelsdorff의 연구팀은 암벽 등반가들이 악력이나 스트렝스의 수준에 따라 홀드를 어떻게 지각하는지 관찰하는 재밌는 실험을 했다.[10]

베테랑 암벽 등반가와 초보 등반가들이 섞인 10명의 실험 참가자 들은 점점 난이도가 높아지는 실내 암벽등반 코스를 차례로 올랐다. 난이도가 높아질수록 손으로 잡을 수 있는 홀드는 점점 작아지고, 홀드 사이의 거리는 점점 멀어졌다. 선수들이 암벽의 상태를 어떻게 지각하는지 관찰하기

위해 벽을 오르기 전에 암벽을 2분 동안 관찰하고 등반 계획을 세워볼 것을 요청했다. 눈에는 시각추적장치를 달아 시선이 어디를, 얼마 동안 향해 있는지를 관찰했다.

상대적으로 악력이 약한 등반가들은 암벽을 훑어보는 눈의 움직임이 상당히 예측가능하고 단순했다. 그들은 대체로 크기가 큰 홀더를 중심으로 등반경로를 구상하는 모습을 보였다. 반면 악력이 강한 등반가들이 암벽을 관찰하는 패턴은 훨씬 예측하기 어려웠다. 암벽을 보다 넓게 관찰하면서 홀드의 크기에 관계없이 다양한 경로를 구상하는 모습을 보였다. 그리고 실제 등반을 할 때도 각자 다양한 경로로 올라갔다. 이것 역시 지각과 움직임이 커플링되어 일어난다는 사실을 증명하는 좋은 사례다. 신체조건이나 운동능력이 떨어지면 같은 대상을 보더라도 '행동의 기회'와 '움직임의 가능성'을 적게 지각하게 된다.

과제에 따라 다르게 보이는 야구공

선수에게 주어진 과제에 따라서도 지각은 변하는데, 내가 2013년에 야구의 타자를 대상으로 진행한 연구가 그것을 증명해 준다.[11] 야구 경기에서 타자들은 투수가 던진 공을 강하고 정확하게 치려고 한다. 이것만으로도 대단히 어려운 일이다! 그런데 종종 타자들은 감독으로부터 특정한 방향으로 타구를 보내라는 과제를 받기도 한다. 예를 들어, 주자가 2루에 있고 노아웃이나 원아웃일 때는 2루수나 우익수 방향으로 타구를 보내야 한다. 그래야 주자를 3루로 보낼 수 있기 때문이다. 주자가 3루에 있으면 다음 타자가 외야플라이나 땅볼을 치더라도 득점을 할 확률이 높아진다. 이런 타격을 보통 '상황타격situational hitting'이라고 부른다.

상황타격을 잘 해내기 위해서는 투수가 던지는 공을 잘 지각해야 한다. 왼손 타자라면 몸쪽으로 들어오는 공을 당겨쳐야 2루수나 우익수 방향으로 타구를 보내기가 쉽다. 반대로 오른손 타자라면 바깥쪽으로 들어오는 공을 밀어치는 타격이 필요하다. 나는 타자가 이렇게 상황타격을 해야할 때 공을 어떻게 지각하는지 알고 싶었다.

타자들은 밀어치기, 당겨치기, 타구방향에 대한 과제가 없는 타격, 이렇게 세 가지 방식으로 타격을 테스트했다. 선수들은 어느 로케이션*에 들어오는 공을 치는지에 따라 포인트를 얻었다. 그리고 날아오는 공의 크기를 어떻게 인지했는지 질문을 했다. 스윙을 한 공이 실제 야구공보다 더 커보였는지, 아니면 작아 보였는지를 말하도록 했다.

〈그림 5-3〉에서 보듯, 타구방향에 대한 과제가 없을 때 타자들은 공의 크기를 대체로 비슷하게 지각했다. 하지만 당겨치기를 해야 할 때는 몸쪽 공을 더 크게 지각했다. 바깥쪽 공은 실제 야구공보다 작아 보인다고 말했다. 밀어치기를 해야 할 때는 반대의 현상이 나타났다. 바깥쪽 공을 더 크게, 몸쪽 공은 더 작게 지각했다. 선수들은 과제를 수행하기 좋은

---

* 투수가 던진 공이 홈플레이트를 지나는 위치를 말한다.

로케이션으로 들어오는 공은 '칠 만한 공'으로 지각했다. 주어진 과제에 따라 타자들이 공의 크기를 다르게 지각한 이런 현상을 통해서도 우리는 지각이 움직임과 커플링되어 일어난다는 사실을 확인할 수 있다.

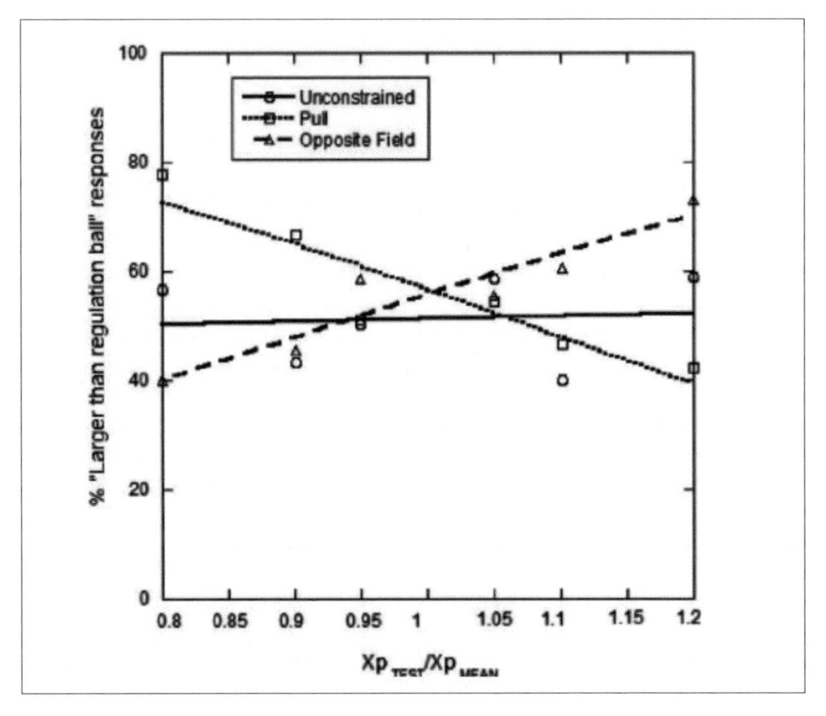

〈그림 5-3〉 타자의 과제에 따라 공이 지각되는 크기의 차이. 롭 그레이(2013)

나는 공이 다르게 보이면 타격에 어떤 영향을 주는지도 알고 싶었다. 그래서 실제로 크기가 다른 공이 날아올 때 타자들의 반응을 관찰했다. 가상현실기술을 이용해 야구공보다 큰 공과 작은 공을 번갈아 가며 던져주었다. 재밌는 사실이 발견되었는데, 타자들은 공이 클 때 스윙을 더 많이 했다. 공이 작을 때는 스윙을 하는 빈도가 낮아졌다. 이렇듯 지각은 움직임의 영향을 받고, 움직임 역시 지각의 영향을 받는다. 지각-동작 커플링을 여기서도 확인할 수 있다. 밀어치기 좋은 바깥쪽 공이 날아올 때 타자는 공이 더 크게 보인다. '칠 수 있다'는 어포던스를 지각한 타자는 보다 적극적으로 스윙을 하게 된다.

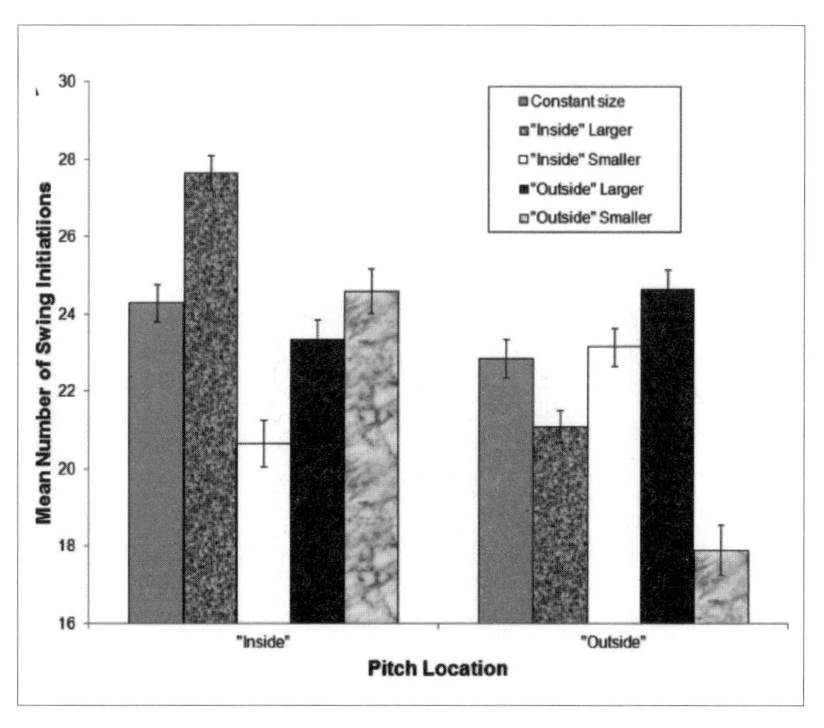

〈그림 5-4〉 가상현실기술을 이용해 공의 크기를 변경하고 다른 과제를 주었을 때 타자가 스윙을 한 결과. 공이 크게 보일 수록 스윙의 빈도도 높아진다.

이정도면 지각과 움직임이 커플링되어 일어난다는 사실을 충분히 설명했다고 생각한다. 두 가지 사례를 더 보면서 지금까지 한 이야기들을 정리하려고 한다. 〈그림 5-5〉처럼 우리는 계단을 걸어 올라갈 지 에스컬레이터를 탈 지를 선택한다. 계단이 올라갈 만 하다고 느끼는 사람은 걸어서 올라갈 것이고, 힘들다고 느끼는 사람은 에스컬레이터를 이용할 가능성이 높다. '올라갈 만 하다'고 느끼는 것은 계단을 중립적인 대상으로 지각하는 것이 아니라 자신의 신체능력을 반영한 판단이다.

실제 쇼핑몰 방문객들을 대상으로 한 실험에서 걸어 올라가기로 선 택한 사람들은 에스컬레이터를 선택한 사람들보다 계단의 경사를 더 완만하게 지각했다.[12] 계단을 통해서든 에스컬레이터를 이용했든

〈그림 5-5〉 계단을 걸어 올라갈 것인가? 에스컬레이터를 타고 올라갈 것인가?

윗층으로 올라온 쇼핑객에게 〈그림5-6〉의 계단 사진을 보여주고 경사가 어느 정도 되는지를 물었을 때 계단을 통해 올라온 사람들은 계단의 경사를 평균 50도 정도로 지각했다. 반면 에스컬레이터를 선택한 사람들은 더 가파른 60도에 가깝다고 말했다.

연구팀은 영국의 버밍엄 중심가에 있는 광장에서도 비슷한 실험을 했다. 광장에는 위로 바로 올라가는 계단과 완만한 경사로가 있다. 쇼핑몰에서와 마찬가지로 위로 올라온 사람들에게 아래의 계단의 사진을 보여주고 경사를 어떻게 지각하는지를 물었다. 계단으로 걸어 올라온 사람들은 완만한 경사로를 이용해 올라온 사람들보다 계단의 경사가 현저히 완만 하다고 말했다.

〈그림 5-6〉 쇼핑몰 방문객들에게 보여준 계단 사진. 이브 & 테일러-코빌 (2014)

〈그림 5-7〉 계단을 이용해 바로 올라갈 것인가? 아니면 경사로를 이용해 돌아갈 것인가?

두 사례 모두 지각-동작 커플링을 잘 설명해 준다. 지각이 움직임을 선택하는데 영향을 주었으며, 지각 역시 사람들의 신체능력에 따라 달라졌기 때문이다. 어떤 이유에서건 신체능력이 떨어지는 사람은 계단을 더 가파르게 지각한다. 몸무게가 더 나가서 일 수도 있고, 신체 전반의 스트렝스가 약해서 일 수도 있다. 당시에 체력이 고갈된 상태였을 수도 있다. 어찌 되었든 그런 사람들은 계단이 아니라 에스컬레이터나 완만한 경사로를 선택했다.

선수가 지각하는 것은 있는 그대로의 공이나 골대가 아니다. 선수의 지각은 움직임의 수준에 따라 달라지며, 움직임은 앞서 언급한 제약에 반응해 일어난다. 바로 과제제약, 환경제약, 개인제약이다.

밀어쳐야 하는 과제는 타자에게 일종의 제약이다. 타자의 스윙은 밀어져야 하는 과제로 인해 극도로 제한된다. 타자가 공을 보는 지각기능도 과제에 맞추어 조정된다. 과제를 수행하기 좋은 바깥쪽 공은 보다 크게 지각하고, 과제를 수행하기 어려운 몸쪽 공은 작게 지각한다. 선수마다 가지고 있는 스트렝스나 운동능력의 수준도 움직임과 지각에 영향을 주는 제약이다. 악력이 좋은 암벽 등반가는 암벽을 보면서 보다 많은 '움직임의 가능성'을 지각한다. 배트 스피드가 빠른 타자는 투수의 공을 조금이라도 더 오래 지켜보며 스윙을 선택할 수 있다. 민첩성이 좋은 골키퍼는 키커의 동작을 더 길게 관찰하며 정보를 얻을 수 있다.

6장

대학 최고의 선수 팀 티보우는 왜 프로에서 실패했나

'단 하나의 올바른 동작'은 허상이라는 것도 이해했다. 변동성이 중요하다는 것도 알겠다. 그런데 최고의 선수들이 비슷한 동작을 하는 것처럼 보이는 것도 사실이다. 번스타인의 대장장이도 그렇게 정밀한 동작분석을 했기 때문에 팔꿈치와 어깨의 움직임이 매번 다르다는 것을 알아챘지, 언뜻 보기에는 늘 똑같은 동작으로 내려치는 것처럼 보인다. 번스타인은 자유도라는 개념을 소개하며 어떤 기술을 수행하기 위해 인간이 움직이는 방법은 바다의 크기만큼 많다고 했지만 스윙을 하는 타자, 점프슛을 쏘는 선수들은 어떤 측면에서는 (물론 완전히 같지는 않지만) 상당히 비슷한 움직임을 보여준다.

지금까지 우리는 주로 변동성에 초점을 맞춰 이야기를 풀어 왔지만 일정한 수준의 '불변성invariance'이 존재한다는 사실 또한 부인할 수 없다. 최고의 투수들의 피칭동작을 뜯어보면 많은 것들이 다르지만 몇몇 포인트에서 공통점(불변성)이 발견된다. 그리고 투수 한 명의 여러 피칭동작들을 들여다 보아도 분명한 공통점(불변성)이 관찰된다.

어트랙터 : 움직임 지도에 만들어지는 골짜기

운동기술을 배우는 과정을 〈그림 6-1〉의 지각-운동 지형perceptual-motor landscape의 관점에서 살펴보자. 지각-운동 지형을 보는 방법은 간단하다. 어떤 움직임 패턴이 도드라지게 나타나면 골짜기 모양의 지형이 아래로 만들어진다. 어떤 동작이나 기술이 반복을 통해 익숙해 질수록

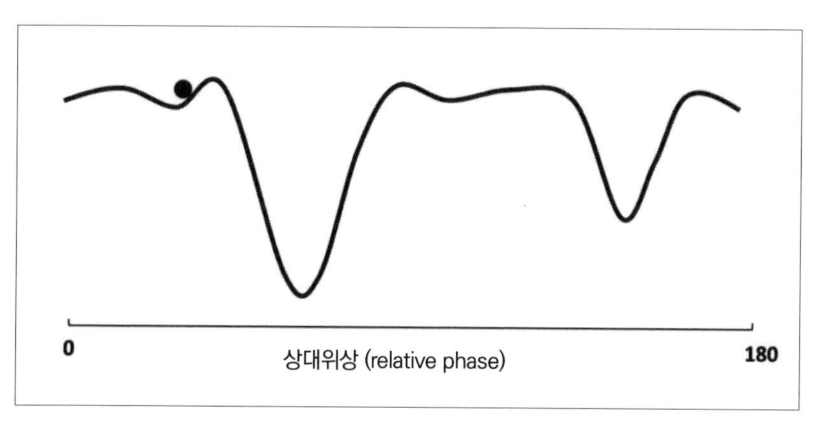

〈그림 6-1〉 지각-운동 지형(perceptual motor landscape)

골짜기는 깊게 파진다고 보면 된다.

드럼을 배운다고 상상해보자. 두 손으로 스틱을 잡고 이런저런 방식으로 드럼을 두드려 본다. 그림에 보이는 선은 양쪽 스틱의 움직임을 관계로 표시한 것이다. 전문용어로 '상대위상relative phase'이라고 부른다. 그다지 어려운 개념은 아니니 미리 겁먹지는 말자.

양쪽의 스틱으로 동시에 드럼을 두드리는 동작은 둘 사이의 차이가 없기 때문에 '상대위상relative phase'을 0도로 정의한다. 이렇게만 드럼을 두드리면 무척 지루할 수 밖에 없다. 조금씩 다른 리듬으로 드럼을 두드려 보기로 한다. 한쪽 스틱이 드럼을 칠 때 다른 쪽 스틱이 가장 높은 곳까지 올라간 상태는 상대위상이 180도다. 한쪽 스틱이 드럼을 칠 때 다른 쪽 스틱이 중간 높이에 있다면 상대위상은 90도다. 드럼을 연습하는 동안 우리는 다양한 상대위상을 경험하게 된다. 번스타인의 자유도 관점으로 보면 사실상 무한대의 방법이라고 할 수 있다.

여러 동작들을 연습해 나가면서 드럼을 치는 기술의 지각-운동 지형은 조금씩 만들어진다. 지형이 평평하다는 것은 모든 동작들을 고르게 사용하고 있다는 것을 의미한다. 그런 일은 불가능하기 때문에 평평한 지형은 거의 존재하지 않으며 어떤 움직임 패턴이 반복되면 그림처럼 움푹 들어간 골짜기가 만들어지기 시작한다. 골짜기가 깊어질수록 움직임 패턴은 안정화된다.[1] 이렇게 안정화된 움직임 패턴은 다른 움직임들을 끌어 당긴다고 해서 '어트랙터attractor'라고 부른다. 실제 우리가 길을 걸으며 만나는 지형을 떠올려보자. 골짜기의 입구에 발을 딛기만 해도 바닥으로 쭉 미끄러져 내려간다. 그리고 골짜기에서 다시 빠져 나오려면 온 힘을 다해 가파로운 경사면을 타고 올라와야 한다.

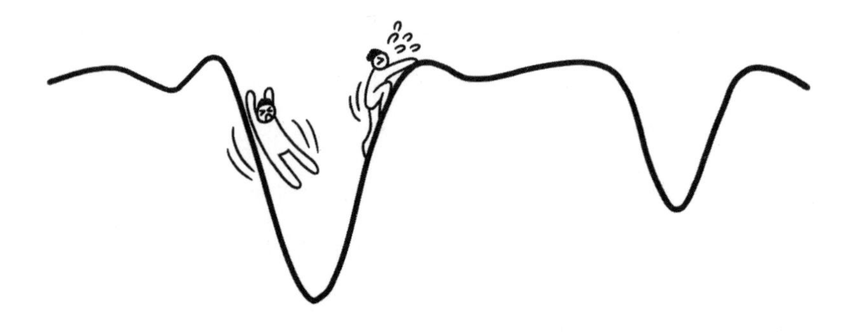

아주 간단한 실험을 통해 안정화된 움직임 패턴인 어트랙터를 이해할 수 있다. 책을 놓고 드럼을 치듯 양손을 책상 위에 천천히 두드려 보자.

처음에는 양손을 번갈아 두드려 본다. 상대위상 180도의 동작이다. 이제는 조금씩 속도를 높여보자. 여전히 번갈아 두드리는 동작을 유지할 수 있는가? 최대한 빠르게 두드려보자. 어떤가? 나는 속도가 빨라질수록 두 손을 동시에 두드렸다. 당신은 어떤가? 아마도 거의 대부분의 사람들이 나와 같은 현상을 경험할 것이다. 속도가 빨라질수록 두손은 같이 움직이며 상대위상이 0도인 동작으로 서서히 변해간다. 안정화된 움직임 패턴인 어트랙터로 빠져들어간다는 것이 바로 이런 의미다. 인간의 팔다리가 특히 상대위상 0도의 움직임으로 코디네이션되면서 매우 강력한 어트랙터로 작용하는 경우가 많다.

빠르게 움직일 때만 이런 현상이 일어나는 것은 아니다. 느리게 움직일 때도 비슷한 일은 벌어진다. 〈그림 6-2〉의 위쪽 그래프는 드럼을 연주할 때 타이밍을 잘 맞추지 못하는 지점이 어디인지를 실험을 통해 확인한 결과다.[2] 실수는 양손의 움직임이 거의 같거나 완전히 반대일 때 가장 적게 나타난다. 상대위상으로 말하면 0도와 180도일 때 확실히 실수가

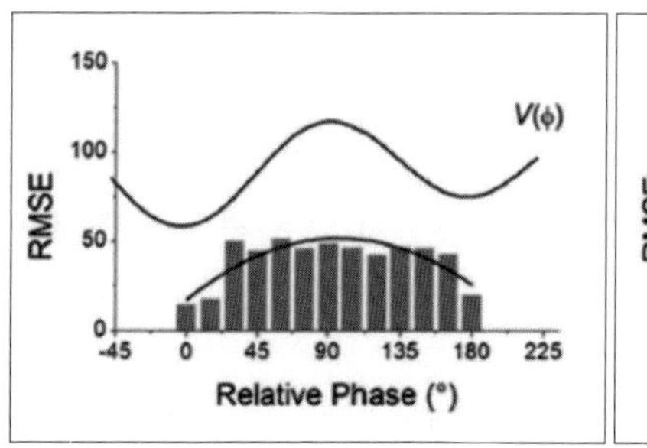

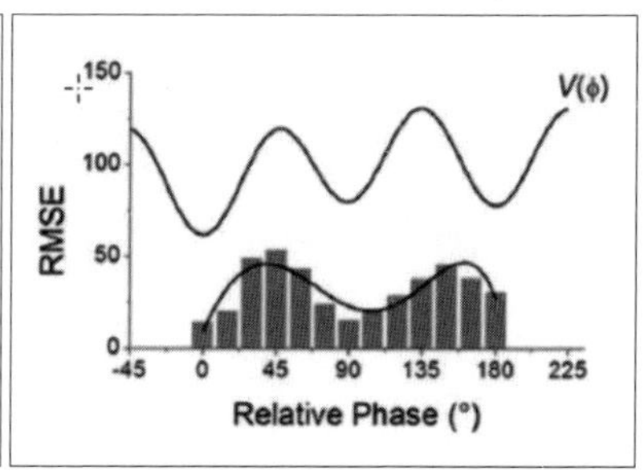

〈그림 6-2〉 드럼 연주에서 다른 상대위상으로 두드리려고 할 때 일어나는 타이밍 실수. 코츠루비에츠(2012년)

적다. 20도 정도의 상대위상으로 드럼을 두드리다 보면 골짜기에 발을 내딛는 순간 자신도 모르게 아래로 미끄러져 내려가듯 0도의 움직임 패턴으로 빠져들며 타이밍을 놓치게 된다. 어떤 이유에서인지(곧 다루게 된다) 대부분의 실험 참가자들은 드럼 교육을 전혀 받지 않았지만 0도와 180도 상대위상에 해당하는 동작은 더 쉽게 실행했다. 그런데 흥미로운 점은 약 75%의 참가자들은 이런 패턴을 보였지만 나머지 약 25%의 참가자들은 아래쪽 그래프처럼 상대위상 90도에서 또다른 어트랙터를 가지고 있었다는 사실이다.

여기서 우리가 알 수 있는 것은, 이론상으로는 드럼 연주를 위한 움직임 솔루션이 무한대로 존재하지만 특정한 코디네이션(협응) 성향을 저마다 가지고 있다는 점이다. 그런 코디네이션 성향은 각자에게 깊이 각인되어 있어서 그 성향에서 빠져나와 다른 움직임을 만들기 어렵게 만든다. 경사가 심한 골짜기에 깊이 빠지면 다시 올라오기가 무척 힘든 것과 마찬가지 이치다. 올라오려고 무던히 애를 써도 다시 힘이 빠져 미끄러져 내려가는 일이 반복된다. 이렇게 저마다 가지고 있는 코디네이션 성향을 '고유역학intrinsic dynamics'이라고도 부른다.

이는 드럼을 칠 때만 나타나는 현상이 아니다. 우리가 하는 모든 움직임에는 어트랙터와 고유역학이 작동한다. 〈그림 6-3〉의 왼쪽 그래프(a)는 처음 걸음마를 배우는 아이와 성인의 걸음걸이에서 관찰되는 정강이와 허벅지 사이의 상대위상이다.[3] 성인의 걷기 패턴에서는 발을 내딛는 동작의 중간 정도 지점에서 강력한 어트랙터가 작용하고 있는 모습을 볼

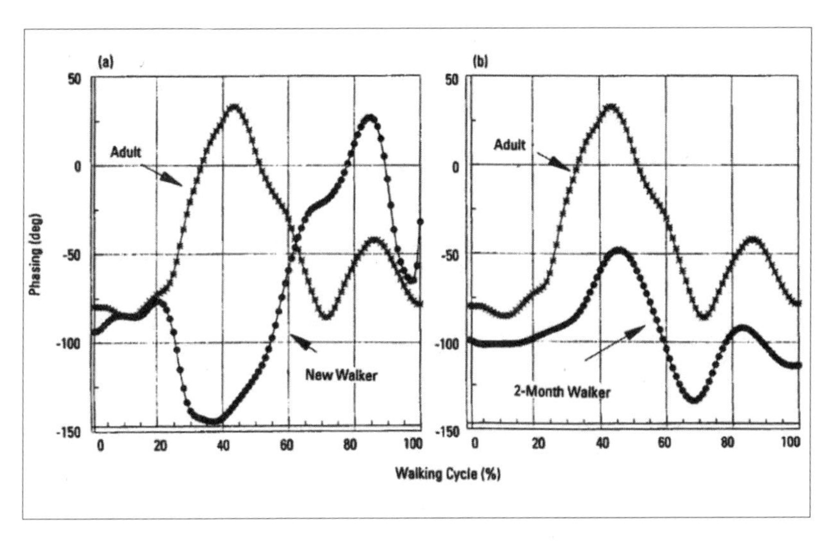

〈그림 6-3〉 성인과 막 걷기 시작한 아이에게서 관찰되는 어트랙터. 클라크(1995)

수 있다. 하지만 걸음마를 처음 시작한 아이들은 그런 패턴이 나타나지 않는다. 하지만 오른쪽 그래프(b)처럼 어트랙터는 빠르게 발달하기 시작해 2개월 만에 성인과 유사한 패턴으로 걷기 시작한다.

이런 어트랙터들이 왜 존재하는지 궁금하지 않을 수 없다. 일반적으로 우리 신체가 가지고 있는 어트랙터는 몇 가지 중요한 기능을 하고 있다고 알려져 있다. 무엇보다도 일시적으로 발생할 수 있는 교란 작용에 저항해서 안정적인 움직임을 유지하게 해주는 것이 어트랙터의 역할이다. 예를 들면 걷다가 작은 돌을 밟아 휘청거릴 때가 있다. 하지만 우리의 몸은 균형을 찾기 위해 재빠르게 반응해 움직인다. 어트랙터의 깊은 골짜기로 순간적으로 빨려들어가며 안정적인 움직임 패턴을 회복한다.

농구 선수가 점프를 할 때도 마찬가지다. 농구 경기를 하다 보면 리바운드나 슈팅 등을 하기 위해 점프를 했다가 다시 착지할 때 다른 선수의 발을 밟는 경우가 종종 있다. 착지를 할 때 발목의 힘줄과 근육들은 착지한 코트의 정보를 뇌에 보내게 된다. 하지만 감각 신호가 전달되는 시간은 상대적으로 느리고, 어떻게 그 상황에 대응해야 하는지 다시 신호를 받기에는 너무 급한 타이밍이다. 이럴 때 어트랙터가 역할을 하며 안정적인 움직임 패턴으로 끌어당긴다. 발목이 돌아가려는 순간 바로 튀어오르며 심한 부상을 막아준다.

우리의 몸은 변동성으로 가득차 있지만 또 한편으로는 안정적으로 움직이고 싶어하기도 한다. 변화과 안정이라는 모순된 목적을 동시에 추구하는 것이 인간의 움직임이다. 선수는 저마다의 코디네이션 성향을 이용해 기술을 안정적으로 수행하고 부상도 예방할 수 있지만 그런 성향에 빠져 있게 되면 기술이 정체되는 문제가 생긴다. 선수에게는 퍼포먼스를 향상시키기 위해 익숙한 움직임 패턴에서 벗어나려는 노력이 지속적으로 요구된다. 기술 수준이 달라진다는 것은 기존에 존재하던 지각-운동 지형의 골짜기에서 빠져 나와 새로운 골짜기를 만드는 것을 의미한다. 골짜기의 가파른 경사를 타고 올라오는 것이 무척 힘든 일인 것처럼 익숙한 움직임 패턴으로부터 빠져 나오는 것은 선수에게 무척 험난한 과정이다.

골짜기가 깊을수록 빠져나오기도 어렵다

"좋은 것은 위대한 것의 적이다."

짐 콜린스의 책* 에 소개된 이 문장은 스포츠코칭에도 그대로 적용될 수 있는 말이다. 드럼 연습을 하면 한두가지 패턴에 금새 익숙해진다. 지각-운동 지형에 골짜기가 조금씩 파지면서 나름대로 안정적인 어트랙터가 만들어진다. 하지만 그런 패턴만으로 드럼을 치면 많은 곡들을 연주하기가 어려울 뿐 아니라 드럼 연주가 금새 지루해져 버린다. 드럼을 보다 다채롭게 즐기고 싶다면 자신이 파놓은 어트랙터에서 빠져나와야 한다. 안정된 어트랙터인 골짜기를 타고 올라와 불안정한 지형들을 다시 탐험해야 한다.

이와 관련해 내가 관심을 가지고 연구한 선수가 있는데 바로 대학 풋볼의 스타 플레이어인 팀 티보우다. 티보우는 대학 시절 내내 플로리다 대학의 주전 쿼터백이었다. 3학년 때는 대학 풋볼 최고의 선수에게 수여하는 하이즈먼 트로피를 받았고 1학년과 3학년 때 두 번이나 플로리다 대학을 챔피언으로 이끌었다. 한마디로 그는 대학 풋볼 역사상 최고의 쿼터백 중 한 명이었다.

하지만 티보우는 프로에서는 그만큼의 성공을 거두지 못했다. 패싱 능력은 하위 75% 수준이었고, 47%의 작전 성공률에 그치며 그저 그런 NFL 선수로 3년을 보냈다. 나는 그렇게 뛰어난 활약을 하던 팀 티보우가

---

* 좋은 기업을 넘어 위대한 기업으로』(김영사)

프로에 와서 완전히 다른 선수처럼 플레이를 한 이유가 궁금했다. 많은 풋볼 전문가들은 팀 티보우의 쓰로잉 동작에서 이유를 찾았다. 티보우는 패스를 할 때 팔이 너무 많이 내려오는 문제가 있었다.[4]

팀 티보우의 쓰로잉 동작

이것은 경기에서 두 가지 문제를 일으켰다. 수비수와 부딪혔을 때 공을 놓칠 가능성이 그만큼 컸고, 공을 던지는 시간도 길어졌다. 특히 패스 타이밍이 늦어지는 것이 아주 치명적인 문제였다. 쿼터백의 패스 타이밍이 늦어지면 수비수에게 태클을 당할 위험도 그만큼 커진다. 티보우가 공을 던지는데 걸리는 시간은 0.6초로 NFL 쿼터백들의 평균인 0.4초보다 느렸다. 대학 풋볼리그에서 0.2초의 차이는 큰 문제가 되지 않았다. 하지만 세계 최고의 운동능력을 가지고 쿼터백을 향해 돌진하는 NFL수비수들은 그 차이를 용납하지 않았다. 대학리그에서 통했던 움직임 솔루션이 NFL에서는 통하지 않았던 것이다. 팀 티보우는 더 빠르고 간결하게 패스를 해야 하는 '과제제약task constraints'에 적응하기 위한 움직임 솔루션을 만들어 내지 못했다.

공을 아래로 떨어뜨리지 말고 바로 던지게 하면 되지 않냐고 말하는 사람도 있다. 많은 쿼터백들이 팀 티보우와 같은 문제가 있고 이것을 개선하기 위해 노력하지만 쓰로잉 동작을 바꾸는 것은 생각보다 쉽지 않다. 앞에서 이야기했다시피 선수가 오랜 시간 동안 특정한 동작을 반복하면 어트랙터가 깊이 자리잡게 된다. 공을 아래로 길게 떨어뜨리는 방식으로 지각-운동 지형의 골짜기를 꾸준히 파들어간 선수가 새로운 쓰로잉 동작을 만들기 위해서는 자신이 판 어트랙터의 골짜기로부터 빠져나와야 한다. 많은 선수들이 자신이 파놓은 골짜기로부터 빠져나오지 못하고 좌절하곤 한다.

나도 20대 후반에 트라이애슬론을 할 때 팀 티보우와 비슷한 문제에 직면했다. 나는 어릴 때 호수에서 처음 수영을 배웠다. 호수에서 한가하게 수영을 할 때는 딱히 과제제약이라고 할 만한 것이 없었다. 그저 물에 빠져 죽지 않고 건너가기만 하면 됐다. 하지만 트라이애슬론을 하려면 그 정도 수준의 수영 실력으로는 곤란했다. 달리기와 싸이클을 위한 에너지를 최대한 많이 남겨야 하기 때문에 어떻게든 수영에서 체력을 아껴야 했다. 효율적으로 빨리 수영을 끝내는게 나에게 주어진 과제제약이었다. 하지만 어릴 때 호수에서 재미로 익혔던 생존수영 방식의 스트로크는 그런 과제제약과 전혀 맞질 않았다. 그래서 스트로크 동작을 바꿔보려고 무던히 애를 썼지만 워낙 깊이 어트랙터로 박혀 있었기에 변화를 주기가 쉽지 않았다.

코치나 트레이너의 관점에서 볼 때 여기에는 몇 가지 중요한 코칭 포인트가 있다. 첫째로, 선수는 코치가 무엇이든 채울 수 있는 '빈 종이'와 같은 존재가 아니다. 선수가 운동기술을 익히는 과정은 무(無)에서 유(有)를 창조하는 일이 아니라는 의미다. 선수는 자신이 그동안 만들어온 지각-운동 지형을 가지고 코치를 찾아온다. 선수가 가지고 온 지각-운동 지형에는 여기저기 골짜기가 파여 있다. 호수에서 친구들과 어울려 수영을 하든, 아빠와 함께 캐치볼을 하든 선수는 움직이기 시작한 그 순간부터 지각-운동 지형을 만들어 왔다. 여기저기에 깊고 얕은 어트랙터의 골짜기를 파왔다. 바로 이것이 '단 하나의 올바른 동작'을 선수에게 가르치는 것이 불가능한 이유다. 코치가 만나는 모든 선수는 지각-운동 지형이 다르기 때문이다.

그러기에 스포츠코칭은 맨 땅에 집을 짓는 일이라기 보다는 이미 지어진 집을 리모델링하는 일에 가깝다. 선수의 지각-운동 지형에 어떤 어트랙터들이 자리잡고 있는지를 파악하는 일이 코치에게는 중요하다. 그것에 기반해 연습을 디자인해야 하기 때문이다.

두 번째 포인트는, 선수가 깊게 파인 어트랙터의 골짜기로 습관적으로 끌려들어 가지 않도록 제약을 잘 세팅해 주어야 한다는 점이다. 쿼터백에게 공을 빨리 던져야 한다는 압박이 없으면 쓰로잉 동작은 자연스럽게 느려진다. 그렇게 느린 쓰로잉 동작은 어트랙터로 자리를 잡게 된다. 수영을 하고 나서 달리기와 자전거를 탈 필요가 없으면 산소 공급을 극대화하는 수영 스트로크를 굳이 연습할 필요가 없다. 호수에서 한가하게 팔다리를 움직이는 패턴이 어트랙터로 작용하게 된다. 이런 선수들을 변화시키기 위해서는 단순히 필요한 기술이 무엇이라고 알려주는 것만으로는 부족하다. 선수가 어트랙터의 골짜기로 빠져 들어

가지 않도록 제약을 세팅해 주어야 한다. 적절한 제약이 없으면 선수는 익숙한 움직임 패턴으로 돌아가기가 쉽다.

예상치 못한 순간에 창발하는 움직임

앞서 소개한 드럼 연구에는 또다른 흥미로운 실험이 있다. 참가자들은 원래 가지고 있던 어트랙터를 빠져 나와 새로운 동작을 연습했다. 예를 들어 〈그림 6-4〉의 왼쪽 그래프처럼 0도와 180도의 상대위상에서 강한 어트랙터를 가진 사람에게는 90도로 드럼을 치는 법을 연습시켰다. 오른쪽 그래프처럼 0도, 90도, 180도에서 두드러진 어트랙터를 가진 사람들에게는 135도를 연습시켰다.

연구팀은 새로운 동작을 연습하는 사람들이 어트랙터의 골짜기에서 빠져 나올 수 있도록 제약을 활용했다. 새로 익혀야 할 리듬이 나오면 작은 불빛으로 신호를 주었다. 사람들은 불빛을 통해 자신이 익혀야 할 동작을 분명하게 인지할 수 있었다. 그리고 연습이 끝난 후에 무엇을 실수했는지 피드백을 받았다.

〈그림 6-4〉의 아래 그래프에서 확인할 수 있듯이 모든 참자가들은 새로운 움직임 패턴을 익히는데 성공했다. 하지만 두 그룹이 지각-운동 지형을 변화시킨 방식은 많이 달랐다. 90도 상대위상의 동작을 새로 익힌 그룹은 지각-운동 지형을 완전히 재구성한 것처럼 보였다. 90도 상대위상에 새로운 골짜기를 판 것 같았다. 또한 이 그룹은 새로운 동작을

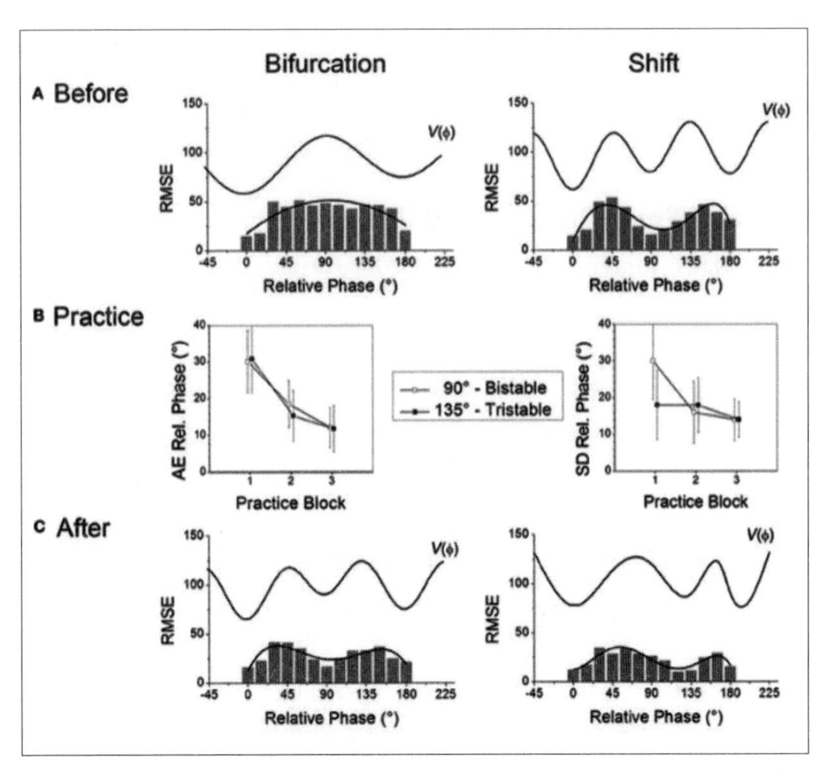

〈그림 6-4〉 연습을 통해 지각-운동 지형에 일어나는 어트랙터의 변화. 코스트루비크(Kostrubiec 2012).

배우는 과정에서 변동성이 컸다. 다양한 동작을 시도하는 모습이 보였다. 이런 스타일의 기술습득 방식을 '분기학습bifurcation'이라고 부른다. 분기* 라는 말의 뜻처럼 지각-운동 지형을 새롭게 나눈다는 의미를 담고 있다.

135도의 상대위상에 해당하는 동작을 연습한 사람들에게 일어난

---

* 분기(分岐) : 나뉘어서 갈라짐 (출처 : 표준국어대사전)

지형의 변화는 다소 달랐다. 오른쪽 아래 그래프에서 확인할 수 있듯이. 이 그룹의 사람들은 이전에 존재하지 않았던 완전히 새로운 어트랙터 골짜기를 파는 대신에 이미 만들어진 90도에서의 어트랙터를 135도로 이동한 것처럼 보였다. 이 그룹은 새로운 동작을 연습하는 과정에서 변동성도 적었다. 새로운 지형을 광범위하게 탐험하기 보다는 기존의 동작에 조금씩 변화를 주는 모습을 보였다. 이런 스타일의 기술습득은 지각-운동 지형을 완전히 새롭게 재구성하는 것이 아니라 이미 만들어진 지형을 이동시킨다는 의미에서 '시프트shift' 방식이라고 부른다.

새로운 기술을 익히는 과정이 이렇게 분기학습과 시프트 방식으로 나눠질 수 있다는 사실은 또하나의 중요한 포인트를 코치들에게 알려준다. 선수에 따라, 그리고 기술에 따라 통하는 방식이 다를 수 있다는 점이다. 어떤 기술은 이미 가지고 있는 움직임 패턴에 작은 변화를 주어 배울 수 있다. 하지만 어떤 기술은 분기학습의 관점에서 완전히 새로운 골짜기를 파야 할 수도 있다.

드럼 학습을 관찰한 연구가 발견한 사실은 이것이 전부가 아니다. 이 연구는 운동학습과 관련해 또 하나의 혁신적인 개념을 세상에 소개했다. 새로운 움직임 솔루션은 서서히 단계적으로 모습을 드러내는 것이 아니라 '창발한다'는 개념이다.

연습에 따른 퍼포먼스의 변화는 전통적으로 〈그림 6-5〉와 같은 학습 곡선learning curve으로 표현해 왔다. 학습 곡선이 내포하고 있는 의미는 다음과 같다.

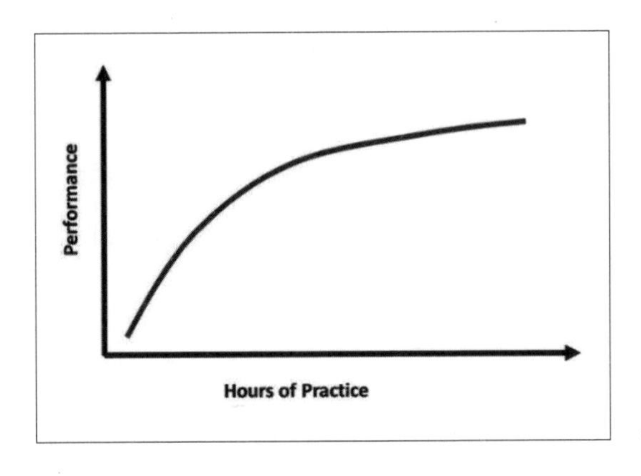

〈그림 6-5〉 학습곡선

어떤 기술이든 배우기 시작할 무렵에는 하루가 다르게 실력이 는다. 그러다가 발전이 정체되는 순간이 찾아온다. 똑같이 연습을 해도 이전만큼 실력이 늘지 않는 시간이 반복되며 흥미를 잃기 시작한다. 많은 사람들이 이 시간을 견디지 못하고 기타를 다시 창고에 집어 넣거나 골프 레슨을 나가지 않는다.

또한 학습 곡선은 연습의 효과를 예측가능하다고 가정하고 있다. 올바른 방법으로 오랜 시간을 들여 연습을 하면 계속해서 이어지는 곡선처럼 기술은 꾸준하게 향상된다고 믿는다. 이를 대표하는 개념이 바로 '1만 시간의 법칙'으로 널리 알려진 안데르스 에릭손K. Anders Ericsson 박사의 '의도적인 연습deliberate practice'[5]이다. 에릭손 박사는 체스, 음악, 스포츠 등 광범위한 영역에서 최고 수준의 기술을 보여주는 사람들을 연구했다. 그들의 기술은 대부분 의도적인 연습에 쏟은 시간의 양에 따라 결정되었음을 보여준다. 따라서 이런 전통적인 관점에서 학습은 대체로 선형linear으로 이루어지며, 학습의 결과 또한 각각의 연습을 어떻게 진행하느냐에 따라 예측이 가능하다고 본다.

이런 학습 곡선은 그럴 듯해 보이지만 오해의 소지 또한 다분하다. 학습 곡선을 절대적인 사실로 받아들이면 1장에서 이야기했던 평균의 함정에 빠질 위험이 있다. 실제 현장에서 선수들의 발전과정을 지켜보는 코치들은 학습 곡선에 의문을 가질 수 밖에 없다. 모든 선수가 이렇게 예쁜 그래프를 그리며 성장하는 것은 아니기 때문이다. 어쩌면 저런 학습 곡선을 그리며 발전하는 선수를 찾는 것이 더 어려울 지도 모른다.

그리고 선수는 모든 연습마다 실력이 느는 것도 아니다. 때로는 열심히 땀을 흘렸지만 아무런 발전도 없는 듯이 느껴지는 날도 많다. 어떤 날은 오히려 실력이 퇴보한 것처럼 느껴져 좌절하기도 한다. 그런 좌절의 시간은 짧게 끝날 수도 있지만 뜻하지 않게 길어질 때도 있다. 연습을 한다고 좋아질까 하는 불안 속에서 선수는 오랜 시간을 보내기도 한다. 그러다가 어느날 갑자기(!) 엄청난 도약의 순간이 찾아온다. 마치 처음 자전거를 타게 된 순간과도 같다. 자전거에서 수십수백번 떨어지며 무릎도 까지고 손도 다치면서 며칠을 보내면 과연 자전거를 탈 수 있을 지 회의감이 든다. 넘어지면서도 무언가 발전했다는 느낌이 없기 때문에 마음 속은 더욱 혼란스러워진다. 하지만 자전거 위에서 균형을 잡는 순간이 마법처럼 펼쳐진다. 그 순간은 서서히 찾아오는 것이 아니라 느닷없이 찾아온다.

분기학습 스타일로 새로운 드럼 동작을 익힌 사람들도 바로 이런 도약의 순간을 경험했다. 결과적으로 사람들은 새로운 드럼 연주 동작을

익혔지만, 그 과정은 점진적이고 단계적인 발달과는 거리가 멀었다. 사람들이 연습하는 모습을 통해 미래의 결과를 예측하기는 무척 어려웠다. 새로운 움직임 패턴은 어느 순간 갑자기 창발했다.

단계적으로 발전하는 것이 아니라 새로운 움직임 패턴이 이렇게 창발하는 현상은 자기조직화 코칭모델의 속성을 생각하면 이해가 가능하다. 자기조직화 모델에서 움직임은 어떤 교습이나 지침도 없이 신체가 스스로를 조직하는 과정 속에서 일어난다. 그렇기 때문에 언제 무엇을 얻게 될지 예측하기가 어렵다. 연습을 할 때마다 꾸준한 보상을 남겨주지도 않는다.

자기조직화 모델의 코칭은 아이를 양육하는 일과 비슷하다. 겉으로 보기에는 로켓을 달에 보내는 일이 훨씬 복잡해 보이지만 아이를 키우는 일이 훨씬 예측하기가 어렵다. 로켓을 달에 보내려면 방대한 양의 지식과 더불어 최고의 두뇌를 가진 전문가들이 동원되어야 한다. 프로세스도 매우 까다롭고 복합적일 수 밖에 없다. 하지만 프로세스를 올바르게 밟아 나간다면 그 결과는 상당 부분 예측이 가능하다. 언제 어떤 방식으로 달에 로켓을 보낼 수 있을지 사전에 예측할 수 있다.

하지만 아이를 키우는 일은 그렇게 단순하지 않다. 아이가 둘 이상인 분이라면 아마 내가 무슨 이야기를 하려고 하는지 알 거라 생각한다. 아이를 재우는 방법이든, 배변 훈련이든 첫 아이를 키울 때 효과가 있었던 방법이 둘째 아이에게는 전혀 통하지 않아 당황한 경험이 있으리라 생각한다. 뿐만 아니라 좋은 양육방법이라고 알려진 정보들은 일부 아이들에게만 효과가 있는 경우가 대부분이다.

아이를 키워본 경험이 없다면 이해가 안될 수도 있겠다는 생각이 들어 다른 예를 들어보려고 한다. 누구에게나 마음 속에 오래 남아 있는 즐거운 모임이나 파티의 기억이 있다. "그때 참 즐거웠지" 하면서 같은 기분을 또 느끼기를 갈망한다. 그렇다면 그런 파티를 완벽하게 재현할 수는 없는 걸까? 같은 공간에서, 같은 음식을 준비하고, 같은 음악을 틀고, 같은 사람들을 초대하면 되지 않을까? 내가 실제로 이것을 시도한 적이 있다. 하지만 그때의 기분을 다시 즐기고 싶었던 나의 노력은 비참한 실패로 끝나고 말았다. 모든게 비슷했지만 분위기는 완전히 다른 모임이 되고 말았다.

파티에 참여한 사람들이 서로간에 어떤 방식으로 상호작용하고, 음악과 음식을 즐길 지를 예측하는 것은 사실상 불가능하다. 파티에 모인 사람들은 저마다의 방식으로 그 시간을 즐긴다. 이전 파티에서는 사람들과 음악, 음식 등이 자기조직화 방식으로 어우러지는 과정 속에서 뜻하지 않은 즐거움이 창발했을 뿐이다. 사람을 포함해 파티를 구성하는 모든 것들이 그때와 똑같이 조직되는 것은 아니기에 같은 기분을 불러일으키는 것은 쉽지 않다. 파티와 양육에서 나타나는 이런 복잡계의 특성은 우리 신체의 움직임에서도 고스란히 관찰되는 모습이다.

움직임의 복잡성과 코치의 역할

이렇듯 달에 로켓을 쏘아올리는 것만큼 난해하고 예측하기 힘든 것이 선수들을 코칭하는 일이다. 코치가 선수에게 기울이는 노력과 돌아오는 결과를 생각해 보면 세상에서 가장 어려운 과제일지도 모른다. 그렇기 때문에 새로운 스포츠코칭 모델을 탐구하기 전에 코치는 이 점을 분명히 기억할 필요가 있다. '복잡성complexity'을 인정하고 받아들여야 한다는 점이다. 복잡성이 가득한 세계에서는 기술의 발전이 단계적으로 일어나지 않는다. 언제 원하는 기술이 완성될 지 예측하기 어렵다. 한 선수에게 통했던 연습이 다른 선수에게는 전혀 도움이 되지 않는다. 연습을 해도 좋아지지 않는 날들이 수두룩하다. 원하는 움직임 패턴은 예상치 못한 순간에 예상치 못한 방식으로 창발한다.

자기조직화 코칭모델에서 코치는 '올바른 동작'을 가르치는 교습가로서의 역할에 크게 비중을 두지 않는다. 그보다는 디자이너나 가이드의 역할에 더 초점을 맞춘다. 제약을 적절히 세팅해서 연습환경을 디자인하는 능력이 강조된다. 선수에게 적용할 제약을 준비하고 연습을 구체적으로 디자인하려면 선수가 기존에 가지고 있는 움직임 패턴을 잘 이해하고 있어야 한다. 지각-운동 지형의 어디에 골짜기가 깊게 파여있는지 다양한 방법을 동원해 확인해야 한다. 그리고 코치의 여러 노력에도 불구하고 최적의 움직임 솔루션을 찾는 것은 선수의 몫임을 받아들여야 한다.

'교육educate'이라는 말은 '이끈다'는 뜻을 가진 'Exducere'에서 유래되었다고 한다. 자기조직화 코칭모델에서 코치는 선수에게 답을 주는 사람이 아니다. 선수가 자신의 길을 찾아가도록 가이드를 해주는 사람에 가깝다. 이런 이야기를 하면 많은 코치들이 오해를 한다. 연습을 세팅했다면 선수가 연습을 할 때는 아무 것도 하지 말아야 한다고 생각하는 것이다. 자기조직화 코칭모델에 동의하는 많은 코치들이 그런 실수를 하곤 했다.

코치는 자신이 디자인한 연습환경 속에서 선수가 움직임 솔루션을 제대로 찾고 있는지 잘 관찰해야 한다. 자신이 연습에 세팅한 제약이 혹시 선수에게 부상의 위험이 높은 동작을 유도하고 있는건 아닌지도 잘 살펴야 하고, 제약이 과거의 움직임 패턴으로 빠져들어 가는 것을 효과적으로 막아주고 있는 지도 유심히 관찰해야 한다. 그러면서 선수가 마주하는 제약에 지속적으로 변화를 주어야 한다. 코치는 이런 방식으로 선수의 연습에 관여를 해야 한다.

주저앉으면
터져!!
DANGER

7장

풍선으로
동작을 바꾼다

야구의 피칭 동작은 힘을 아래에서 위로 효과적으로 전달하는 것이 중요하다. 투수가 빠른 공을 던지기 위해서는 발을 딛고 있는 마운드로부터 지면반력을 잘 이끌어낼 필요가 있다. 그렇게 만들어진 힘을 몸 전체를 지나며 손까지 잘 전달해야 한다. 생체역학에서는 이런 일련의 과정을 '운동사슬kinetic chain'이라고 부른다. 신체의 여러 부분들이 사슬처럼 연결되어 움직임을 만든다는 의미를 담고 있다. 투수가 다리를 움직이고 나서 고관절은 회전을 시작한다. 고관절의 회전을 따라 몸통도 움직이기 시작한다. 그렇게 어깨, 팔, 손까지 운동사슬이 유기적으로 이어지면서 하나의 피칭 동작은 완성된다. 피칭 동작은 보기에는 단순해 보이지만 매우 높은 기술 수준을 요구하는 움직임이다. 그래서 투수들에게는 운동사슬이 끊어진 모습들이 다양한 형태로 나타난다. 그 중 대표적인 것이 팔이 벌어져 나오는 현상인데 보통은 '포어암 플라이아웃forearm flyout'이라 부른다.[1]

〈그림 7-1〉의 왼쪽 선수는 팔이 너무 일찍 몸과 분리되어 나오는 문제를 보여주고 있다. 팔과 몸의 운동사슬이 끊어졌다고 할 수 있다. 이런 포어암 플라이아웃 현상은 팔에 많은 부담을 주게 된다. 하체로부터 만들어진 힘이 고관절과 몸통에 있는 큰 근육들을 거쳐 이동하는 것이 아니라 운동사슬의 연결고리를 건너 뛰어 팔에 있는 작은 근육들로 바로 전달되기 때문이다. 힘이 효과적으로 전달되지 않기 때문에 구속도 느려질 가능성이 높다. 무엇보다 엄청난 크기의 힘이 연약한 팔꿈치 인대에 집중적으로 가해진다는 점이 가장 큰 문제다. 이런 동작으로 계속 공을

〈그림 7-1〉 커넥션볼이라는 제약을 이용해 포어암 플라이아웃 문제를 교정하기

던지게 되면 팔꿈치 인대가 끊어져 토미존 수술을 받을 확률이 높아질 수 밖에 없다.

말로 동작을 가르치는 명시적 교습의 문제

투수코치라면 선수에게서 이런 문제가 발견되었을 때 동작을 교정할 방법을 고민해야 한다. 선수의 동작을 교정하기 위해 코치들은 지금까지 주로 명시적 교습explicit instruction* 방법을 사용해 왔다.

"팔이 벌어져 나오고 있어. 팔과 몸통이 잘 연결되어 나오도록

* 명시적 교습은 마치 영어 단어와 문법을 하나 하나 가르쳐 주듯 선수가 해야 할 동작이나 하지 말아야 할 동작을 가르쳐 주는 방식의 지도법을 의미한다. "무릎을 조금 더 구부려!" "골반을 더 강하게 회전시켜!" 이런 주문들이 명시적 교습에 해당한다.

신경써서 던져."

"탑포지션에서 팔꿈치를 조금더 구부려."

"0.5초만 더 버텼다가 팔을 위로 올려봐."

이렇게 구체적으로 몸을 어떻게 움직여야 하는지 알려주어 문제를 바로 잡는 것이 일반적인 코칭방법이었다. 하지만 내가 볼 때 이런 식으로 직접 움직임 솔루션을 처방하는 방식은 그다지 효과적이지 않다.

피칭은 신체의 거의 모든 근육과 관절이 참여하는 복합적인 동작이다. 피칭동작은 저마다의 자유도를 가진 신체의 여러 부분들의 자기조직화를 통해 일어난다. 번스타인의 대장장이와 마찬가지로 발목, 무릎, 골반, 팔꿈치, 어깨 등이 움직이는 각도나 타이밍 등은 매 피칭동작마다 조금씩 다르다. 그래서 선수들은 명시적인 교습을 따라 하는 연습을 무척 힘들어 한다.

명시적 교습이 선수의 동작에 어떤 영향을 미치는지를 테스트한 기블린Giblin의 연구를 소개한다.[2] 세계랭킹이 제법 높은 테니스 선수 8명은 두 가지 명시적 지침을 받았다. 하나는 서브를 할 때 무릎을 최대 5%까지 더 구부려 달라는 것이고, 또 하나는 평소 공을 때리는 지점보다 10cm 왼쪽에서 서브를 때려달라는 주문이었다. 그리고는 측정장비를 사용해 선수들의 움직임을 세밀하게 관찰했다.

테스트 결과 두 가지 주목할 만한 점이 발견되었다. 첫 번째로, 선수들은 세계랭커들 답게 요청한 과제를 어느 정도 성공적으로 수행했지만 결과의 오차도 제법 크게 나타났다. 예를 들어 10cm 왼쪽에서 서브를 해달라는 요청에 대해 선수들은 평균 15cm정도의 변동성을 보였다. 두 번째로, 변화가 적게 일어난 선수일수록(예를 들어 왼쪽으로 2.5cm만 이동) 매번 과제를 수행할 때의 변동성이 적었다.

무릎을 더 구부려야 하는 과제에 대해서는 평균 3.5% 정도의 변동성을 보였다. 가장 변동성이 큰 선수는 7%였다. 세계 최고 수준의 선수들조차 연구팀이 제공한 명시적 지침대로 무릎을 매 서브마다 똑같이 움직이지 못했다. 어찌 보면 이건 그다지 놀랄 일이 아니다. 선수들은 테니스를 처음 시작했을 때부터 그렇게 '하나의 방식으로만' 서브를 해오지 않았기 때문이다.

자기조직화 코칭모델이 내세우는 구호는 '반복 없는 반복'이다. 똑같아 보이는 동작도 근육과 관절의 움직임은 조금씩 다르다는 사실을 바탕으로 접근한다. 그런 면에서 신체의 특정 부분을 어떻게 움직이라고 코치가 직접 처방을 하는 명시적 교습은 자기조직화 코칭모델과는 어울리지 않는다.

명시적 교습이 안고 있는 중요한 문제는, 코치와 함께 연습할 때는 변화가 있는 듯 보여도 그런 변화가 선수의 몸에 단단히 자리잡지 않을 가능성이 높다는 점이다. 또한 주로 명시적 교습으로 연습을 한 선수는 연습의 효과가 경기력으로 전이되지 않는 경우가 많다. "머리를 일찍 들면 안돼." "팔을 최대한 천천히 내려야해." 이처럼 코치로부터 들은 명시적 지침들을 경기 중에 자꾸 떠올리기 때문이다. 특히 선수가 압박감을 크게 느끼는 상황에서 이런 현상은 더 심해질 수 있다. 연습은 열심히 하는데 경기에서 제 실력을 보여주지 못하는 선수가 있다면 명시적 교습에 지나치게 의존한 것은 아닌지 코치는 의심해 볼 필요가 있다.

경기 중에 자동적으로 코치의 말을 떠올리는 선수들

이와 관련해 나는 동료들과 함께 압박감이 골프의 퍼팅 경기력에 미치는 영향을 연구한 적이 있다.[3] 퍼팅에 돈을 걸고 모두가 결과를 볼 수 있게 공개하자 선수들의 경기력은 눈에 띄게 달라졌다. 일부 베테랑 선수들은 압박감이 전혀 없는 사전 테스트보다 내기가 걸린 조건에서 퍼팅을 더 많이 성공시켰다.

압박감이 심한 상황에서 좋은 퍼팅능력을 보여준 선수들은 홀컵까지의 거리에 따라 퍼팅 스트로크가 크게 변하지 않았다. 퍼팅의 거리가 달라져도, 압박감이 심한 조건에서도 그들의 퍼팅 동작에는 별다른 변화가 없었다. 이는 5장에서 이야기한 지각-동작 커플링의 관점에서 이유를 찾을 수도 있다. 퍼팅 능력이 떨어지는 선수는 압박감이 큰 상황에서 홀컵을 작게 지각한다는 연구결과를 우리는 확인한 적이 있다.

뉴질랜드 와이카토대학의 리치 마스터스Rich Masters 박사는 선수가 압박감을 느끼는 상황에서 실력을 제대로 보여주지 못하는 이유를 '재투자 이론Reinvestment Theory'으로 설명한다. 선수가 처음에 어떤 방식으로 기술을 배웠는지에 따라 압박감을 느끼는 상황에서의 경기력이 달라진다는 주장이다. 코치의 명시적 교습을 통해 기술을 익힌 선수는 압박감이 큰 상황을 만나면 자신도 모르게 코치가 알려준 방식대로만 움직이려고 한다는 것이다.

마스터스 박사는 선수들의 이런 무의식적 행동을 어린 아이가 늘 자신의 곁에 있던 인형이나 담요를 움켜쥐는 애착행동에 비유한다. 심지어는 세계 최고 수준의 선수들도 토너먼트 대회의 우승을 앞둔 퍼팅을 할 때는 "머리를 움직여서는 안돼" 라든지 "발은 어깨 너비로 벌려야 해"와 같은 말을 스스로에게 주문하기도 한다.

자신도 모르게 떠오르는 말들

배구의 서브 동작으로 명시적 교습의 효과를 관찰한 연구도 있다.[4] 한 그룹은 명시적 교습으로 서브를 가르쳤다. "왼손 위에 배구공을 놓고 앞으로 쭉 뻗어." 어떻게 움직여야 하는지를 구체적으로 알려주며 서브의 준비동작을 가르치는 식이다. 다른 그룹은 명시적 교습 없이 선수들이 서브를 하는 영상을 보면서 스스로 연습을 하도록 했다.

연습이 끝나고 테스트를 했을 때 두 그룹은 서브의 수준에서 큰 차이가 없었다. 하지만 스카우트가 지켜보는 상황을 연출해 압박감을 느끼게 만들자 두 그룹의 서브 정확도는 차이가 났다. 명시적 교습으로 연습한 그룹은 서브 정확도가 거의 20% 가까이 떨어졌다. 반면 영상을 보며 스스로 연습한 그룹은 서브 정확도에 큰 차이가 없었다. 이는 명시적 교습을 통해 익힌 운동기술은 실제 경기에서 온전히 발휘되지 않을 수 있다는 점을 암시한다.

제약을 연습에 세팅하는 목적

팔이 벌어져 나오는 투수의 문제로 돌아가자. 팔을 움직이는 방법을 구체적으로 알려주는 명시적 교습이 지금까지 이야기한 문제를 야기할 수 있다면 다른 대안은 무엇일까? 상상력이 뛰어난 투수코치들은 장난감처럼 보이는 도구를 이용해 문제를 해결했다. 〈그림 7-1〉의 오른쪽 사진에서 선수는 팔과 몸 사이에 커넥션볼을 낀 채로 공을 던지고 있다.[5] 이 풍선처럼 생긴 녀석이 투구동작을 어떻게 교정해 준다는 건지 궁금해진다.

커넥션볼을 이용한 연습

코치는 커넥션볼을 선수의 팔과 몸 사이에 끼우고 선수에게 과제를 준다. 여기서 코치가 주는 과제는 팔을 어떻게 움직여야 한다고 주문하는 명시적 교습이 아니다.

"앞발이 땅에 닿을 때까지 커넥션볼이 떨어지면 안돼."

"공을 던질 때 커넥션볼이 앞으로 떨어져야 해."

이렇게 몸의 움직임이 아니라 커넥션볼의 움직임이 과제가 된다. 이 과제를 수행하기 위해 몸을 어떻게 움직여야 하는지 코치가 알려주는 것은 없다. 공을 던질 때마다 커넥션볼이 어떻게 떨어지는지 관찰하면서 선수 스스로 과제를 수행해 나간다. 커넥션볼이 떨어지는 모습이 선수에게는 피드백이 된다. 팔이 일찍 벌어지게 되면 커넥션볼은 바로 아래로 떨어지게 된다. 커넥션볼이 떨어지지 않도록 피칭동작을 만들어 나가면서 선수는 팔이 벌어지는 문제를 자연스럽게 해결하게 된다.

여기서 커넥션볼은 선수의 동작을 교정하기 위한 제약으로 작용하고 있다. 자기조직화 코칭모델은 제약을 연습에 적절히 세팅하는 것이 핵심이다. 자기조직화 코칭모델의 핵심적인 방법론이라고 할 수 있는 제약주도접근법constraints-led approach의 효과를 정리하면 다음과 같다.

(1) 제약은 기존의 움직임 패턴으로 빠지지 않도록 한다.

선수는 팔이 벌어지면서 던지는 투구동작을 어느날 갑자기 하게 된 것이 아니다. 제법 오랜 시간 동안 그런 방식으로 피칭을 해왔다고 볼 수 있다. 나름대로 성공적인 결과도 얻어왔을 지 모른다. 팀 티보우도 문제가 된 쓰로잉 동작으로 대학 최고의 선수가 될 수 있었다. 그렇다면 선수의 지각-운동 지형에는 팔이 벌어지는 동작으로 어트랙터의 골짜기가 깊게 파여졌을 것이다. 동작을 교정하기 위한 어지간한 노력들은 어트랙터의 골짜기에 빨려 들어가며 무용지물이 되기가 쉽다. 이때 골짜기에 발을 내딛지 않도록 막아주는 것이 커넥션볼이다.

공을 던지는 선수에게 커넥션볼은 말 그대로 '제약'이 된다. 마음대로 팔을 움직일 수 없다. 팔이 벌어지며 나오는 습관적인 동작도 커넥션볼이 있으면 할 수가 없게 된다. 그런 연습이 조금씩 쌓이며 팔이 벌어지며 나오는 동작으로 끌어당기던 어트랙터의 골짜기는 점점 사라진다. 선수는 이제 골짜기 바깥의 움직임을 자유롭게 탐험하게 된다.

(2) 제약은 탐험과 자기조직화를 촉진한다

커넥션볼을 제약으로 활용해 연습을 할 때 주목할 점은 커넥션볼이 어느 쪽으로 떨어져야 하는지 과제는 주지만 이를 위해 몸을 어떻게 움직여야 하는지에 대해서는 처방하지 않는다는 점이다. 팔꿈치를 더 구부리라든지, 앞발이 땅에 닿을 때까지 팔을 올려서는 안된다든지 하는 명시적 교습을 하지 않는 것이다.

제약주도접근법은 스포츠코칭이 복잡계의 특성을 가지고 있다는 사실을 인정한다. 선수가 팔이 벌어져서 나오는 문제에 대한 답을 코치가 완전히 알 수는 없다는 인식이 제약주도접근법의 기본전제다. 또한 설령 코치가 답을 알고 있다고 하더라도 해야 할 동작을 구체적으로 말해주는 명시적 교습을 통해서는 선수의 문제를 해결할 수 없다고 여긴다. 코치는 제약을 세팅해 놓고 선수 스스로 지각-운동 지형을 탐험하면서 움직임 솔루션을 찾는 과정을 지켜볼 뿐이다.

(3) 제약은 감각 정보를 증폭시키고 어포던스를 지각하는 능력을 키워준다

어린 선수들 중에는 신체에 대한 감각이 떨어지는 경우가 많다. 고유수용성감각이나 근육운동지각kinesthesis등으로 불리는 내적 감각이다. 책을 잠깐 내려 놓고 요가의 나무자세를 한번 해보자. 한쪽 다리의 무릎을 구부려서 서있는 다리의 안쪽에 대는 자세다. 나무자세가 잘 만들어 졌다면 이제는 눈을 감아보자. 몸이 자꾸 흔들리면서 균형을 잡고 서있기가 어려워졌을 것이다. 시각정보가 사라지면 내적 감각에 의존해 균형을 잡아야 한다. 관절, 근육, 힘줄 등에서 전달되는 신호들이다. 하지만 대부분의 사람들은 이런 신호에 그다지 민감하지 않다. 그런 내적 감각을 사용해 몸을 움직인 경험이 많지 않기 때문이다. 우리는 대부분의 시간 동안 눈을 뜨고 움직이기 때문에 내적 감각보다는 시각 정보에 크게 영향을 받는다.

코치는 제약을 활용해서 선수가 내적 감각을 보다 적극적으로 이용하도록 연습을 세팅할 수 있다. 시각차단 안경이 대표적인 사례다. 시각차단 안경을 쓰고 공을 받게 되면 과제를 수행하기 위해 시각정보에만 의존할 수 없게 된다. 자연스럽게 내적 감각이 보내는 신호를 적극적으로 받아들이게 된다.

커넥션볼을 끼고 공을 던지면 선수는 팔과 몸의 타이밍 정보를 이전과는 다른 차원에서 접하게 된다. 정보는 커넥션볼에서 발생하는 압력을 통해 몸에 입력된다. 이것은 일반적인 투구동작을 통해서는 얻을 수 없는 정보다. 이렇게 제약은 낮은 신호를 가지고 있는 감각 정보를 증폭시켜 보다 분명하게 경험하게 해준다. .

앞서 지각의 수준은 움직임의 수준에 따라 달라진다는 이야기를 했다. 선수가 어포던스(행동의 기회)를 지각하는 능력은 같은 환경에서, 같은 동작만을 반복하면 발달시키기 어렵다. 그러므로 코치는 연습에 제약을 세팅해 다양한 어포던스를 지각할 기회를 제공해 주어야 한다. 대표적인 예가 경기장의 크기를 줄이는 방식이다. 농구와 축구 같은 종목에서는 종종 실제 경기장보다 작은 공간에서 연습을 한다 선수들은 평소와는 다른 공간 속에서 다른 어포던스를 지각하며 움직이게 된다. 상대 선수와의 거리가 달라지고, 움직일 수 있는 공간이 제한되면 선수는 평소와는 다른 방식으로 움직임의 가능성을 지각하려는 시도를 할 수밖에 없다.

(4) 제약은 선수가 제대로 가고 있는지 피드백을 제공한다.

변화를 시도하고 있는 선수는 올바른 방향으로 가고 있는지 불안할 수 밖에 없다. 그런 선수를 위해 코치는 '전환 피드백transition feedback'을 제공해 줄 필요가 있다. 제약이 전환 피드백을 제공하기 위한 좋은 수단이 된다.[6] 전환 피드백은 제약이론을 만든 칼 뉴웰Karl Newell이 이름붙인 개념이다.

운동과학에서 자주 이야기하는 두 가지 유형의 피드백이 있다. '결과지식knowledge of results 피드백'과 '수행지식knowledge of performance 피드백'이다. 결과지식 피드백은 말 그대로 동작의 결과를 알려주는 피드백이다. 투수가 피칭연습을 할 때 스피드건에 찍힌 구속은 결과지식 피드백이다. 어느 로케이션에 들어갔는지도 결과지식 피드백이다. 이에 반해 수행지식 피드백은 결과를 만드는 과정에 대해 알려주는 피드백이다. 팔스윙의 속도, 팔꿈치의 각도, 공을 놓은 손의 위치 등이 수행지식 피드백이라고 할 수 있다. 우리는 삶의 여러 영역에서 결과지식과 수행지식을 구분할 수 있다. 예를 들어 내가 일을 하며 얼마나 많은 지원금을 받았는지가 결과지식이라면, 얼마나 많은 제안서를 제출했는지는 수행지식이라고 할 수 있다.

전환 피드백transition feedback은 이 두 가지와는 약간 다른 맥락의 피드백이다. 전환 피드백은 원하는 방향으로 얼마나 잘 전환되고 있는지를 알려주는 피드백이다. 팔이 벌어지는 문제 때문에 커넥션볼 연습을 막 시작한 선수는 커넥션볼을 앞으로 떨어뜨려야 한다고 코치가 내준 과제를 제대로 수행하지 못하는 경우가 대부분이다. 팔이 금새 다시 벌어지면서 앞이 아니라 옆으로 빠지게 된다. 하지만 커넥션볼이 떨어지는 방향을 피드백 삼아 연습을 반복하게 되면 조금씩 앞으로 떨어뜨릴 수 있게 된다. 점점 팔과 몸통이 잘 연결된 투구동작으로 탈바꿈하게 된다. 이렇듯 커넥션볼이 떨어지는 방향은 선수에게 전환 피드백의 역할을 하게 된다.

똑같은 동작을 반복시키며 움직임의 변동성을 최대한 줄이려고 노력하는 것이 기존의 코칭방식이었다면, 제약주도접근법은 움직임의 변동성을 오히려 환영한다. 제약을 연습에 적극적으로 세팅해서 선수가 다양한 움직임 솔루션을 찾아내도록 자극한다. 동작 중심의 고립된 연습이 아닌 맥락에 조건화된 연습을 통해 선수의 문제해결능력을 키우는데 초점을 맞춘다. 제약주도접근법을 적용한 연습에는 어떤 것들이 있는지 조금더 살펴보자.

공간으로 제약을 주는 스몰사이드게임

축구는 선수들 간의 상호작용이 매우 중요한 경기다. 드리블로 수비수를 재치고, 두 명의 수비수 사이로 패스를 찔러 넣고, 롱킥으로 멀리 있는 동료선수에게 정확히 볼을 패스하는 기술들이 모여 하나의 골을 만든다. 그런데 축구장의 크기를 생각해 보자. 골키퍼를 제외하면, 대략 124 x 85미터 크기의 경기장에 22명의 선수가 경기를 한다. 한 선수 당 525제곱미터의 공간을 차지하고 있는 셈이다. 그렇기 때문에 22명이 정규 규격의 경기장에서 두 팀으로 나눠서 하는 연습게임은 선수들 간의 상호작용 기회를 충분히 제공하지 못한다. 공을 다룰 기회, 상대 선수와 마주 할 기회, 드리블을 할 지 패스를 할 지 선택할 기회, 태클을 할 지 쫓아가서 계속 달릴지 선택할 기회 등이 비교적 적어질 수 밖에 없다. 정규 규격의 경기장에서만 연습을 하면 나의 기술이 통하는지를 학습할 기회가 줄어든다

그래서 축구 뿐만 아니라 농구, 아이스하키, 필드 하키와 같이 선수들 사이의 상호작용이 중요한 종목의 코치들은 비슷한 방식의 제약주도 접근법을 사용한다. 바로 스몰사이드게임small sided game이다. 경기장의 크기를 줄이고, 선수의 숫자를 바꾸어 가며 선수가 공간의 제약 속에서 움직임 솔루션을 찾도록 해주는 방식이다. 축구에서 하는 3대3, 4대4, 8대8 게임 등이 대표적인 스몰사이드게임 방식이다.

앞서 제약을 연습에 세팅해서 얻을 수 있는 효과를 5가지로 정리해 소개했다. 그 중 가장 먼저 언급한 것이 기존의 움직임 패턴으로 빠지지 않게 해주는 기능이다. 스몰사이드게임은 선수가 기존에 갖고 있던 움직임 패턴을 흔들어 버린다. 좁은 공간에서 끊임없이 선택하고 움직여야 하기 때문에 자신이 파놓은 어트랙터의 골짜기로 빨려들어갈 틈을 주지 않는다. 드리블, 패스 무엇하나 편안하게 할 수가 없게 된다. 찰나의 순간에 상대 선수가 다가오고 머뭇거리는 순간 패스를 할 타이밍을 놓치게 된다. 정규 경기장에서처럼 한가하게 빈 공간을 찾아 움직여서는 곤란하다. 보다 빠르게 상대 선수의 위치를 파악해 패스를 받을 수 있는 공간으로

민첩하게 움직여야 한다. 한마디로 스몰사이드게임에서는 잠시라도 숨을 공간이 사라지게 된다! 스몰사이드게임 방식은 특히 축구나 아이스하키와 같이 신체 접촉이 일정 수준 허용되는 스포츠에서 선수가 다양한 움직임 솔루션을 만드는 경험을 제공해 준다.

두 번째로, 잘 디자인된 스몰사이드게임은 선수가 움직임 솔루션을 탐험해 나가는 촉매가 된다. 경기장의 크기가 바뀌고 선수의 숫자도 바뀌면 선수들은 득점 기회를 만들기 위한 새로운 방법들을 찾아내야 한다. 골대와의 거리, 상대 수비수와의 거리 등 많은 것들이 달라졌기 때문에 새로운 움직임 솔루션을 찾아 나설 수 밖에 없다. 평소에 하던 습관적인 기술이 통하지 않는 상황이 다반사로 일어나기 때문이다. 4대3 내지는 5대3 같은 형태로 양 팀의 숫자를 다르게 해서 스몰사이드게임을 진행하면 선수의 탐험 모드를 더욱 높은 수준으로 끌어올릴 수 있다.

세 번째로, 스몰사이드게임은 어포던스(행동의 기회)를 지각하는 능력을 키워준다. 선수는 지각-동작 커플링을 보다 활발히 경험할 수 있다. 선수들은 경기를 하며 서로 간의 거리, 상대 선수가 움직이는 스피드 등을 시시각각 지각하며 정보를 입력한다. 스몰사이드게임을 하며 선수들은 그런 정보에 보다 많이 노출되면서 보다 민감하게 정보에 반응하게 된다. 스몰사이드게임을 통해 축구선수는 상대 선수 사이의 좁은 공간을 돌파와 패스 등을 통해 허물 수 있는 가능성을 더 많이 지각하게 된다.

이런 연습은 정규 사이즈의 경기장에서 11명씩 나눠서 하는 경기를 통해서는 하기가 어렵다. 선수의 지각과 움직임이 모두 습관적인 패턴에

머물기 쉽기 때문이다. 플레이에 관여하지 않고 소극적으로 움직이는 선수도 자주 생기게 된다. 이런 환경에서 선수가 새로운 움직임을 시도하도록 말로 주문하는 것은 한계가 있다.

네 번째로, 선수들은 스몰사이드게임을 하며 더 많은 전환 피드백을 받게 된다. 선수는 경기장의 크기와 선수의 숫자에 따라 자신의 플레이가 어떻게 통하는지 몸으로 직접 체험하게 된다. 3대3 경기에서는 통하던 방식이 4대4에서는 통하지 않을 수 있다. 자신의 선택과 움직임이 경기에 어떻게 영향을 미쳤는지 즉각적인 피드백을 받게 된다. 이런 피드백은 움직임 솔루션을 개발해 나가는데 좋은 길잡이가 된다.

경기장의 크기와 선수의 숫자를 바꾸는 것에 그치지 않고 몇 가지 제약을 더 세팅하면 스몰사이드게임의 연습효과는 더욱 커진다. 예를 들면 경기의 룰을 살짝 바꾸는 방식이다. 팀플레이와 패스능력을 키우는데 집중하고 싶다면 최소한 다섯 번의 패스를 하고 나서 슛을 쏴야 한다는 제약을 세팅하는 식이다. 강력한 전방압박을 연습하고 싶으면 상대의 턴오버를 유발하고 넣은 골은 1점이 아니라 2점을 주는 룰을 추가할 수 있다. 선수가 새로운 움직임을 탐험하도록 추가할 수 있는 제약의 종류는 무궁무진하다. 코치의 선수에 대한 세심한 관찰과 창의성을 바탕으로 시의적절한 제약을 연습에 추가할 수 있다.

코치의 고민이 담긴 스몰사이드게임을 선수들은 좋아한다. 지루한 드릴을 반복하는 대신 선수들은 실제 경기에서처럼 지각-동작 커플링을 동원해 집중해서 연습을 하게 된다.

스몰사이드게임을 제약주도접근법의 대표적인 사례로 소개하면 많은 코치들이 실망을 하곤 한다. 이미 자신들도 어느 정도 연습에 적용하고 있는 방법이기 때문이다. '포장지만 바뀐 물건'에 비유하는 코치도 있다. 실제로 그렇다. 어포던스나 어트랙터 등과 같은 단어를 사용해 설명하고 있을 뿐이지 제약주도접근법은 전혀 새로운 접근법이 아니다.

많은 코치들이 스몰사이드게임 같은 연습을 오랫동안 사용해 온 것은 맞지만, 그 안을 들여다 보면 제약주도접근법의 목적과는 부합하지 않는 방식이 대부분이다. 나는 축구장과 농구장, 그리고 아이스하키 링크 등에서 다양한 방식으로 스몰사이드게임을 하는 모습을 관찰해 왔다. 많은 경우에 코치들은 스몰사이드게임이 시작되고 채 1분도 지나지 않아 경기를 멈춘다. 그리고는 선수의 실수나 잘못된 것을 바로 잡는다. 드리블이나 패스의 선택을 지적하기도 하고, 위치선정에 대해 다시 알려주기도 한다.

이런 식의 스몰사이드게임은 자기조직화 코칭모델과는 거리가 멀다. 이런 환경에서 선수는 창의적으로 움직임 솔루션을 실험해 볼 수 없다. 이렇게 코치가 끊임없이 개입하는 코칭방식은 코치가 생각하는 이상적인 동작이나 기술을 가르치기 위해 스몰사이드게임이라는 형식을 사용할 뿐이지 자기조직화 코칭모델과는 관련이 없다.

제약주도접근법의 코칭언어

제약주도접근법에 대해 많은 코치들이 갖고 있는 또하나의 오해가 있다. 제약을 추가해 연습을 세팅했으면 코치는 가만히 있어야 한다는 생각이다. 선수의 연습에 개입을 해서는 안된다는 생각이 지나쳐 아무것도 하지 않아야 한다고 잘못 받아들이고 있다. 이것 역시 자기조직화 코칭모델을 올바로 해석한 방법이 아니다. 말로 하는 교습 역시 제약의 한 종류로서 사용할 수 있다. 아니, 적절하게 사용되어야 한다. 그럴 때는 코치의 말 자체가 커넥션볼이나 작아진 경기장처럼 제약으로 작용한다. 다만 명시적 교습으로 동작을 구체적으로 알려주는 것은 당연히 지양해야 한다. 제약주도접근법에서는 다른 방식으로 코칭언어를 사용한다.

비유를 활용한 연습

테니스의 포핸드 스트로크를 10살 짜리 어린이들에게 가르치는 두 가지 방법을 비교한 재밌는 연구가 있다.[7] 한 그룹의 어린이들은 명시적 교습으로 스트로크를 배웠다. "라켓은 아래에서 위로! 어깨는 옆으로 돌려서! 앞발 앞에서 공을 치는거야!" 이렇게 스트로크를 하기 위해 필요한 동작들을 구체적으로 알려주며 스트로크 동작을 반복시켰다. 반면 다른 그룹의 어린이들은 명시적 교습 대신 제약을 세팅하고 비유를 사용한 코칭큐로 연습을 시켰다. "무지개 모양으로 스트로크를 하면서 공을 쳐봐!" 어린이들은 무지개 모양의 아치를 상상하며 스트로크를 연습했다. 그리고 나서 두 그룹 어린이들의 퍼포먼스를 비교했다. 연습 전에는 스트로크의 정확성에서 차이가 없던 두 그룹의 어린이들은 연습 후에 확연하게 다른 결과를 보여주었다. 비유를 사용한 코칭큐로 연습한 어린이들의 스트로크가 명시적 교습으로 연습한 어린이들에 비해 훨씬 정확했다.

여러 종목에서 다양한 비유 표현들이 사용되고 있다. 농구에서는 자유투를 연습할 때 "높은 선반에 놓인 항아리에 쿠키를 던져서 넣는다고 상상하면서 움직여봐!" 이런 비유 표현으로 부드러운 움직임을 유도하기도 한다. 골프에서 퍼팅을 연습할 때는 "치약 튜브를 쥐듯이 그립을 잡는거야. 그런데 치약이 밖으로 나오지는 않아야 해." 이런 코칭큐로 퍼터를 잡는 그립의 강도를 스스로 찾아가도록 가이드를 해주기도 한다. 이런 표현들은 모두 신체의 움직임을 구체적으로 알려주는 말들이 아니다. 상상력을 발휘해 자기조직화를 해나가도록 도와주는 표현일 뿐이다.

비유를 활용한 코칭큐

제약주도접근법은 비유를 활용한 코칭큐와 궁합이 잘 맞는다. 비유를 활용한 코칭큐는 구체적인 동작을 선수에게 요구하지 않는다. 비유를 활용한 코칭큐는 오히려 선수가 특정 신체 부위의 움직임에 크게 신경쓰지 않고 자기조직화를 통해 움직임 솔루션을 찾도록 환경을 만든다.

이번 장을 시작하며 우리는 세계적인 수준의 테니스 선수들도 요구하는 동작을 정확히 만드는데 어려움을 겪는다는 사실을 확인했다. 인간의 움직임은 공장에서 물건을 찍어내듯이 어떤 명령을 내린다고 해서 뚝딱 만들어지지 않는다.

신체의 움직임에 집중하면서 연습을 하는 것이 습관이 된 선수는 경기 중에도 과도하게 자세나 움직임에 신경을 쓰게 된다. 앞서 이야기한 것처럼 압박감이 심한 상황에서 강박적으로 신체의 움직임에 집착하다가 초크 현상을 겪을 수도 있다.

코칭큐에 따라 테니스 스트로크의 결과가 달라진다는 것을 보여준 연구는 또다른 흥미로운 발견도 담고 있다. 연구팀은 어린이들의 스트로크 동작을 분석해 여러 유형으로 나누었다. 어떤 아이들은 어깨의 움직임이 더 컸고, 어떤 아이들은 손목을 더 많이 사용했다. 이렇게 근육과 관절의 움직임을 분석해 코디네이션 패턴을 구분했다.

명시적 교습으로 연습을 한 어린이들은 비교적 단순하게 코디네이션 패턴을 나눌 수 있었다. 단지 세 가지 유형만으로 분류가 가능했다. 반면 비유를 활용한 코칭큐를 사용해 연습한 어린이들은 매우 다양한 코디네이션 패턴을 보여주었다. 무려 8개의 유형으로 나눌 수 있었다.

나달은 자신에게 날아오는 모든 샷은 다르다고 했다. 그렇다면 테니스 선수에게는 비슷하면서도 조금씩 다른 스트로크 솔루션이 필요하다. 보다 다양한 코디네이션 패턴으로 포핸드 스트로크를 해낼 수 있다면 샷에 대응하는 능력도 커지게 된다. 명시적 교습보다는 비유를 활용한 코칭큐가 그런 능력을 키우는데 더 적합한 코칭언어라고 할 수 있다.

8장

중요한 것은 문제해결능력이다

여기 스피드 스케이팅의 출발 동작을 연습하는 선수가 있다. 그런데 실제 우리가 많이 보던 출발 동작이 아니라 엉뚱한 동작으로 움직이는 모습이 보인다. 오른손은 빙판 위에 놓고 왼팔을 앞으로 쭉 뻗은 자세로 출발한다. 다음에는 스텝을 아주 크게 내딛으며 출발한다. 그 다음에는 스텝을 아주 작게 내딛으며 출발한다. 이게 끝이 아니다. 다음에는 두 팔을 하늘로 쭉 뻗은 자세로 출발한다. 언뜻 보면 연습이 아니라 장난처럼 보이기도 한다. 마지막에는 심지어 공중에서 한바퀴를 돌고 나서 출발을 한다.

이제는 축구장으로 이동해 보자. 가슴으로 패스를 받는 동작을 연습하고 있는 선수가 있다. 이 선수가 연습하는 모습도 기이하다. 오른쪽 눈은 감고 왼팔은 하늘로 쭉 뻗은 상태에서 공을 받는다. 다음에는 두 발은 서로 붙이고 양팔도 몸에 붙인 상태에서 공을 받는다. 그 다음에는 뒷꿈치를 들고 발가락으로 서서 두 팔을 풍차처럼 돌리며 공을 받는다. 축구 훈련인지 장기자랑 연습인지 헷갈릴 지경이다. 코치가 축구공, 배구공, 농구공 등 여러 종류의 공을 랜덤하게 던져주는 모습도 보인다. 선수는 날아오는 공을 잘 인지해서 오로지 축구공만 가슴으로 받고 나머지 공들은 흘려보낸다.

믿기지 않겠지만 위에 소개한 사례들은 세계 최고의 스피드 스케이팅 선수들과 축구 선수들이 실제로 하는 연습이다. 볼프강 숄혼Wolfgang Scholhorn이 창안한 '차이학습법differential learning'에 기초한 연습이라고 할 수 있다.[1] 숄혼 박사는 다음과 같은 말로 차이학습법의 가치를 표현했다.

"특별한 퍼포먼스를 원한다면 특별한 방식으로 연습을 해야 한다."

차이학습법을 적용한 축구 연습

좋은 변동성 vs 나쁜 변동성

그런데 아무리 최고의 선수들이 저런 연습을 한다고 해도 물음표가 머릿속에서 떠나질 않는다. 실제 경기에서는 전혀 할 필요가 없는 움직임을 뭐하러 연습한단 말인가? 팔을 하늘로 뻗어서 출발하는 우스꽝스러운 연습이 경기력을 향상시킨다는 사실을 좀처럼 받아들이기 어렵다.

하지만 차이학습법 역시 제약주도접근법과 비슷한 효과를 연습에 제공한다. 차이학습법도 선수가 기존에 가지고 있던 움직임 패턴을 흔들어 버린다. 어트랙터의 골짜기에서 빠져나와 새로운 지각-운동 지형을 탐험하도록 유도한다. 과제에 맞게 적절한 변동성을 가진 움직임 솔루션을 찾도록 만든다. 움직임의 변동성에도 선수마다의 고유한 패턴이 있다. 앞서 우리는 테니스 선수들에게 서브를 할 때 무릎의 각도를 구체적으로 요청한 연구를 살펴보았다. 어떤 선수들은 표준편차 2도 미만의 작은 차이로 움직이는 모습을 보여주었다. 반면 어떤 선수들은 표준편차 5도 이상의 큰 차이로 서브를 할 때마다 무릎의 각도가 변했다.

마찬가지로 서브를 할 때 라켓이 공과 컨택하는 지점을 관찰했을 때, 어떤 선수들은 표준편차 7~8cm 정도의 상대적으로 작은 차이를 보이며 각각의 서브를 수행했다. 반면 어떤 선수들은 매번 서브를 할 때마다 컨택 포인트가 거의 두 배의 차이로 벌어졌다. 이런 변동성의 차이 역시 선수마다 다른 지각-운동 지형을 가지고 있기 때문에 일어나는 현상이다. 선수의 지각-운동 지형에는 깊고 얕은 어트랙터가 여기저기 파여 있어 특정한 움직임 패턴과 변동성을 만든다.

과도한 변동성은 경기력에 방해가 되지만 적절한 수준의 변동성은 경기를 풀어나가는데 반드시 필요하다. 끊임없이 변하는 환경과 갑작스레 주어지는 과제에 순간적으로 적응할 수 있게 해주기 때문이다. 예를 들어 테니스에서 서브를 할 때 선수는 평소보다 약간 앞으로 공을 토스하는 경우가 있다. 이때 기존의 움직임 패턴만을 고집하면 타이밍을 맞추기가 어려워진다. 선수는 본능적으로 무릎을 살짝 다르게 구부리며 갑자기 일어난 변수에 대응한다.

이렇게 과제를 수행하는데 도움이 되는 움직임의 변동성은 '좋은 변동성'이라고 할 수 있다. 하지만 서브를 실패하게 만들 정도로 변화가 심한 움직임은 결코 좋다고 말할 수 없다. 그렇게 과제의 수행에 도움이 되지 않는 변동성은 '나쁜 변동성'으로 구분해 보자. 결국 나쁜 변동성은 줄이고 좋은 변동성은 늘리는 것이 차이학습법의 목표라고 할 수 있다.

우리는 2장에서 희미하게 보이는 수평막대 위에 점들을 랜덤하게

찍으면 수평막대가 보다 선명하게 보이는 확률적 공명 현상을 확인했다. 여기서 점들은 '좋은 변동성'으로 작용해 수평막대를 분명하게 인식하는데 긍정적인 영향을 미쳤다. 하지만 점들이 점점 많아지자 수평막대를

식별하는 일은 다시 어려워졌다. 일정량을 넘어서자 점들이 '나쁜 변동성'으로 작용하게 된 것이다. 이렇듯 변동성의 수준은 적절히 조절될 필요가 있다. 적절한 양으로 추가된 점들이 수평막대를 보다 분명하게 식별할 수 있게 만들어 준 것처럼 차이학습법을 적용해 연습을 하는 목적도 연습에 적절한 수준의 변동성(노이즈)을 추가하는데 있다. 움직임 솔루션이 하나의 신호라면 변동성을 통해 신호의 강도를 높여주는 것이다.[2]

변동성을 경험하게 하는 방법은 다양하다. 두 발을 모아서 타격을 하게 한다든지, 두 손을 머리 위로 올린 채 패스나 드리블을 하도록 하는 것처럼 자세나 움직임을 독특하게 세팅할 수도 있다. 한쪽 눈만 뜨거나 시각차단 안경을 이용해 아래를 볼 수 없게 만든 상태에서 움직이게 하는 것처럼 지각기능에 변화를 줄 수도 있다. 축구공과 배구공 등을 번갈아 던져주며 구별하게 만드는 것은 장비에 변화를 주는 방식이다.

습관적인 움직임 패턴을 교란하는 차이학습법

앞서 제약주도접근법의 효과를 네 가지로 정리한 것처럼 차이학습법의 효과도 간단히 정리하고 넘어가자.

(1) 연습에 변동성을 추가해 확률적 공명을 일으킨다.

지금까지의 설명을 들어도 많은 코치들은 제약주도접근법과 차이학습법의 차이를 구별하기 쉽지 않을 것이다. 한 의사가 식이요법을 해야 하는 환자를 데리고 뷔페식당을 찾았다고 가정해 보자. 환자의 병을 치료하기 위해서는 식단을 바꿔야 한다. 사실 아픈 사람을 치료하는 의사와 선수를 가르치는 코치의 역할은 여러 면에서 비슷하다.

의사의 목표는 환자가 지금 가지고 있는 식습관에서 벗어나 자신의 몸에 도움이 되는 새로운 식단을 만들도록 하는 것이다. 그러려면 먼저 기존에 먹던 음식과는 다른 음식들을 맛볼 수 있도록 잘 안내해 주어야 한다. 가만히 놔두면 습관적으로 먹어오던 치즈버거에 손이 갈 확률이 매우 높기 때문이다.

만약 제약주도접근법을 사용하는 의사라면 설탕이 잔뜩 들어간 케이크와 쿠키가 있는 간식코너는 지나가지 못하도록 제약을 세팅한다. 그러면 환자는 나머지 코너들을 자유롭게 훑어보면서 새로운 음식들에 관심을 가지고 하나하나 맛을 보게 된다.

반면 차이학습법을 사용하는 의사는 같은 문제를 다르게 접근한다. 오늘은 샐러드만 먹게 한다. 내일은 해산물만 먹게 하고 모레는 고기만 먹게 하는 식이다. 그렇게 확실한 차이를 경험하게 한다. 제약주도접근법이 제약을 통해 자신의 식습관을 만들어 나가도록 가이드를 한다면 차이학습법은 랜덤하고 비선형적인 식사경험을 통해 변화를 추구해 나간다.

기존에 어트랙터로 자리잡은 안정적인 움직임 패턴을 흔들기 위해 차이학습법은 선수의 움직임을 랜덤하고 비선형적인 방식으로 교란시킨다. 두 발을 모아서 타격을 하거나, 두 손을 하늘로 뻗은 상태에서 패스를 받는 등 움직임을 교란시키는 연습은 선수에게 전달되는 변동성의 신호를 증폭시키는 효과가 있다. 선수는 자신만의 고유한 특성을 최대한 활용하면서 움직임의 변동성을 보다 분명히 경험하게 된다.

(2) 경기에서는 하지 않는 움직임으로 지각-운동 시스템을 교란한다.

제약주도접근법은 실제 경기력으로 전이될 수 있는 연습을 목표로 한다. 투수가 커넥셔볼을 팔과 몸 사이에 끼워 연습을 하는 이유는 실제 경기에서 간결하고 임팩트있는 팔스윙으로 공을 던지기 위해서다. 축구 선수가 스몰사이드게임으로 연습을 하는 이유는 실제 경기에서도 좁은 공간을 활용해 공격 기회를 만들고 상대 수비를 흔드는 방법을 찾기 위해서다. 어린 테니스 선수가 가벼운 라켓으로 스트로크를 연습하는 이유는 실제 경기에서 좋은 스트로크 동작으로 경기를 하기 위해서다.

하지만 스피드 스케이팅 선수가 두 팔을 하늘로 뻗고 출발하거나 공중에서 한바퀴 돌고 나서 출발하는 것은 실제 경기에서는 있을 수 없는 일이다. 이렇듯 차이학습법의 개념을 적용해 만들어진 연습 대부분은 실제 경기에서는 절대로 하지 않을 움직임을 유도하는데, 선수의 지각-운동 시스템을 교란하는게 목적이기 때문이다.

(3) 사용할 수 있는 움직임 솔루션의 범위가 어느 정도인지 알게 해준다

움직임 솔루션의 범위는 자유도가 조합되는 숫자만큼 크다고 할 수 있다. 하지만 대부분의 선수들은 자신이 만들어낼 수 있는 움직임 솔루션 중에 아주 작은 일부만을 사용한다. 운동을 시작할 때부터 그렇게 할 수

밖에 없는 코칭을 받기 때문이다. "팔꿈치를 45도로 구부려." "손목보다 팔꿈치를 먼저 움직여." 이렇게 몸의 움직임을 코치가 구체적으로 처방해 주는 명시적 교습 위주로 기술을 익혀왔기 때문이다. 선수가 이런 방식의 연습을 통해서 움직임 솔루션을 폭넓게 찾아나서는 것은 불가능하다.

제약주도접근법은 움직임 솔루션의 범위 안에서 보다 효과적인 움직임이라고 판단되는 특정한 범위로 유도하기 위해 '제약'이라는 수단을 사용한다. 예를 들어 커넥션볼 연습은 팔이 마구 벌어져 나오는 투수의 팔동작을 커넥션볼이라는 제약을 통해 간결한 팔스윙으로 유도한다.

이에 반해 차이학습법은 선수가 움직임 솔루션의 범위 안에 해당하는 모든 움직임들을 샅샅이 탐험할 수 있도록 연습을 디자인한다. 실제 경기에서는 하지 않는 움직임들도 연습하는 이유가 바로 여기에 있다. 그래야 자신이 어느 정도까지 움직임 솔루션을 만들어 낼 수 있는지 알 수 있기 때문이다. 선수가 움직임 솔루션의 범위 안에 있는 움직임들을 최대한 많이 끄집어 낼 수 있다면 경기 중에 일어나는 갑작스러운 상황 변화에 보다 잘 적응할 수 있게 된다.

나달은 자신이 상대하는 모든 샷이 다르다고 말했다. 그래서 자신이 하는 모든 스트로크도 다르다고 했다. 세계 최고의 수준에서 수많은 경기를 했던 나달도 다음 경기에서 이제껏 한번도 해본 적이 없는 샷을 하게 될 수 있다. 균형이 무너진 자세에서 다리 사이로 백핸드를 하는 동작일 수도 있고, 얼굴로 강하게 날아오는 샷을 때려내기 위해 옆으로 쓰러지며 구사하는 발리샷일 수도 있다. 차이학습법은 특이하고 기상천외한 자세와 움직임을 일부러 연습한다. 그것은 경기에서 그런 동작이 필요하기 때문이 아니다. 그보다는 선수가 움직임 솔루션의 범위 안에 해당하는 모든 움직임들을 최대한 많이 경험할 수 있도록 하기 위해서다. 그래야 실제 경기에서도 예측불가능한 상황에서 예측불가능한 움직임을 동원할 수 있기 때문이다.

(4) 선수 각자에 맞춰 변동성을 최적화시킨다.

차이학습법에서는 연습의 변동성을 선수 각자에게 맞게 추가하는 코치의 역할이 중요하다. 특히 유소년 스포츠코칭에서 그런 역할은 더욱 강조된다. 차이학습법을 연습에 적용할 때 코치는 선수가 원래 가지고 있던 움직임의 변동성을 고려해 연습의 변동성을 어느 수준으로 추가할지 결정해야 한다. 움직임의 변동성이 클수록 연습의 변동성은 줄이는게 좋다. 반대로 움직임의 변동성이 적을수록 연습의 변동성은 늘려줄 필요가 있다.

서브를 할 때마다 무릎이 구부러지는 각도가 크게 차이가 나는 테니스 선수가 있다고 가정해 보자. 무릎 움직임의 변동성이 큰 선수라고 할 수 있다. 무릎이 이렇게 과도한 변동성을 가지고 움직이면 서브의 정확도가 떨어질 수 밖에 없기 때문에 변동성을 어느 정도 줄여줄 필요가 있다. 이런 선수에게는 연습에 변동성을 줄이는 것이 움직임의 변동성을 줄이는 방법이 된다. 한쪽 방향으로만 서브를 하도록 과제를 단순화시켜 줄 수도 있고, 전력으로 서브를 하는 것이 아니라 80%의 힘으로 때리도록 서브의 강도를 낮게 조절할 수도 있다.

반대로 서브를 할 때 무릎이 구부러지는 각도의 차이가 지나치게 적은 선수도 있을 수 있다. 정확한 동작을 구사한다고 할 수도 있지만 그런 선수는 변화에 대한 적응능력이 떨어질 가능성이 높다. 이런 경우에는 연습의 변동성 수준을 높여서 움직임의 변동성을 어느 정도 키워줄 필요가 있다. 서브의 목표지점을 매번 다르게 해서 때리도록 변화를 줄 수도 있고, 서브의 강도 역시 50%, 80%, 100%로 계속 바꿔가며 연습을 할 수도 있다.

코치는 선수의 움직임에서 변동성의 수준을 잘 읽어내야 한다. 하지만 코치는 연습에 변동성을 어느 정도 추가해야 할 지를 결정하기 위해 선수가 가지고 있는 움직임의 변동성 말고도 많은 요소들을 복합적으로 따져보아야 한다. 선수의 기술 수준도 고려해야 한다. 초보자일수록 연습의 변동성은 줄여줄 필요가 있다. 나이 역시 고려해야 할 요소다. 보통 나이가 어릴수록 연습의 변동성을 줄여주는 것이 일반적이다.

선수가 무엇을 발전시키고자 하는지에 따라서도 연습의 변동성은 달라져야 한다. 자세를 바꾸고 싶어하는 것인지, 스피드나 가속 능력을 키우고자 하는 것인지, 리듬의 문제인지 등에 따라 변동성의 수준도 달라져야 한다. "팔을 하늘로 쭉 뻗은 상태에서 출발하라"는 코칭큐처럼 자세를 교란시키는 연습은 변동성의 수준이 낮은 편이다. "오른팔을 왼팔보다 더 빠르게 움직여." 이렇게 스피드에 변화를 주는 연습은 자세를 교란시키는 연습보다 보통 변동성의 수준이 높다. 또한 가속에 변화를 주는 연습은 스피드에 변화를 주는 연습보다 변동성의 수준이 높다. 가장 변동성의 수준이 높은 것은 리듬을 교란시키는 연습이다. 작은 리듬의 변화에도 선수의 움직임은 큰 영향을 받게 된다. 코치는 이런 특성들을 잘 이해해서 연습을 디자인할 필요가 있다.

마지막으로 차이학습법이든 제약주도접근법이든 코치가 선수들을 위해 연습을 준비할 때 간과하는 점이 있다. 이런 자기조직화 코칭모델의 성공 여부는 코치가 준비한 연습에 선수가 얼마나 적극적으로 반응하며 도전하는지에 달려있다는 점이다. 다른 말로 하면 얼마나 기꺼이 실수를 하며 배우려고 하는지에 달려 있다는 사실이다.

그래서 코치는 선수가 새로운 도전과제를 어떻게 대하는지, 그리고 실수에 얼마나 민감하게 반응하는지를 주의깊게 관찰해야 한다. 실수를 하거나 뜻대로 되지 않으면 쉽게 좌절하는지, 다른 사람의 평가를 두려워하는지, 모든 동작을 완벽하게 해내야 한다는 압박감을 크게 느끼는지 등을 잘 파악해야 한다. 만약 그렇다면 그 선수는 움직임을 심하게 교란시키는 연습에는 제대로 대응하지 못할 가능성이 크다. 변동성이 큰 연습은 실수와 실패로 가득차 있기 때문이다. 선수에게서 이런 심리적 패턴이 발견되면 변동성이 적은 연습부터 차근차근 시작하는 것이 좋다.

고정연습과 랜덤연습

제약주도접근법이나 차이학습법과 같은 자기조직화 코칭모델을 소개하면 코치들은 큰 관심을 나타낸다. 그러면서도 기존의 코칭방식보다 정말 효과가 큰지 여전히 의문을 내려놓질 못한다. 그런 코치들에게 도움을 주기 위해 나는 자기조직화 코칭모델과 기존의 처방중심의 코칭 모델을 비교하는 글을 쓴 적이 있다. 나는 비교의 근거가 되는 관련 논문들을 찾아 정리를 했다. 이후에도 새로운 연구가 등장하면 업데이트를 해오고 있다. 관심있는 분은 아래 링크에서 확인할 수 있다.

제약주도접근법이나 차이학습법을
전통적인 처방중심의 코칭법과 비교한 연구 결과

링크에서 정리한 것처럼 자기조직화 코칭모델이 처방중심의 코칭 방식보다 더 효과적이라는 사실을 증명하는 많은 연구들이 존재한다. 투포환, 스피드 스케이팅, 축구 선수를 대상으로 한 연구는 차이학습법이 선수의 경기력을 더 발전시킨 연구결과를 보여준다. 차이학습법이 적용된 연습을 한 투포환 선수들은 코치가 이상적인 동작을 처방하는 방식으로 연습한 선수들에 비해 투포환이 날아간 거리가 더 많이 늘었다. 차이학습법을 바탕으로 연습한 스피드 스케이팅 선수는 스피드가 더 빨라졌으며, 축구 선수는 패스의 정확도가 더 높아졌다. 투수가 던지는 변화무쌍한 공을 쳐내야 하는 야구의 타격을 연습하는데도 제약주도 접근법과 차이학습법이 더 효과적이라는 사실을 밝힌 연구도 있는데,

무척 인상적인 실험이기 때문에 13장에서 보다 자세히 다루려고 한다.

자기조직화 코칭모델과 기존의 처방중심 코칭방식에는 중요한 차이점이 하나 있다. 바로 연습에 변동성을 추가하는 목적이다. 스몰사이드게임처럼 과제와 공간 등에 변화를 주는 방식은 전혀 새로운 접근법이 아니다. 오래 전부터 많은 코치들은 공간을 줄여서 움직이는 연습을 해왔고, 자세와 스피드에 변화를 주는 연습을 해왔다. 제약주도 접근법이나 차이학습법이 그런 연습들을 새롭게 탄생시킨 것은 아니다.

사실 연습의 변동성은 운동과학 분야에서 많은 관심을 갖고 연구를 해오고 있는 주제다. 1970년대 리차드 슈미트Richard Schmidt의 연구를 시작으로, 연습에 변동성을 추가하는 것이 어떤 효과가 있는지 다양한 차원에서 연구가 이루어지고 있다. 계속 같은 연습을 하는 것보다 연습에 다양한 변화를 주는 것이 운동기술을 습득하는데 더 효과적이라는 연구결과들도 꾸준히 나오고 있다.

가장 대표적인 것이 고정연습block practice과 랜덤연습random practice의 효과를 비교한 연구다. 같은 동작으로 같은 과제를 반복하는 것이 고정연습이다. 같은 자리에서 계속 슛을 연습하거나, 피칭머신에서 날아오는 똑같은 공을 반복해서 치는 타격연습이 고정연습이라고 할 수 있다. 이에 반해 연습에 변동성을 무작위로 추가해 같은 동작으로 같은 과제를 반복하지 않도록 하는 것이 랜덤연습이다. 날아오는 공의 색깔에 따라 왼발과 오른발을 번갈아 이용해 슛을 쏘는 연습, 어떤 공이 날아올 지 모르는 공을 때리는 타격연습이 랜덤연습이라고 할 수 있다. 연습의 효과가 빠르게 나타나기 때문에 많은 코치들이 고정연습을 좋아한다. 하지만 연구결과는 랜덤연습이 장기적인 관점에서 더 좋은 연습방법이라는 점을 밝히고 있다.

세 가지 틀로 바라보는 변동성

연습에 다양한 변화를 주는 방식을 선호하는 코치들도 그 이유는 저마다 다른 경우가 대부분이다. 연습에 변동성을 추가하는 이유가 무엇인지, 언제 어떤 방식으로 추가하는지를 물으면 나오는 답이 코치들마다 다르다. 변동성을 세 가지 측면으로 나눠서 살펴 보면 이 문제를 이해하기가 좋다. 움직임의 변동성movement variability, 연습의 변동성practice variability, 결과의 변동성outcome variability이다.

〈그림 8-1〉은 기존의 타격연습이 어떤 흐름으로 진행되는지를 설명하고 있다. 기존의 처방중심 코칭방식은 배트의 중심으로 공을 꾸준히 때려내기 위해서는 올바른 스윙을 똑같이 반복할 수 있어야 한다고 가정한다. 결과의 변동성이 낮으려면 움직임의 변동성도 낮아야 한다고 믿는 관점이다. 좋은 결과의 반복은 좋은 움직임의 반복을 통해 얻을 수 있다고 믿는다. 그래서 이런 믿음을 가지고 있는 코치들은 연습에 다양한 변화를 주는 것을 좋아하지 않는다. 고정된 배팅티에 공을 올려놓고 치는 연습이나 가까운 거리에서 토스해 준 공을 치는 연습처럼 변동성이 낮은 연습을 중요하게 여긴다. 특히 운동을 처음 시작한 선수일 수록 올바른

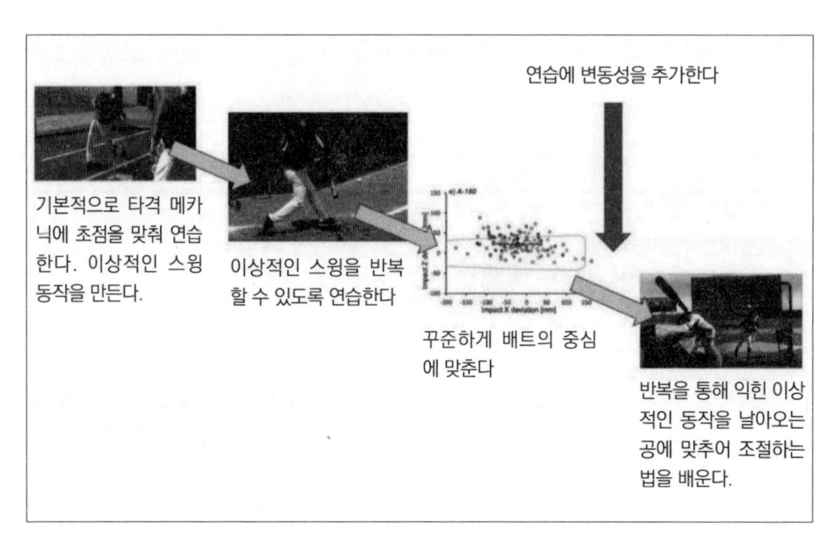

〈그림 8-1〉 전통적인 처방중심 코칭에서 변동성을 바라보는 관점

동작을 먼저 익히는게 중요하다고 강조한다. 그리고 나서 변수가 많은 조건으로 서서히 옮겨가야 한다고 생각한다.

처방중심 코칭방식에서 연습에 변동성을 추가하는 목적은 동작의 조절능력adjustability을 키우는데 있다. 반복훈련을 통해 익힌 '올바른 스윙, 이상적인 스윙'을 여러 변수에 맞게 조절하는 능력을 키우는 것이다. 연습에 변동성을 추가해 타자는 '이상적인 스윙'을 조절해 패스트볼과 변화구를 때려내는 연습을 한다. 골프선수 역시 반복훈련으로 만든 '올바른 스윙'을 평지와 내리막 경사면에 맞추어 조절하는 연습을 한다. 또한 처방중심 코칭방식은 처음부터 연습에 많은 변화를 주는 것을 좋아하지 않는다. 동작이나 기술이 어느 정도 발전했다고 판단될 때 연습의 변동성 수준을 높이는 편이다. 올바른 동작을 만드는 것, 소위 말해 기본기를 갖추는 것을 우선시하기 때문이다. 그래서 코치들은 기술을 배우는 초기 단계에서는 의도적으로 연습을 단순하게 세팅한다. 판단과 선택의 과정은 빠져있는 연습을 반복시킨다. 그렇게 연습의 변동성이 낮은 환경에서 '올바른 동작'을 반복하는 것이 중요하다고 믿기 때문이다. 그래서 축구를 시작한 많은 어린이들은 콘 사이를 드리블하는 연습을 하는데 많은 시간을 보낸다. 야구를 시작한 어린이들은 배팅티에 공을 올려놓고 그럴듯한 스윙 동작이 나올 때까지 일주일 내내 타격연습을 한다. 물론 처방중심의 코칭방식은 운동을 배우는 초기 단계에서 기초적인 수준의 경기력으로 빠르게 올려준다는 장점이 있다. 또한 연습의 효과가 빠르게 나타나기 때문에 코치가 집착하기 쉬운 방식이기도 하다.

마지막으로 기존의 처방중심 코칭방식이 연습에 변동성을 적용하는 방식도 자기조직화 코칭모델과는 분명히 구별된다. 반복훈련을 통해 익힌 '올바른 동작, 이상적인 동작'을 보다 정교하게 가다듬는 것이 연습에 변동성을 추가하는 주된 목적이다. 그래서 처방중심 코칭방식에서는 다음 두 가지 요소를 고려해 어떤 방식으로 변동성을 추가할 지를 결정한다.

먼저 연습에 추가되는 변동성은 실제 경기에서도 일어나는 변화여야 한다. 그렇기 때문에 공의 크기를 바꾼다든지, 한쪽 눈을 감고 움직이게 한다든지와 같은, 실제 경기에서 일어나지도 않는 조건을 연습에 추가하는 것은 의미가 없다고 생각한다.

다음으로, 코치가 피드백을 해줄 수 있어야 한다. 연습조건에 새로운 변수가 등장하면 선수는 기존의 테크닉이 어느 정도 흐트러지게 된다. 처방중심 코칭방식은 선수에게서 그런 변화가 관찰되었을 때 교정 피드백corrective feedback을 주는 것을 중요하게 여긴다. 반복훈련을 통해 익힌 이상적인 스윙으로부터 벗어났음을 알려주거나, 내리막 경사에서 이상적인 스윙을 조절하는 법을 구체적으로 피드백 해준다. 결국 처방중심의 코칭방식이 지향하는 것은 '반복을 통한 반복'이다. 비록 변동성을 연습에 반영하기는 하지만 좋은 결과를 반복해서 얻기 위해서는 좋은 움직임을 반복하는게 핵심이라고 믿는다.

원하는 결과를 꾸준히 얻기 위해서는 오히려 변동성이 필요하다

같은 맥락으로 자기조직화 코칭모델에서 연습의 변동성을 추가하는 방식을 살펴보자. 마찬가지로 움직임의 변동성, 연습의 변동성, 결과의 변동성으로 구분해 〈그림 8-2〉와 같이 정리할 수 있다. 자기조직화 코칭모델은 올바른 스윙을 똑같이 반복하는 것이 반드시 좋은 결과로 이어지는 것은 아니라는 관점을 가지고 있다. 타자가 배트의 중심으로 공을 꾸준히 때려내는 결과를 얻기 위해서는 오히려 움직임의 변동성을 상당한 수준으로 높여야 한다고 생각한다.

그래서 제약주도접근법이나 차이학습법과 같은 자기조직화 코칭모델에서는 처음부터 변동성이 큰 환경에서 연습을 시킨다. 올바른 동작이나 이상적인 동작을 만들기 위해 애쓰기 보다는 과제에 맞추어 선수 스스로

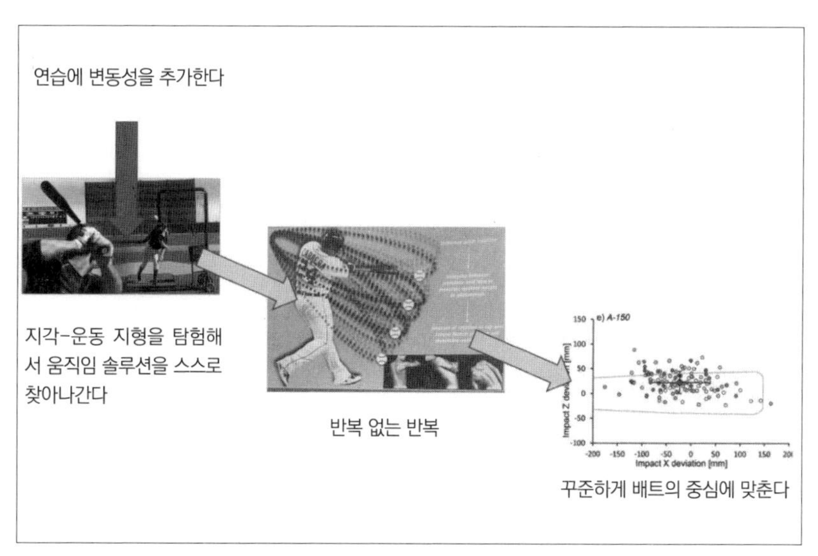

〈그림 8-2〉 자기조직화 코칭모델에서 변동성을 보는 관점

지각-운동 지형을 탐험하며 움직임 솔루션을 찾는 법을 배우도록 한다. 실제 선수들이 뛰는 경기는 선수들과 환경이 어우러져 일어나는 역동적인 변화로 가득차 있다. 아무리 상황에 맞게 조절을 한다고 해도 사전에 익힌 올바른 스윙이나 이상적인 스트로크로 모든 변화에 대응하는 것은 사실상 불가능하다.

그래서 자기조직화 코칭모델에서는 타격을 처음 배울 때부터 정지되어 있는 공을 치는 배팅티 연습뿐만 아니라 여러 구종이 무작위로 날아오는 타격연습을 함께 진행한다. 축구를 배우는 어린 아이들도 혼자서 콘 사이로 들리블하는 연습뿐만 아니라 상대 선수에 반응하며 드리블하는 연습도 함께 한다. 평지에서만 골프 스윙을 연습하는 것이 아니라 처음부터 그라운드 조건을 바꿔가며 연습을 한다. 기존의 처방중심 코칭방식에서 연습에 변동성을 추가하는 목적이 이미 습득한 '이상적인 동작'을 보다 정교하게 가다듬는 것이라면, 자기조직화 코칭모델은 문제를 해결하는 능력을 키우기 위해 변동성을 추가한다.

그래서 자기조직화 코칭모델에서 변동성이 적용되는 방식은 기존의 처방중심의 코칭방식과는 확연히 다르다. 실제 경기에서는 절대 일어나지 않을 상황도 얼마든지 괜찮다고 여긴다. 아니, 괜찮다는 생각을 넘어 바람직하다 여기며 적극적으로 환영한다. 자기조직화 코칭모델은 선수의 문제해결능력을 키우는 것을 최우선 가치로 여기기 때문이다.

자기조직화 코칭모델에서 코치는 선수가 움직임 솔루션을 찾아가는 과정에서 어떻게 움직이라는 처방을 하지 않는다. 선수의 수준에 맞게 연습의 변동성을 조절하면서 문제를 해결하는 경험을 계속 쌓아가도록 한다. 크기가 다른 공을 사용해 연습을 하기도 하고, 독특한 자세로 움직이도록 하기도 하며, 한쪽 눈을 감고 움직이는 과제를 주기도 한다. 평소에 접하지 못한 이런 과제들을 해나가며 선수들은 문제를 해결하는 경험을 차곡차곡 쌓게 된다.

결론적으로 자기조직화 코칭모델이 지향하는 것은 '반복 없는 반복' 이다. 원하는 결과를 반복적으로 얻기 위해 굳이 같은 움직임을 반복할 필요는 없다는 것이다.

저렇게 해봐
안돼?

9장

최고의 선수들을 따라 해도 안되는 이유

내가 소개하기는 했지만 나 역시도 야구를 하면서 커넥션볼을 끼고 쓰로잉 연습을 해본 적은 없다. 스케이트를 탈 때 먼저 공중에서 한바퀴 돌고 출발을 하는 연습도 마찬가지다. 제약주도접근법이나 차이 학습법에서 소개하는 연습은 우리들 대부분이 스포츠를 하며 배운 방식과는 너무나도 다르다. 그래서 코치들에게 이런 개념을 소개하면 현장의 경험에서 나온 좋은 질문들을 만나곤 한다.

> "움직임의 변동성이 어느 정도 필요하다는 것은 알겠습니다. 그런데 모든 종류의 변동성이 도움이 되는 것은 아니지 않나요?"
> "선수가 자기조직화를 통해 움직임 솔루션을 찾아가는 과정에서 가끔은 코치가 직접 가르치는 것이 더 도움이 될 때가 있지 않나요?"
> "어쩌면 코치의 처방이 없어서 훨씬 나빠지는 경우도 생길 것 같은데요?"

이것들 모두 자기조직화 코칭모델을 다룰 때 아주 중요한 질문들이다. 자기조직화 코칭모델에서 코치는 가르치는 사람이라기보다 가이드와 디자이너에 가깝다고 앞서 이야기했다. 그렇기 때문에 우리는 이런 질문들을 진지하게 따져볼 필요가 있다. 선수가 올바른 방향으로 가고 있는지, 잘못된 길로 가고 있는지 코치는 알아야 하기 때문이다.

선수가 움직임을 익혀 나가는 단계

자기조직화 코칭모델을 사용하는 코치는 선수가 지금 어느 수준의 기술습득 단계에 있는지를 알아야 한다. 그래야 연습에 어느 정도의 변동성을 추가해야 하는지 파악할 수 있기 때문이다. 완전히 초보자인지, 어느 정도 연습을 해왔는지, 상당한 연습을 통해 움직임 패턴이 자리를 잡은 상태인지에 따라 연습을 디자인하는 방향은 달라진다. 니콜라이 번스타인은 명확히 구분되는 세 단계를 거쳐 인간은 움직임 솔루션을 만들어 간다고 주장했다.

(1) 신체의 일부 움직임의 자유도를 동결한다

4장에서 테니스의 스트로크 동작을 예로 들어 설명한 것처럼 많은 선수들이 어떤 기술을 배울 때 가장 먼저 사용하는 방식이 바로 자유도를 동결하는 전략이다. 특정 관절이나 근육을 사용하지 않음으로써 신체의 일부를 단단히 고정하거나, 서로 다른 신체 부위가 커플링되어 움직이도록 하는 방식이다. 결론부터 말하면 이렇게 신체의 일부 움직임의 자유도를 동결하는 것은 무척 좋은 전략이라고 말할 수 있다.

자유도 동결 전략은 수많은 자유도와 마주해야 하는 초보자의 부담을 덜어준다. 쉽고 간단하기 때문에 따라하기도 좋다. 처음 어떤 스포츠를 접하는 사람에게 경기를 할 수 있는 기초적인 움직임을 만들어 줄 수 있다. 배구를 시작할 때부터 언더핸드 서브만을 해온 유소년 배구 선수가 점프 서브를 처음 배운다고 가정해보자. 점프 서브는 언더핸드 서브에 비해 상체와 하체 모두 움직임의 자유도가 훨씬 크다. 곧 경기가 있으니 점프 서브를 할 줄 알아야 한다고 압박하면서 계속되는 실패를 방치하면 선수는 좌절하게 된다. 스포츠에 흥미를 잃고 떠날 수도 있다. 코치들이 유소년 선수들에게 많이 저지르고 있는 실수다. 바로 이런 선수에게 자유도 동결 전략이 필요하다. 지혜로운 코치는 신체의 일부 움직임의 자유도를 동결해 조금씩 성공의 경험을 맛보며 점프 서브를 익히게 도와 준다.

하지만 자유도 동결 전략은 몇 가지 치명적인 한계가 있다. 그렇게 신체의 일부 움직임을 고정하게 되면 중력이나 원심력같은 외력external forces을 최대한 이용하기가 어려워진다. 자유도를 동결하면 운동사슬이 필연적으로 깨질 수 밖에 없다. 점프 서브를 처음 배울 때 팔꿈치는 움직이지 말고 어깨의 회전만으로 서브를 해보라고 하면 원심력을 이용해 배구공을 때리지 못한다.

그리고 자유도 동결 전략은 변화에 취약하다. 어깨의 회전에만 의존해 서브를 하면 공의 움직임에 변화를 주기가 쉽지 않다. 상대 선수의 위치에 따라 서브를 보내는 지점을 바꾸기도 어렵다. 가령 배구에서 서브를 하다 보면 공을 띄우는 높이나 위치가 조금씩 바뀌게 된다. 어깨의 회전만으로 서브 동작을 조절해야 하는 선수는 그런 상황에 대처하기가 어려워질 수 밖에 없다.

마지막으로 자유도 동결 전략은 같은 패턴으로 움직임을 반복해 늘 같은 신체 부위에 힘을 가하기 때문에 부상의 위험이 높아진다.

이런 한계 때문에 자유도 동결 전략으로 어느 정도 서브를 할 수 있는 수준이 되면 동결된 자유도를 해방시키는 단계로 자연스럽게 넘어간다. 자유도 동결 전략은 번스타인이 말한 기술습득 단계에서 단지 첫 번째 과정일 뿐이다.

(2) 동결된 자유도를 해방시킨다

자유도를 동결시켜 서브를 기초적인 수준으로 할 수 있게 된 선수는 답답함을 느끼게 된다. 더 강한 서브, 다양한 방향으로 보낼 수 있는 서브를 하고 싶은 마음이 자연스럽게 일어난다. 그러면서 스스로 자신의 신체에 걸어 잠근 제한들을 풀기 시작한다. 어깨는 물론 팔꿈치와 손목 등을 연결해 서브를 연습해 나간다.

〈그림 9-1〉을 보면 어깨, 팔꿈치, 손목이 비교적 독립적으로 움직이는 모습을 확인할 수 있다. 어깨, 팔꿈치, 손목이 서로 다른 속도와 궤적으로 움직이고 있기 때문에 서브의 변동성은 훨씬 커지게 된다. 선수는 서브를 여러 방향으로 보낼 수 있고, 공에 다양한 회전을 걸 수 있게 된다. 공중에 공을 잘못 띄웠을 때도 보다 유연하게 대처가 가능해 진다.

선수들이 새로운 기술을 배울 때 자유도를 동결했다가 해방하는 과정을 따르고 있다는 사실을 여러 스포츠를 대상으로 한 연구가 밝히고 있다. 스키, 축구, 라켓볼 선수를 대상으로 진행된 연구에서 선수들의 관절 가동범위는 연습을 시작할 무렵에는 작았다가 연습이 계속 되면서 점점 커지는 모습이 관찰되었다.[1]

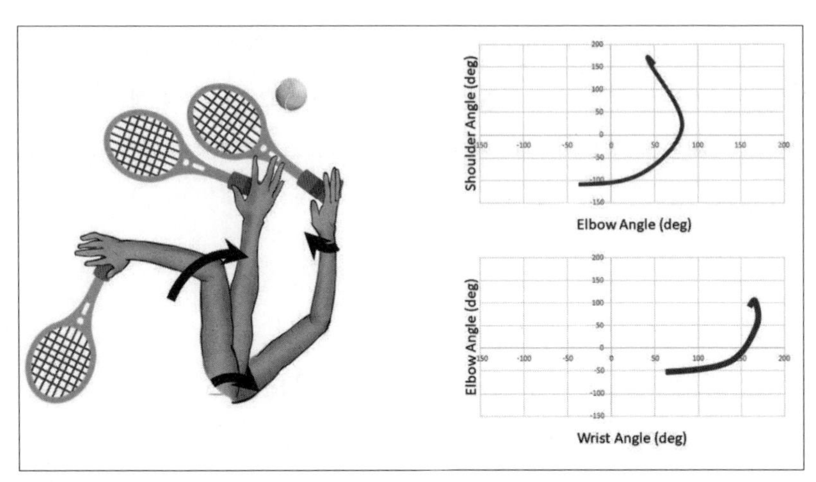

〈그림 9-1〉 자유도를 해방시킨 스트로크 연습. 어깨, 팔꿈치, 손목의 회전은 서로 독립적으로 일어나고 있다.

〈그림 9-2〉는 축구의 칩샷을 처음 배우는 선수의 자유도가 동결에서 해방으로 가는 과정을 잘 보여준다.[2] 선수들은 칩샷을 처음 시도하며 대체로 발목과 무릎을 커플링해서 움직이는 자유도 동결 전략을 사용했다. 그래프에서 확인할 수 있듯이 발목과 무릎의 상관계수는 1에 가깝게 점점 높아지고 있다. 상관계수가 1에 가깝다는 것은 두 관절의 움직임이 긴밀하게 연결되어 있다는 것을 의미한다. 그런데 어느 시점이 지나면 상관계수는 다시 0에 가까워진다. 이는 두 관절이 사실상 독립적으로 움직이는 상태로 바뀌었음을 의미한다.

(3) 최적의 움직임 솔루션을 찾기

자유도를 동결했다가 다시 해방하는 과정을 지나가면 번스타인이

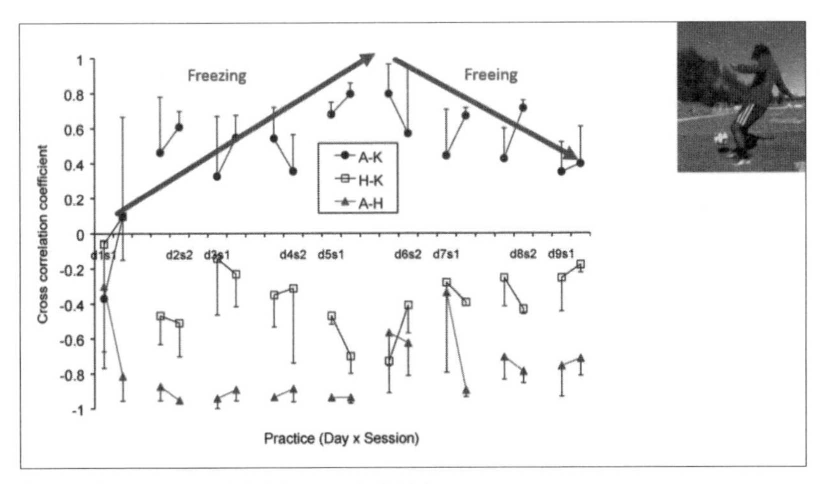

〈그림 9-2〉 자유도의 동결에서 해방으로. 호지스(2005).

말한 기술습득의 마지막 단계로 이어진다. 최적의 움직임 솔루션을 찾는 단계다. 배구 선수라면 강하고 정확한 스파이크 서브를 하기 위한 움직임 솔루션이고, 투수라면 빠른 스피드로 원하는 로케이션에 정확히 공을 던지기 위한 움직임 솔루션일 것이다. 기존의 처방중심 코칭방식에서는 코치가 선수에게 최적의 움직임 솔루션을 처방해 주어야 한다고 생각한다. 기존 방식과의 비교를 위해 하나의 예를 들어보려고 한다.

쉽게 따라할 수 없는 인간의 움직임

스포츠에서 눈의 움직임은 경기력에 크게 영향을 주는 요소다. 경기 중에 선수는 필요한 타이밍에 필요한 곳을 바라보고 있어야 한다. 〈그림

9-3〉은 베테랑 타자와 초보 타자의 눈의 움직임을 비교한 사진이다. 오른쪽 사진처럼 야구를 시작한 지 얼마 되지 않은 선수들은 투수가 공을 던질 때 눈의 초점이 투수의 몸 주변으로 무작위로 움직이는 경향이 나타났다. 반면 베테랑 타자들은 눈의 초점이 보다 명확했다.[3] 시선이 움직이는 경로에도 일정한 패턴이 발견되었다. 투수의 어깨에서 팔꿈치, 그리고 공을 놓는 릴리스포인트까지 이어지는 몇 개의 핵심포인트로 시선이 체계적으로 이동하는 모습을 보였다.

이 연구결과를 접한 야구코치라면 이런 생각을 할 수 있다. "그렇다면 베테랑 타자들이 투수를 보는 패턴을 똑같이 훈련시키면 되지 않을까?" 투수가 처음 공을 던지기 시작하면 글러브를 보고, 그 다음에 공을 던지려고 할 때는 팔꿈치 쪽을 보다가, 투수가 공을 놓는 순간에 손 부근에

〈그림 9-3〉 베테랑 타자와 초보 타자의 눈의 움직임 비교. 카토와 후쿠다 (2002).

집중하라고 알려주면 되겠네!"

하지만 안타깝게도 이런 식으로 시각인지 패턴을 구체적으로 알려주는 방식은 그다지 효과가 없다. 실제로 초보 배구 선수들에게 베테랑 선수들의 시각인지 패턴을 똑같이 연습시키면 어떤 일이 벌어지는지를 확인한 연구가 있다.[4] 연구팀은 선수들을 세 그룹으로 나눠서 비교했다. 한 그룹은 베테랑 선수들의 시각인지 패턴을 그대로 적용해 연습을 시켰다. 다른 그룹은 무조건 공만 따라가면서 보도록 했다. 마지막 그룹은 시선처리와 관련하여 아무런 연습도 하지 않았다.

연습이 끝나고 테스트를 한 결과 각각의 그룹 사이에는 경기력에서 별다른 차이가 발견되지 않았다. 베테랑 선수들의 시각인지 패턴을 그대로 따라하게 한 방식이 그다지 효과가 없었던 셈이다. 코치나 선수 모두 '잘하는 선수의 움직임을 따라 하면 같은 수준의 플레이를 할 수 있지 않을까?' 하는 생각을 하기 쉽지만 현실은 그렇지 않다. 운동기술은 그렇게 책을 복사하듯 따라할 수 있는 성질의 것이 아니다.

최고의 선수가 보여주는 동작을 똑같이 따라하도록 연습시킨 흥미로운 연구가 또하나 있다. 〈그림 9-4〉에 있는 공상과학영화에서나 나올법한 장비는 골프 스윙을 위해 개발된 로봇이다. '로보골프프로 RoboGolfPro'라는 이름의 이 로봇은 긴 팔로 골프클럽의 가운데 부분을 잡고 있다. 선수는 로봇 앞에 서서 스윙연습을 한다. 로봇에게는 최고 수준의 선수가 하는 스윙 정보가 입력되어 있다. 선수가 스윙을 할 때 로봇은 미리 입력된 정보에 맞추어 스윙에 변화를 준다. 잡고 있는 골프 클럽을 움직여 스윙의 길이, 스피드, 궤적 등을 입력된 정보에 맞게 변화시킨다. 로봇이 코치 대신 '올바른 스윙'이라고 하는 답을 처방해주는 셈이다.

하지만 골프와 조정 선수를 대상으로 위와 같은 방식으로 연습을 시킨 결과는 그다지 좋지 않았다. 장비가 움직임 패턴에 약간의 변화를 이끌어 내기는 하지만 이런 연습이 실제 경기력으로 전이되었다고 보기는 어려웠다. 선수들은 장비를 제거하였을 때 특별히 경기력이 더 나아지지 않았고, 심지어는 경기력이 더 나빠진 경우도 있었다. 선수에게 맞는 최적의 움직임 솔루션은 강제로 움직이게 하는 방식으로는 만들어지지 않는다는 사실을 확인한 셈이다.

〈그림 9-4〉 로보골프프로 Robo Golf Pro 스윙 트레이너

자기조직화 코칭모델이 '최적의 움직임, 좋은 폼'을 바라보는 관점은 많은 코치들이 가지고 있는 생각과는 다르다. 선수는 저마다의 움직임 패턴을 가지고 있다. 신체조건과 운동능력도 다르다. 그리고 경기 중에는 환경이 끊임없이 바뀐다. 주어지는 과제도 계속 변화하며 선수에게 영향을 미친다. 선수의 몸상태 또한 시간이 흐르며 조금씩 변한다. '단 하나의 최적의 움직임 솔루션'으로 이런 역동적인 변화에 대응하는 것은 사실상 불가능하다.

자기조직화 코칭모델은 최적의 움직임 솔루션을 동작이 아니라 적응 능력의 관점으로 바라본다. 올바른 동작, 좋은 폼, 이상적인 움직임을 강조하지 않는다. 선수가 지금 마주하고 있는 환경제약, 과제제약, 개인제약들에 가장 잘 적응할 수 있는 움직임이 바로 최적의 움직임 솔루션이다. 하나의 최적의 움직임 솔루션이 아니라 오히려 움직임 솔루션을 변화시킬 수 있는 능력이 더 중요하다.

"단 한 순간도 똑같은 스트로크를 하는 경우는 없다"는 나달의 말처럼 운동기술이 뛰어나다는 것은 반복을 통해 익힌 동작을 그대로 수행한다는 의미가 아니다. 번스타인은 탁월한 운동기술은 단순히 동작이나 움직임 자체만으로는 설명할 수 없으며 예상하지 못한 상황을 마주했을 때 비로소 드러나는 능력이라고 말했다. 결국 자기조직화 코칭모델에서 운동기술이 뛰어나다는 것은 환경에 잘 적응하면서 주어진 과제를 해결하는 능력이 좋다는 의미로 해석된다. 번스타인은 그러한 능력을 '운동 시너지motor synergies'라고 불렀다. 신체의 각 부분이 시너지를 발휘하며 그 순간에 필요한 최적의 움직임 솔루션을 만들어 낸다는 뜻을 담고 있다.

신체가 스스로 만들어 내는 운동 시너지

운동 시너지를 이해하기 위해 배구의 점프서브를 다시 떠올려 보자. 서브를 하기 위해서는 먼저 배구공을 공중으로 올려야 한다. 그런데 늘 같은 높이와 속도, 방향으로 올라가는 것은 아니다. 공을 올릴 때

순간적으로 상대 선수의 움직임이 눈에 들어오면서 멈칫하게 될 수도 있고 여러 다양한 이유로 타이밍이 달라질 수 있다. 야외에서 비치발리볼을 할 때는 바람이 갑자기 불면서 공의 위치가 공중에서 크게 바뀌기도 한다. 배구선수는 자신의 예상대로 공이 올라오지 않았다고 해서 서브를 포기할 수는 없다. 공에 맞게 몸에 변화를 주어야 한다.

이때! 팔꿈치가 어깨의 움직임에 영향을 받아 움직이면 서브 동작은 어떻게 될까? 이를 테면 어깨의 회전이 살짝 늦어지면 팔꿈치는 그것을 감지해서 평소보다 조금 더 빠르게 관절을 회전시킨다. 반대로 어깨가 지나치게 빠르게 회전한다 싶으면 관절의 회전속도를 늦춰서 서브의 타이밍을 맞춘다. 강하고 정확한 서브를 넣는다는 공통의 과제를 위해 어깨와 팔꿈치가 힘을 합쳐 운동 시너지를 내는 것이다.

이런 자기조직화 과정이 있기에 선수는 공중에 올린 배구공의 조건이 조금씩 다르더라도 강하고 정확한 서브를 꾸준하게 넣을 수 있게 된다. '반복 없는 반복'인 셈이다. 일관되고 안정적인 서브를 가능하게 하는 것은 신체의 여러 부분이 매순간 일으키는 변화다. 4장에서 소개한, 가상현실기술을 이용해 예측불가능한 상황을 만들어 연습시킨 타자들이 좋은 결과를 얻게 된 사례도 운동 시너지의 발달로 이해할 수 있다. 연습의 변동성이 다양한 공에 순간적으로 반응하는 운동 시너지 능력을 키워준 것이다.

그 연구를 진행할 때 우리는 지면반력 측정장비를 사용해 타자가 중심 이동을 할 때, 그리고 지면에 앞발을 내딛을 때의 힘을 측정했다.[5] 〈그림

9-5〉의 가로축은 타격을 할 때 앞발이 지면에서 떨어졌다가 다시 닿은 시간을 의미한다. 세로축은 앞발이 지면에 닿고 나서 배트가 움직이기 시작할 때까지의 시간을 의미한다. 내가 이 데이터를 통해 강조하고 싶은 것은 세 가지다.

첫 번째는, 점들이 조금씩 흩어져 있는 모습에서 볼 수 있듯이 타자는 어떤 '하나의 스윙'을 똑같이 반복하지 못한다는 사실이다. 앞발을 내딛는 타이밍과 배트가 나오는 타이밍이 매순간 다르다는 것을 확인할 수 있다. 날아오는 공에 반응을 하며 움직여야 하기 때문에 늘 같은 타이밍으로 앞발을 내딛는 것은 불가능하다.

두 번째로, 운동 시너지가 분명히 관찰된다는 점이다. 그래프에서 볼 수 있듯 타자는 앞발을 일찍 내딛으면 스윙은 조금 늦게 시작한다. 반대로 앞발을 내딛는 시간이 늦어지면 스윙은 일찍 시작한다. 앞발을 내딛는 타이밍에 따라 배트가 나오는 타이밍이 달라지는 이런 모습은 우리 신체가 자기조직화를 통해 운동 시너지를 만들어 내는 능력을 상징한다. 신체의 여러 부분이 조금씩 다른 움직임으로 시너지를 내기 때문에 타자는 다양한 스피드와 로케이션으로 날아오는 공을 일관성있게 때려낼 수 있다.

〈그림 9-5〉의 위아래 그래프를 비교해 보면, 가상현실기술을 이용해 변동성이 큰 연습을 진행한 후에 타자들이 스윙을 시작하는 타이밍이 앞발의 타이밍에 맞추어 보다 크게 변하는 모습을 볼 수 있다. 스윙에 참여하는 근육과 관절들이 보다 유연하게 시너지를 내게 되었음을 의미한다. 이렇듯 연습에 변동성을 추가하면 신체가 운동 시너지를 이끌어

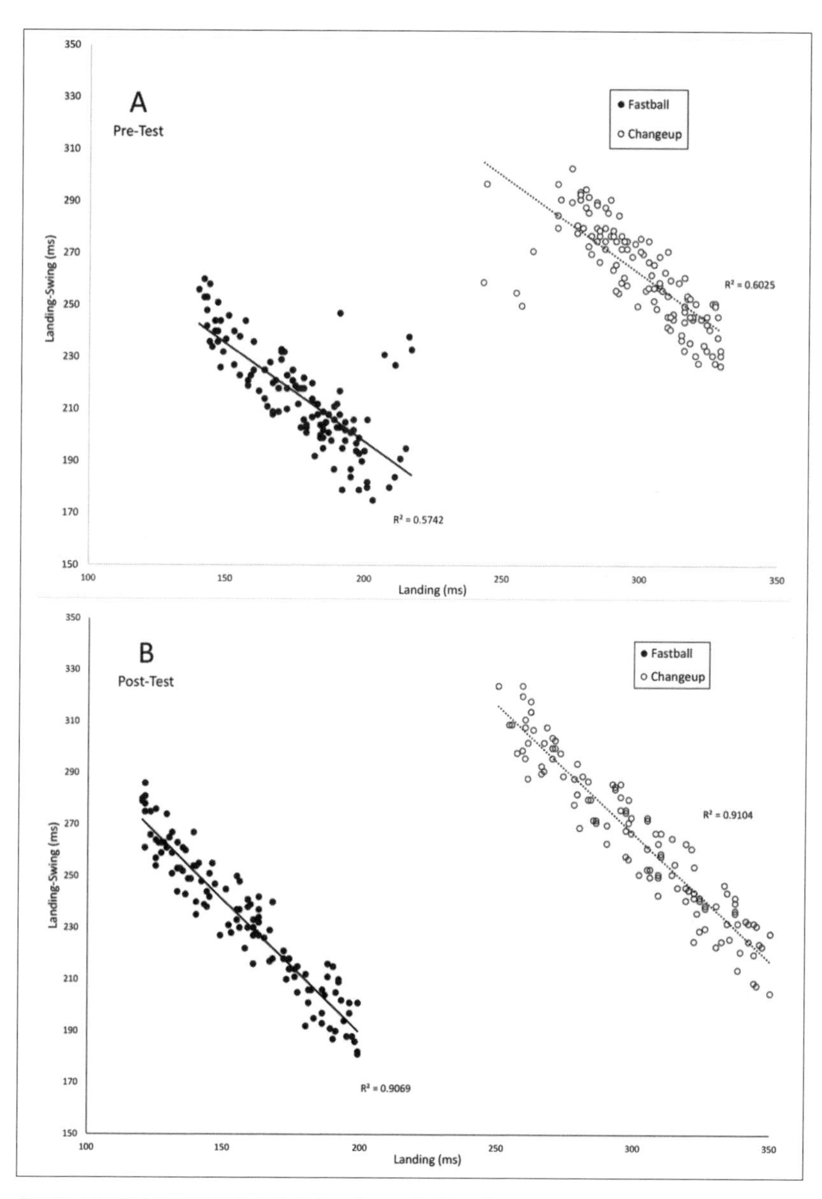

〈그림 9-5〉 야구 타격에서의 운동 시너지. 로버트 그레이 (2020)

내는 능력을 발달시킬 수 있다.

강조하고 싶은 마지막 포인트는, 이러한 운동 시너지는 반복훈련을 통해 저장된 움직임을 다시 끄집어 내려고 한다고 해서 나타나는 것은 아니라는 점이다. 배구 선수가 어깨의 움직임에 맞추어 팔꿈치의 회전을 조절해 서브를 하는 기술, 테니스 선수가 팔의 움직임에 맞추어 손목을 회전시키는 기술, 야구의 타자가 앞발을 내딛는 타이밍에 맞추어 스윙의 타이밍을 미세하게 조정하는 기술 등은 그런 동작을 하면서 실시간으로 움직임을 조절하는 능력을 요구한다.

이러한 운동 시너지는 이번 장을 시작하며 소개한 코치들의 질문에도 답을 해줄 수 있다.

> " 코치와 선수는 움직임 솔루션을 잘 만들어 가고 있는지 어떻게 알 수 있을까? 좋은 변동성과 나쁜 변동성은 어떻게 구별할 수 있을까?"

좋은 변동성은 운동 시너지 능력을 발달시킨다

지금까지 소개한 사례들을 통해 확인할 수 있듯 꾸준한 경기력을 보여주는 선수는 오히려 상당한 수준의 움직임의 변동성을 보여준다. 강하고 정확한 서브를 하는 테니스 선수는 매번 서브를 할 때마다 무릎의 각도가 달라진다. 타격 능력이 좋은 타자들은 앞발의 타이밍에 맞추어 스윙을 시작하는 타이밍이 달라진다. 번스타인의 대장장이는 매번 다른 궤적으로 망치를 내려치면서도 타겟을 정확하게 때린다. 이 외에도 '반복 없는 반복'을 보여주는 사례는 무수히 많다. 그렇다면 이제 우리는 좋은 변동성과 나쁜 변동성을 어떻게 구분할 수 있을지 고민해야 한다.

10뉴턴(N)의 힘으로 어떤 표면을 밀어내는 과제가 주어졌다고 가정해 보자. 〈그림 9-6〉은 10뉴턴을 만들기 위해 두 손으로 일으켜야 하는 힘의 조합을 나타낸다. 오른손만으로 10뉴턴을 만들 수도 있고, 왼손 만으로 만들 수도 있다. 양쪽 손에 똑같이 5뉴턴의 힘을 만들어 과제를 수행할 수도 있다. 이렇듯 대각선 방향을 따라 일어나는 변화는 잠정적으로 좋은 변동성이라고 할 수 있다. 양손에서 일으킨 힘은 달라도 목표로 하는 10뉴턴의 힘을 만들어 내기 때문이다.

비슷한 예로 사람들이 붐비는 식당에서 종업원이 음식이 놓인 쟁반을

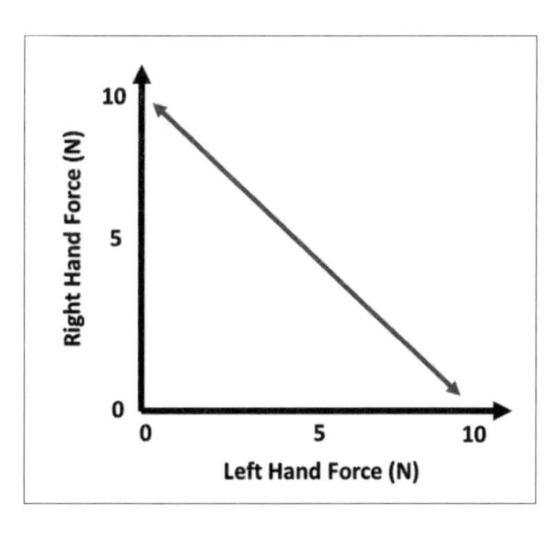

〈그림 9-6〉 어떤 표면을 총 10뉴턴의 힘으로 누르는 과제를 수행하기 위한 움직임 솔루션의 범위

양 손에 들고 움직이는 모습을 떠올려 보자. 종업원에게는 쟁반을 잡고 있는 두 손에 적절히 변화를 주어야 하는 상황이 일어난다. 공간이 너무 좁아서 쟁반을 한 손으로 올려서 지나가기도 한다. 쟁반의 오른쪽에 무거운 음식을 놓게 되면 오른손에 더 많은 힘을 주며 쟁반을 들어야 한다. 지나가는 어린 아이를 피하기 위해 순간적으로 쟁반을 왼쪽으로 이동시키려면 왼손에 더 많은 힘을 주어야 한다.

이런 방식으로 움직임에 변화를 주는 것은 좋은 변동성이라고 할 수 있다. 환경의 변화에 적절히 반응하며 과제를 수행할 수 있게 만들어 주기 때문이다. 10뉴턴의 힘으로 누르는 과제에서 왼손에 4, 오른손에 4의 힘을 일으키면 나쁜 변동성이라고 할 수 있다. 과제를 달성할 수가 없기 때문이다. 그래서! 움직임의 변동성이 좋은 것인지 나쁜 것인지에 대한 답은 사실 간단하다. 퍼포먼스가 안정적이고 과제를 잘 수행할 수 있으면 좋은 변동성이다. 그렇지 않으면 나쁜 변동성이다. 쟁반을 잘 들고 이동할 수 있으면 좋은 변동성이다. 쟁반을 떨어뜨리게 되면 나쁜 변동성이다.

〈그림 9-7〉은 가상현실기술을 이용해 타격연습을 한 연구에서 수집한 또다른 데이터를 정리한 것이다. 나는 타자의 스윙을 두 부분으로 나누어 시간을 측정했다. 가로축은 투수의 손에서 공이 떠나고 나서 타자가 뒷발로 체중을 이동시킬 때까지의 시간을 의미한다. 세로축은 뒷발로의 체중이동이 끝난 이후에 배트가 히팅존(타격이 실제 이루어지는 구간)에 도달한 시점까지의 시간을 의미한다.

타자의 스윙에는 시간제약이 강력하게 작동한다. 위에 측정한 두 개의 시간을 더하면 투수의 손에서 공이 떠나 배트에 맞기까지의 시간과 맞아야 한다. 시속 136.8km로 날아오는 공이 배트에 맞을 때까지 걸리는 시간은 대략 0.479초다. 위에 측정한 두 시간의 합이 0.479초 내외로 조합을 이룬다면 체중이동이 조금 늦거나 배트가 살짝 늦게 나오더라도 좋은 변동성이라고 할 수 있다. 아래 그래프에서 회색면으로 표시한 부분이다. 체중이동이 지나치게 늦거나 빨라서, 또는 배트가 나오는 타이밍이 지나치게 늦거나 빨라서 스윙이 이 범위를 벗어난다면 나쁜 변동성이라고 할 수 있다. 날아오는 공에 타이밍을 제대로 맞출 수 없기

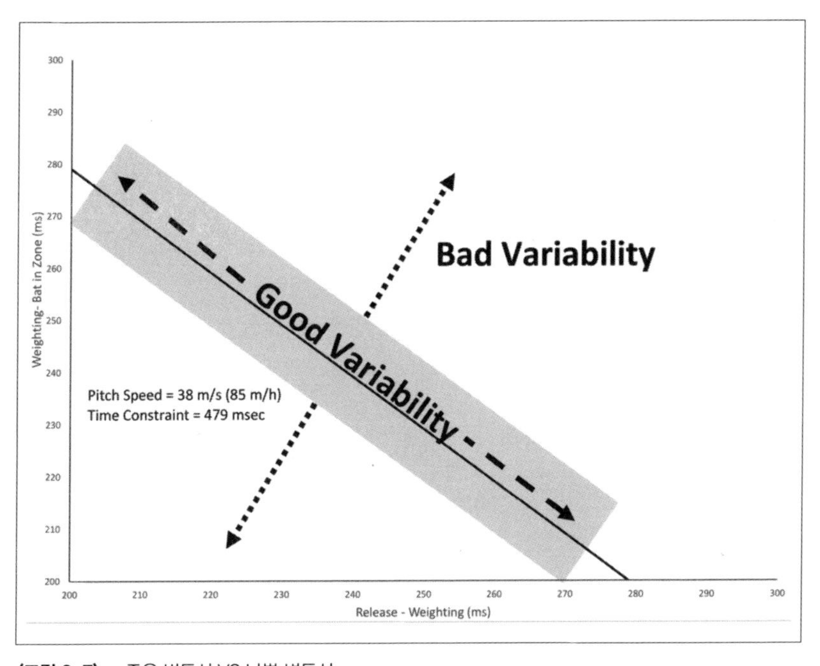

〈그림 9-7〉 a 좋은 변동성 VS 나쁜 변동성

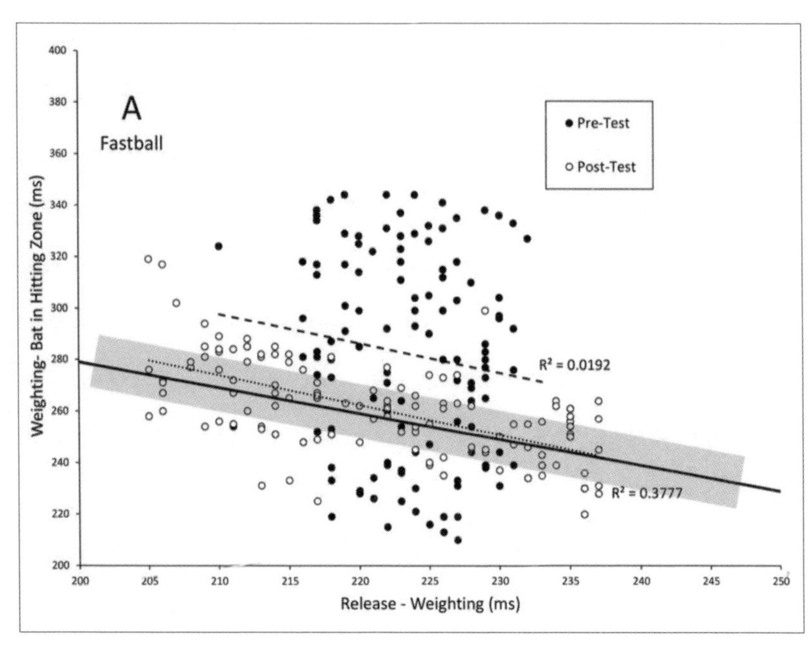

〈그림 9-7〉 b 가상현실기술을 활용해 연습시킨 타자의 변동성 변화

때문이다.

〈그림 9-7〉b는 가상현실기술을 이용해 연습한 타자들의 변동성이 어떻게 변했는지를 보여준다. 검은색 점은 연습 전의 모습이고, 흰색 점은 연습 후의 모습이다. 가상현실기술을 이용해 6주간의 연습을 하기 전에 타자들은 '좋은 변동성'을 갖고 있다고 보기 어려웠다. 좋은 변동성의 오차 범위라고 할 수 있는 회색면을 벗어난 스윙들이 무척 많았다. 특히 체중이동 후에 타이밍을 맞추는데 큰 어려움을 보였다. 하지만 예측불가능한 구종과 다양한 스피드의 공을 치는 연습을 한 후에는

매우 극적인 변화가 일어났다. 스윙의 상당수가 좋은 변동성의 범위 안에 들어오는 모습을 확인할 수 있다. 중요한 사실은, 이런 변화가 코치들이 그토록 중요하게 여겨온 반복훈련의 산물이 아니라는 점이다.

타자들은 같은 스윙을 반복하는 연습으로 타이밍의 문제를 개선한 것이 아니다. 그렇게 움직임의 변동성을 줄이는 방식 대신 오히려 변동성을 재조직하는 방식을 통해 좋은 결과를 이끌어냈다. 좋은 변동성은 늘리고 나쁜 변동성은 줄여나가는 방식이다. 타자가 마주해야 하는 0.479초 의 시간제약에 맞추어 일어나는 변동성은 좋은 변동성이라고 할 수 있다. 여기서 벗어나는 변동성은 나쁜 변동성이다. 가상현실기술을 이용한 연습을 통해 좋은 변동성을 눈에 띄게 증가시킨 타자들은 실제 경기에서도 좋은 타격을 보여주었다. 이와 유사한 연구결과는 골프를 비롯해 다른 종목에서도 확인할 수 있다.[6, 7]

정리를 하면, 코치는 선수의 기술 수준과 경험의 양에 비추어 움직임 솔루션을 평가해야 한다. 어떤 운동기술을 배우기 시작하는 무렵에는 경기장에 나가 어느 정도의 자신감을 가지고 플레이를 해낼 수 있는 수준이면 충분히 '좋은' 움직임이라고 할 수 있다. 자유도 동결 전략으로 팔꿈치의 움직임을 제한해 서브만 할 수 있게 해주면 되는 것이다. 그러면서 조금씩 운동 시너지를 높이기 위한 연습으로 나아가면 된다. 나쁜 변동성은 줄이고 좋은 변동성을 늘리기 위한 연습을 잘 디자인해야 한다. 그렇게 선수의 경험의 세계를 지속적으로 넓혀주어야 한다.

10장

창의적인 움직임은 어디서 나오나

스포츠의 역사에서 '창의적인 플레이'를 말할 때 가장 먼저 언급되는 장면이 있다. 바로 높이뛰기 선수 딕 포스베리 Dick Fosbury의 배면뛰기 장면이다. 지금 우리가 흔히 보는 높이뛰기 선수들의 점프 동작은 처음부터 그랬던 것은 아니다. 1968년 멕시코 올림픽에서 딕 포스베리가 배면뛰기 기술로 금메달을 땄을 무렵, 대부분의 다른 선수들은 두 가지 기술을 조금씩 변형하여 사용하고 있었다. 아래를 보며 옆으로 바를 넘는 '웨스턴 롤western roll' 방식과 아래를 보며 정면으로 넘는 '스트래들the straddle' 방식이 그것이었다. 그런 시절에 포스베리의 배면뛰기는 새롭고 독특한 시도였다. 기존의 점프 동작을 변형한 것이 아닌 완전히 새롭게 창조해낸 움직임 솔루션이었다. 포스베리가 어떤 과정을 통해 배면뛰기를 탄생시켰는지, 그 창의성의 원천이 궁금하지 않을 수 없다.

〈그림 10-1〉 딕 포스베리의 높이뛰기 모습

‘창의성, 창의력’이라는 말을 들으면 우리는 보통 이런 모습을 떠올린다. 무언가 풀고 싶은 문제가 있는 사람이 가만히 앉아 오랜 시간을 골똘히 생각한다. 문제를 풀기 위해 무엇을 해야 할 지 여러 방법들을 생각하다가 어느 순간 번쩍이는 아이디어가 떠오른다. 만약 창의성을 상징하는 로고가 존재한다면 바로 로댕의 ‘생각하는 사람’일 것이다. 이렇듯 우리들은 창의성을 인지나 사고와 관련된 능력에 국한시켜 바라보는 경향이 있다.

실제 벌어진 일을 알지 못하면 포스베리의 배면뛰기도 그런 과정을 통해 탄생했다고 상상하기 쉽다. 벤치에 앉아 바를 뛰어 넘는 여러 방법들을 고민한다. ‘더 높이 뛸 수 있는 새로운 방법은 없을까?’ 하는 생각을 간절히 품은 채 연습을 하는 선수들을 유심히 바라 본다. 그렇게 오랜 시간을 보낸 어느 날! 문득 하나의 아이디어가 머릿속에서 불꽃처럼 솟아오른다. “아! 이거야! 하늘을 바라보며 바를 넘어가 보자!”

하지만 이런 상상은 포스베리가 실제로 배면뛰기를 탄생시킨 과정과는 거리가 멀다. 일명 ‘포스베리 플랍Fosbury Flop’이라고 불리는 역사적인 기술이 등장한 배경에는 다른 중요한 요소들이 숨어 있다.

배면뛰기 탄생에 숨은 이야기들

첫 번째로, 포스베리가 포스베리 플랍에 도전하기 시작할 무렵에 높이뛰기 경기의 환경에는 중대한 변화가 있었다. 당시까지는 선수가 점프를 하고 내려오는 곳은 모래와 톱밥이 채워져 있었다. 잘못 떨어지면 다칠 위험이 있었기 때문에 선수들은 떨어지는 동작을 고려한 점프를 해야 했다. 그러한 조건이 푹신한 매트로 바뀌기 시작했다. 제약의 관점에서 본다면, 높이뛰기 선수가 마주하는 '환경제약'에 중요한 변화가 일어난 셈이다. 제약이 바뀌면 선수는 다른 움직임 솔루션을 찾아나서게 된다.

배면뛰기를 탄생시킨 또 다른 이유를 꼽으라면 포스베리의 코치인 베니 와그너Benny Wagner의 코칭방식을 들 수 있다. 포스베리의 오레곤 주립대학 코치였던 와그너는 옆으로 뛰는 '웨스턴롤' 기술을 좋아했다. 그렇게 옆으로 바를 뛰어넘는 방식이 '올바른 동작'이라 믿었기 때문에 선수들에게 그 동작을 집중적으로 연습시켰다. 하지만 와그너 코치는 선수에게 아무런 자유도 허용하지 않는 코치는 아니었다. 모든 연습의 막바지에는 선수가 원하는 방식으로 자유롭게 점프를 할 수 있는 기회를 주었다. 포스 베리가 배면뛰기를 시작한 이후에 와그너 코치는 두 가지 동작을 모두 연습할 수 있도록 해주었다고 한다. 와그너 코치가 선수 스스로 움직임 솔루션을 찾을 수 있도록 연습환경을 만들어 준 것도 포스베리 플랍을 탄생시킨 중요한 이유라고 할 수 있다.

포스베리 플랍에는 우리가 창의성에 대해 생각하는 방식을 송두리째 변화시킬 수 있는 또다른 이야기가 숨어 있다. 같은 시대에 배면뛰기를 시도한 선수가 한 명 더 있었다는 점이다. 포스베리가 연습을 하던 오레곤에서 해안을 따라 약 500km 떨어진 지역인 랭글리 브리티시 콜롬비아에는 데비 브릴Debbie Brill이라는 여자 높이뛰기 선수가 있었다. 브릴

〈그림 10-2〉 데비 브릴의 배면뛰기 모습

역시 같은 시기에 배면뛰기를 시작했다는 점이 무척 흥미롭다. 브릴은 포스베리가 멕시코 올림픽에서 금메달을 딴 지 2년 후에 182.88cm를 뛰어 넘은 북미 최초의 선수가 되었다. 브릴과 포스베리는 서로 만난 적이 없다고 알려져 있다. 그리고 당시의 미디어와 통신 환경을 생각하면 이 두 선수가 서로의 연습을 보았다고 말하기는 어렵다.

브릴이 남긴 말을 들어보면 높이뛰기 환경의 변화가 역시 영향을 미쳤다는 합리적인 추론이 가능하다.[1] 브릴에 따르면 떨어지는 지점에 모래나 톱밥이 채워져 있을 때는 아무도 등을 대면서 떨어지려고 하지 않았다고 한다. 다칠 수 있었기 때문이다.

"푹신푹신한 폼매트를 처음 봤을 때 생각했어요. 다른 동작으로 한번 뛰어볼까?"

폼매트라는 제약의 변화가 브릴의 내면에 있던 무언가에 불을 붙인 것이다. 경기환경이 변하자 서로의 존재를 알 길이 없던 두 선수가 같은 도전을 했다는 사실은 창의성의 원천에 대해 생각할 거리를 던져준다. 선수가 창의성을 발휘하는데 있어 제약조건의 변화는 선수의 내면에서 일어나는 인지나 사고 과정과 마찬가지로 중요하다. 아니! 어쩌면 더 중요할 수도 있다.

움직임 자체가 창의적인 플레이를 구성하는 일부다. 창의성은 몸과 관계없이 머리속에서만 일어나는 현상이 아니다. 창의성은 선수가 마주하고 있는 개인제약, 과제제약, 환경제약들과의 조화로운 상호작용 속에서 발현된다. 보통 우리는 딕 포스베리나 데비 브릴 같은 선수를 '창의적인 선수'라고 부른다. "이 선수는 창의적인 선수야. 저 사람은 창의력이 좋아." 이런 말들은 창의성이 타고난 개인의 재능이라는 관점을 내포하고 있다. 물론 두 선수 모두 개인제약의 측면에서는 창의성이 높은 신체적, 지적 능력을 가지고 있었을 가능성이 높다. 기꺼이 새로운 기술에 도전해 보려는 태도와 계속되는 실패에도 다시 시도하는 노력은 다른 선수들과 구별되는 개인제약임에 분명하다. 하지만 높이뛰기의 환경에 폼매트가 등장한 것도 개인제약만큼 중요한 영향을 미쳤다고 볼 수 있다.

두 선수 모두 푹신한 폼매트 위에 떨어질 수 있는 새로운 제약조건을 만나면서 다른 움직임 솔루션을 찾기 시작했다. 데비 브릴은 혼자서 대부분의 연습을 해야 했고, 포스베리의 경우에는 다른 기술을 연습할 수 있도록 허용해준 코치가 있었다. 이처럼 창의적인 플레이, 창의적인 움직임 솔루션은 단순히 개인이 머리로만 만들어내는 아이디어의 문제가 아니다. 선수가 여러 제약조건들과 상호작용하면서 움직임 솔루션을 찾아나가는 과정 속에 창의적인 플레이는 등장한다. 로댕의 '생각하는 사람'이 아니라 '탐험가'가 창의성의 상징으로는 더 어울린다.

창의성은 움직임을 탐험하는 과정 속에서 나온다

창의성은 주로 기억력을 재료로 만들어지는 정신적인 프로세스로 간주되어 왔다. 이를테면 이런 방식이다. 창의적인 사람은 작업 기억working memory*에 일시적으로 더 많은 정보를 저장한다. 그런 정보들을 다양한 방식으로 비교하고 결합하면서 창의적인 아이디어를 이끌어낸다.

하지만 창의성이 타고난 개인의 능력이나 정신적인 프로세스가 아니라 제약조건들과의 상호작용 속에서 일어난다는 사실을 보여주는 사례는 무수히 많다. 킥복싱 선수들을 대상으로 동작과 작업기억을 테스트한 연구는 창의성에 대해 많은 것들을 시사해준다.[2] 연구팀은 책을 읽는

---

* 작업기억(作業記憶, Working memory)은 다른 감각 기관으로부터 들어오는 정보를 머리 속에 잠시 잡아 뒀다가 기억하는 것이다. 심리학적으로 작업기억은 경험한 것을 수 초 동안만 머릿속에 받아들이고 저장하고 인출하는 정신 기능이라고 할 수 있다. (출처 : 위키피디아)

독자들도 간단히 할 수 있는 테스트를 통해 선수들을 작업기억용량이 높은 그룹과 낮은 그룹으로 나누었다.[3] 그리고 다음의 두 가지 과제를 동시에 수행하도록 했다.

(1) 샌드백의 왼쪽에 있는 타겟을 강하게 때린다. (선수들은 모두 오른손잡이였다.) 주먹으로 펀치를 때리든 다리로 뒤돌려차기를 하든 관계 없다. 바닥에 표시된 정사각형 구역 안에서 자유롭게 움직이며 창의적인 움직임으로 최대한 강하게 때린다.
(2) 샌드백을 때릴 때 전화번호 같은 일련의 번호가 들린다. 샌드백을 최대한 강하게 때리면서 그 번호를 기억한다.

이런 테스트를 하면 번호를 기억해야 하는 과제가 선수의 작업기억을 차지하게 된다. 그렇다면 이렇게 예상해 볼 수 있다. 작업기억용량이 낮은 선수는 샌드백을 강하게 때릴 수 있는 창의적인 방법들이 잘 생각나지 않아야 한다. 번호를 기억하느라 작업기억용량의 일부를 사용했기 때문이다. 실제 테스트 결과를 확인하기 전에 먼저 창의적인 움직임이란 무엇인지 정의를 내려보자.

창의적인 움직임은 두 가지 요소를 필수적으로 담고 있어야 한다. 먼저 실용적이어야 한다. 세상에 없던 아무리 기발한 기술이라도 선수가 과제를 해결하는데 도움이 되지 않는다면 창의적인 움직임이라고 보기 어렵다. 쓸모없는 묘기일 뿐이다. 킥복싱 연구에서는 실용성을 샌드백을 때린

힘으로 평가했다. 선수가 본래 가지고 있던 최대파워의 90% 이상으로 샌드백을 때렸다면 그 움직임 솔루션은 실용적이라고 보았다.

다음으로는 독창성이다. 자주 볼 수 있는 기술을 독창적이라고 말하기는 어렵다. 포스베리의 배면뛰기 동작처럼 다른 어떤 선수도 하지 않았던 움직임을 보여줄 때 우리는 창의적인 플레이라고 말한다. 킥복싱 선수는 저마다 자주 사용하는 기술이 다르다. 강한 타격을 위해 어떤 선수는 백핸드 동작으로 때린다. 다른 선수는 한바퀴 돌면서 다리로 킥을 한다. 연구팀은 선수들이 보여준 모든 기술들을 정리해 5% 미만으로 일어난 동작들을 독창적인 움직임으로 분류했다.

결론적으로 말하면 작업기억과 창의성 사이에는 아무런 관계가 없었다. 선수의 작업기억은 샌드백을 때리는 퍼포먼스에 어떠한 영향도 미치지 않았다. 샌드백을 때릴 때 들리는 번호를 더 잘 기억한 선수들은 평균적으로 5가지의 창의적인 움직임을 보여주었다. 반면 번호를 기억하는 능력이 떨어지는 선수들은 6가지를 보여주었다. 샌드백을 강하게 때리는 과제를 달성한 수준도 비슷했다. 번호를 잘 기억한 선수들은 과제를 성공한 비율이 평균 35%였다. 번호를 기억하는 능력이 떨어지는 선수들은 43%로 오히려 높아졌다. 이러한 차이는 통계적으로도 의미가 별로 없을 뿐 아니라 우리의 일반적인 예상과는 완전히 다른 결과라고 할 수 있다.

오히려 선수의 창의성은 기억력이라든지 인지나 사고 프로세스보다 지각-운동 지형을 탐험하는 과정과 더 많은 관련이 있어 보인다. 창의적인 움직임을 더 많이 보여준 킥복싱 선수들은 지각-운동 지형을 탐험하는 방식에서 두 가지 차이점이 발견되었다.

첫 번째는 선수가 과제를 시작한 방식이다. 샌드백의 왼쪽을 때리는 과제이기 때문에 왼팔을 휘둘러 때리는 것이 선수들에게는 자연스러운 어트랙터가 된다. 하지만 선수들은 모두 오른손잡이였기 때문에 왼손타격을 통해서는 샌드백을 강하게 때릴 수 없었다.

그럼에도 불구하고 어떤 선수들은 처음부터 왼손으로 강하게 때리려고 시도했다. 다른 선수들은 파워가 약한 왼손을 쓰기보다 오른손으로 백핸드로 때리거나 다리로 킥을 해서 강하게 때리려는 시도를 먼저 했다. 처음에 어떤 방식으로 과제에 도전했느냐에 따라 선수들은 나뉘어졌다. 왼손으로 타격을 하며 과제를 시작한 선수들에 비해 왼손타격 이외의 방법으로 과제를 시작한 선수들이 창의적인 움직임을 더 많이 만들어냈다.

이러한 결과는 언뜻 보면 팀 티보우가 겪었던 문제와 비슷하다고 할 수 있다. 샌드백의 왼쪽은 왼손으로 때리는 것이 자연스러운 움직임 패턴이다. 그런 강력한 어트랙터를 빠져나와 새로운 움직임을 탐색하는 것은 만만치 않은 일이다. 실제로 상대의 왼쪽을 타격하기 위한 연습을 시켜야 하는 킥복싱 코치라면 어떻게 연습을 디자인해야 할까? 왼손타격이 어트랙터로 강하게 작동해 다른 움직임을 빨아들이기 때문에 과제제약을 통해 새로운 움직임 솔루션을 탐험하도록 해주어야 할 것이다.

창의적인 움직임을 더 많이 보여준 킥복싱 선수들이 지각-운동 지형을 탐험하는 방식에서 보여준 두 번째 차이점은 움직임 솔루션에 변화를 준

방식이다. 창의적인 움직임을 잘 보여주지 못한 선수들은 주로 바로 직전에 했던 동작을 조금씩 바꿔가면서 샌드백을 때리는 모습을 보여주었다. 같은 왼손 타격을 반복하지만 때리는 각도를 다르게 하는 식이다. 이에 반해 창의적인 타격 방법을 더 많이 보여준 선수들은 완전히 다른 움직임 패턴을 번갈아 시도하는 모습을 보였다. 한번은 손으로 때렸다가 다음에는 다리로 킥을 하고, 한번은 직선 타격을 했다가 다음에는 회전운동을 결합해 타격을 시도하는 등 변동성이 큰 동작들을 실험하는 모습이 관찰되었다.

이렇듯 창의성은 직접 움직이면서 방법을 찾는 과정 속에서 나온다. 주어진 제약조건에 대응하기 위해 무엇을 해야 하는지 머리와 몸이 함께 탐험하는 과정 속에서 나온다. 창의성은 우리 뇌가 혼자만의 노력으로 만들어내는 능력이라고 볼 수 없다.

크리켓 레전드를 만든 나홀로 타격연습

스포츠에서 창의적인 선수를 이야기할 때 언급되는 또 한명은 크리켓 역사상 가장 위대한 배츠맨이라 불리는 돈 브래드먼이다. 브래드먼의 이닝당 99.94득점은 다른 배츠맨들과 어림잡아 비교를 하더라도 약 50% 정도 더 좋은 기록이다. 크리켓의 역사에서 드래드먼과 비슷한 기록을 남긴 선수조차 찾기가 어렵다. 야구에서 통산 타율이 가장 높은 타이 콥은 2위보다 단 2리 정도가 높을 뿐이다. 브래드먼이 크리켓 역사에서 얼마나 독보적인 존재인지 알 수 있는 대목이다.

무엇이 브래드먼을 다른 어떤 선수도 범접하지 못하는 수준으로 만들었을까? 군에 입대한 브래드먼은 시력에 문제가 생기는 바람에 전역을 할 수 밖에 없을 정도로 시각기능이 좋지 않았다. 애들레이드 대학의 연구팀이 브래드먼의 신체능력을 테스트한 적이 있는데, 그의 반응 시간은 일반 대학생들보다도 느렸다. 불이 들어오는 버튼을 터치하는 단순한 테스트에서 브래드먼은 그다지 반응속도가 빠르지 않았다. 그의 지각-인지 능력은 그야말로 평범한 수준이었다.

많은 크리켓 전문가들은 브래드먼이 배츠맨으로 엄청난 성공을 거둔 요인으로 그가 개발한 변칙적인 회전타격 기술을 꼽는다.[4] 그는 일반적인 타격을 하는 선수들보다 빠르게 배트를 휘두를 수 있는 자신만의 독창적인 타격 기술을 가지고 있었다.

브래드먼은 어떤 과정을 통해 독창적인 움직임 솔루션을 개발한 것일까? 코치가 가르쳐 준 것인가? 아니면 곰곰히 생각을 하다가 어느 순간 번쩍 하는 아이디어가 떠오른 것인가? 포스베리와 브릴의 스토리와 마찬가지로 브래드먼이 창의적인 플레이를 만들어 낸 배경을 들여다 보면 그런 것들과는 거리가 멀다. 브래드먼 역시 제약조건의 변화가 크게 영향을 미쳤음을 알 수 있다.

브래드먼은 자신이 직접 개발한 연습을 하며 어린 시절을 보냈다. 자신의 집 지하실에 있는 원형 모양의 보일러를 이용해 타격 연습을 했다고 알려져 있다. 그것은 연습이라기보다 놀이나 게임에 가까웠다.

보일러를 맞고 튀어나오는 골프공을 때리면서 브래드먼은 다양한 타격기술을 연습할 수 있었다. 골프공은 크리켓공보다 작다. 정확히 때리기 위해서는 더욱 정교한 타격을 해야 한다. 브래드먼에게 골프공은 과제 제약으로 작용한 셈이다.

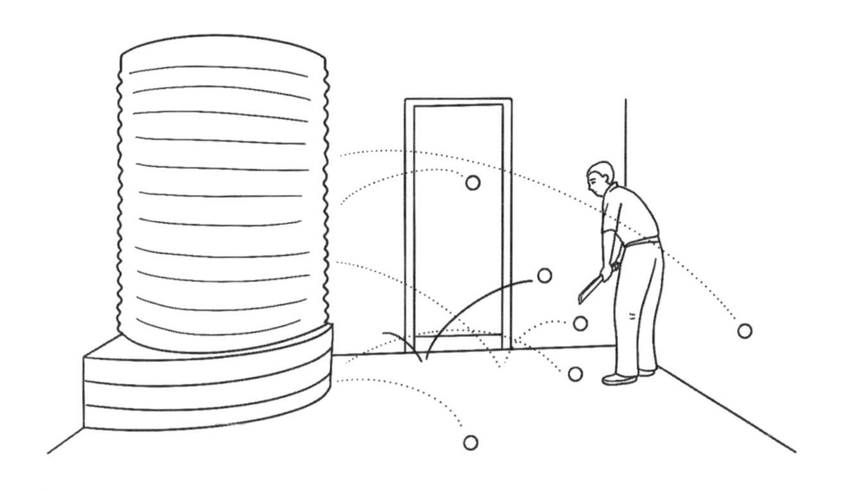

그리고 원형 모양의 보일러에 맞고 튀어나온 골프공은 어디로 움직일지 예측하기가 어렵다. 변동성이 추가된 연습이라고 할 수 있다. 이렇게 자신이 직접 세팅한 제약과 변동성을 통해 브래드먼은 오랜 시간 자신만의 움직임 솔루션을 탐험했다.

돈 브래드먼의 연습장면

포스베리와 브릴, 그리고 브래드먼의 사례는 스포츠코칭과 관련하여 중요한 포인트를 말하고 있다. 코치, 학부모, 선수 모두 다양한 방식의 연습을 환영하고 받아들일 필요가 있다. 운동기술이 좋은 선수는 어떤 이상적인 동작을 잘 하는 선수가 아니라 마주하는 제약조건들에 적절히 대응하면서 움직임 솔루션을 이끌어 내는 능력이 좋은 선수다. 스포츠 역사에서 가장 창의적인 플레이를 보여준 세 선수의 사례에서 확인할 수 있듯이 선수에게 탐험의 자유를 주는 것이 창의성의 핵심이다.

와그너 코치는 포스베리가 엉뚱한 자세로 연습하는 모습을 보고도 나무라지 않았다. 그렇게 해서는 안된다고 지시하거나 자신의 연습방식만을 강요하지 않았다. 자신의 방식과 포스베리가 새롭게 도전하는 방식을 모두 연습할 수 있는 기회를 제공해 주었다.

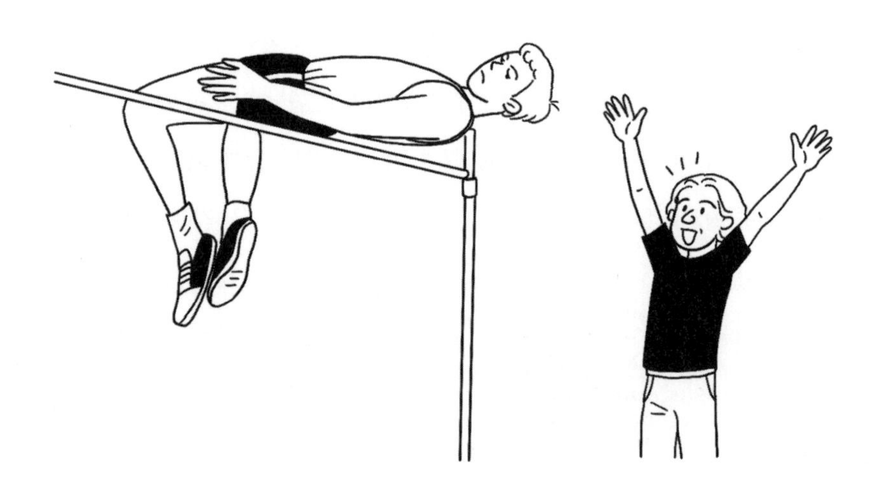

데비 브릴에게는 그런 코치는 없었지만 다른 사람들이 쑥덕거리는 것을 크게 개의치 않는 정신적인 강인함이 있었다. 과거에 성공한 방식만을 고집하는 부모였다면 브래드먼이 지하실에서 연습하는 모습을 보고 당장 그만두게 했을 지도 모른다. 많은 코치와 부모들은 '올바른 동작'으로 연습을 해야 운동 실력이 는다고 믿기 때문이다.

연습환경에 따라 달라지는 선수의 창의성

제약과 변동성을 적절히 연습에 세팅해서 창의적인 움직임을 탐험할 수 있는 기회를 선수에게 제공해 주는 것이 코치의 역할이다. 앞서 소개한 스몰사이드게임도 선수의 창의성을 키우는 대표적인 연습방법이라고 할 수 있다. 움직일 수 있는 공간이 작아지면 선수는 창의적인 움직임 솔루션을 찾아 나서게 된다.

실제 스몰사이드게임에서 선수들의 창의적인 움직임이 어떻게 드러나는지를 관찰한 연구가 있다.[5,6] 연구팀은 경기장의 크기를 조금씩 바꾸면서 5대5, 6대6, 11대11 등의 축구 경기를 진행했다. 그리고는 영상을 통해 선수들의 움직임을 분석했다. 창의적인 움직임은 킥복싱 연구와 마찬가지로 실용성과 독창성의 관점으로 정의했다. 과제를 수행하는데 도움이 되는 실용적인 움직임이어야 했고, 분류된 모든 기술들 중에 5% 미만으로 나타난 움직임이어야 했다. 이를테면 가슴으로 패스하기, 발의 바깥쪽 부분으로 킥이나 패스를 하기, 일명 '마라도나 턴'이라 불리는 기술

등이 창의적인 움직임으로 분류된 기술이었다.

분석결과는 매우 분명한 패턴으로 나타났다. 5대5 게임에서는 5개의 창의적인 움직임이 나타났다. 6대6 게임에서는 3개로 줄었고, 7대7 게임에서는 2개로 더 줄어들었다. 그리고 정규 구장에서의 11대11 경기에서는 단 1개도 창의적인 움직임이 나타나지 않았다. 공간제약이 생기면 선수는 시간제약도 함께 마주하게 된다. 움직일 수 있는 공간이 줄어들면 선수는 공을 컨트롤할 수 있는 시간도 압박을 받게 된다. 패스나 드리블, 슈팅 등을 보다 좁은 공간에서 빠른 타이밍에 해내야 하기 때문에 창의적인 움직임 솔루션을 찾아 나설 수 밖에 없게 된다.

차이학습법을 적용한 스몰사이드게임 사례

제약과 변동성이 창의적인 움직임을 이끌어내는 사례는 차이학습법에서도 확인할 수 있다. 산토스Santos의 연구팀은 40명의 축구 선수들을 두 개의 그룹으로 나누어 한 쪽은 기존의 처방중심 코칭방식으로, 다른 한쪽은 차이학습법을 적용해 5개월 간 연습을 시켰다. 차이학습법을 적용한 그룹은 연습 조건을 시시각각 바꾸었다. 인조잔디에서 연습을 하다가 갑자기 천연잔디로 바꾸어 연습을 진행했다. 직사각형 모양의 공간에서 연습을 하다가 다음날에는 원형 모양의 공간으로 바꾸어 연습을 하기도 했다. 그밖에 럭비공과 축구공을 임의로 바꾸기도 하는 등 선수의 연습조건을 끊임없이 교란시켰다.

앞선 연구들과 마찬가지로 연구팀은 실용성과 독창성을 기준으로 선수들의 창의성을 평가하였다. 5개월 간의 연습 후에 평가를 한 결과, 차이학습법을 적용해 연습한 선수들이 다방면으로 사용할 수 있는 창의적인 움직임을 많이 보여주었다.

차이학습법을 적용한 축구연습

제약주도접근법이 창의적인 움직임을 촉발한 사례는 댄서를 대상으로 한 연구에서 확인할 수 있다.[7] 연구팀은 현대무용을 하는 댄서들에게 두 가지의 제약조건을 차례로 주고 움직임을 비교했다. 하나는 춤을 추면서 최대한 골반을 파트너와 가깝게 유지하라는 주문이었고, 또 하나는 춤을 추면서 가능한 한 골반을 파트너로부터 멀리 있게 하라는 주문이었다. 그러면서 두 제약조건에서 모두 평소와는 다른 새로운 안무를 연출해 보도록 요청했다.

골반을 가깝게 유지해야 한다는 제약은 댄서들의 움직임에 강한 커플링이 일어나게 만들었다. 반면 골반을 멀리 떨어뜨리라는 제약은 댄서들이 여러 다채로운 움직임을 탐험하게 만들었다. 골반이 멀어진 상태에서 댄서들은 걷거나 뛰는 동작처럼 창의적인 움직임을 안무에 포함시켰다. 여기서 주목할 점은 안무에 대해서는 댄서들에게 명시적으로 주문한 것이 아무것도 없다는 사실이다. 댄서들은 골반을 떨어뜨려야 한다는 제약을 활용해 다양한 안무를 실험하는 모습을 보여주었다. 하지만 파트너와 골반을 가깝게 유지해서 움직여야 하는 제약조건에서는 창의적인 움직임이 나타나지 않았다.

제약과 변동성을 통해 선수가 다양한 움직임을 탐험하도록 권장하는 자기조직화 코칭모델은 선수의 창의성을 불러 일으키는데도 뛰어난 효과가 있다고 할 수 있다. 제약주도접근법은 제약을 통해 선수가 새로운 지각-운동 지형을 탐험하도록 초대한다. 차이학습법은 선수가 평범한 연습으로는 경험할 수 없는 색다른 움직임을 시도하도록 강제한다. 결국 제약주도접근법과 차이학습법과 같은 자기조직화 코칭모델을 적용해 연습을 디자인하면 기존의 움직임 패턴에서 벗어나 창의적인 움직임 솔루션을 만들어낼 가능성이 높아지게 된다.

기본! 기본!!
지루해

11장

기본기 연습에 대한 다른 생각

서문에서 말한 것처럼 집 앞 공원에서 아이들이 연습하는 모습을 본 것이 내가 이 책을 쓰게 된 계기였다. 콘을 놓고 드리블 연습을 하는 아이들, 배팅티에 공을 올려놓고 스윙연습을 하는 아이들을 보며 나는 무언가 의문을 느꼈다. 운동장에 깔아놓은 콘들이 나에게는 유소년 스포츠코칭이 안고 있는 문제를 상징하는 듯 보였다.

많은 어린 선수들이 축구를 시작하며 이 연습을 반복한다. 코치는 콘 사이를 자유자재로 드리블하면서 지나갈 수 있어야 볼을 컨트롤하는 능력이 좋아지고 민첩성을 키울 수 있다고 강조한다. 경기를 하려면 그런 기본기부터 익혀야 한다고 선수에게 반복해서 연습할 것을 주문한다.

콘을 놓고 하는 드리블 연습에서 빠져있는 것

내가 볼 때 이런 연습에는 중요한 무언가가 빠져있다. 민첩성이나 볼을 컨트롤하는 능력을 오로지 동작의 관점에서만 다루고 있기 때문이다. 축구 선수에게 필요한 민첩성과 볼을 컨트롤하는 능력은 환경에서 입력되는 정보에 따라 달라진다. 상대 수비수가 오른쪽으로 공을 뺏으려고 달려들면 선수는 왼쪽으로 드리블해서 치고 나가게 된다. 상대방의 자세와 움직임에 대한 정보를 읽고 어느 방향으로 드리블을 할 지 결정하는 것이 실제 경기장에서 일어나는 일이다.

경기 중에 선수가 하는 모든 움직임에는 목적이 있다. 축구 경기에서 선수는 수비수를 제끼거나 패스나 슈팅을 하기 좋은 공간으로 이동하기 위해 드리블을 한다. 최소한 공을 잘 간수해 빼앗기지 않는 것도 목적이다. 하지만 콘을 놓고 드리블을 할 때는 특별한 목적도, 입력되는 정보도 없다. 오로지 콘 사이를 왔다갔다 하며 지나가는 동작만 있을 뿐이다. 콘을 보며 선수는 어떤 어포던스(행동의 기회, 움직임의 가능성)도 인지하지 못한다. 어떤 방식의 드리블을 해야 할 지 선택할 필요도 없다. 그저 코치가 하라는 대로 움직이는게 전부다. 이것은 '가짜 민첩성' 연습이다.

또다른 문제도 있다. 콘 사이로 드리블을 하려면 선수는 땅을 내려다 봐야 한다. 축구 선수나 하키 선수가 아래만 보면서 움직이면 경기 중에 할 수 있는 것이 거의 없다. 상대 선수의 먹잇감이 되기 딱 좋다.

마지막으로, 콘 드리블 연습을 하기 위해 선수들은 자기 차례가 올 때까지 줄을 서서 기다린다. 일주일 내내 뒷마당에서 혼자 공을 가지고 놀다가 이제서야 다른 아이들과 어울려 축구를 하게 되었는데, 다시 그 아이들은 혼자서 공을 드리블하기 위해 줄을 서서 기다려야 한다. 아이들의 귀에 슬픈 음악소리가 들리는 듯 하다. 신나는 축구를 경험하고 싶은 아이들에게 이런 슬픔을 안겨줄 필요가 있을까?

대체로 많은 코치들은 초보자가 기술을 배우기 시작할 때는 동작을 쪼개서 연습시켜야 한다고 믿는다. 하나의 기술을 여러 기본적인 동작들로 나누어 고립 연습을 반복시키는 방식이다. 그런 단순한 동작들에 선수가 익숙해 지면 그것들을 통합해서 다음 연습으로 나아간다. 콘을 놓고 하는 드리블 연습, 야구의 배팅티 연습, 풋볼에서 사다리나 타이어를 통과해서 달리는 연습, 테니스에서 코치가 던져준 공을 때리는 연습, 배구의 토스

연습, 농구에서 일렬로 서서 하는 패스 연습 등이 바로 그런 고립 연습들이다.

이러한 연습에는 동작의 목적이 빠져 있다. 이런 연습을 할 때 선수는 환경으로부터의 정보와 무관하게 움직인다. 함께 경기장에서 뛰는 선수들과의 상호작용도 할 필요가 없다. 지각과 동작의 커플링이 끊어진 연습이라고 할 수 있다. 농구에서 드리블을 하거나, 공이 없이 달리거나, 누구에게 패스를 할 지를 결정하는 것은 상대팀과 우리팀 선수들의 위치와 움직임에 따라 달라진다. 야구에서 타자가 투수의 공에 타이밍을 맞추어 스윙을 하려면 날아오는 공에서 정보를 얻어야 한다. 테니스 선수가 스트로크의 타이밍을 맞추기 위해서도 날아오는 공의 궤적과 속도에서 정보를 얻어야 한다. 하지만 위에 언급한 고립 연습들은 그러한 정보지각과 의사결정 과정을 없애 버린다. 선수는 코치가 알려주는대로 움직이면 된다. 가라고 하는 곳으로 뛰어가면 되고, 주라는 곳으로 패스를 하면 된다. 타자는 칠까 말까를 선택할 필요가 없다. 그냥 모든 공에 배트를 휘두르면 된다. 또 어떤 경우에는 아무 것도 하지 말라는 코치의 지시를 따라야 한다.

이렇게 기술을 여러 동작으로 나누어 기본기를 익힌 다음에야 경기를 해야 한다는 생각은 내가 볼 때 문제가 있다. 여러 이유로 유소년 스포츠를 망가뜨리는 일이라고 생각한다. 지각과 동작의 커플링이 끊어진 고립 연습은 대체로 지루하다. 아이들에게 그런 연습이 재미가 있을 리가 없다. 지난 장에서 이야기했듯이 선수가 개성과 창의성을 발달시키는데도 도움이 되지 않는다. 스스로 새로운 움직임에 도전하는 탐구심을 앗아간다.

어린 아이들도 저마다의 고유한 움직임 패턴을 가지고 있다. 하지만 고립 연습은 그런 아이들에게 '하나의 올바른 동작' 내지는 '이상적인 동작'을 강요한다. 아이들은 코치가 주문하는 '기본기'를 마스터하기 위해 고군분투를 하다가 흥미를 잃고 스포츠로부터 멀어진다. 운동을 시작한 아이들에게 필요한 것은 몸을 움직이는 것이 얼마나 재밌고 즐거운 일인지를 경험하는 것이다. 또한 환경과의 상호작용을 통해 창의적으로 움직임을 표현할 수 있는 기회가 제공되어야 한다. 하지만 '기본기'로 강조되는 고립 연습들은 그런 기회를 앗아간다. 기본기 연습에 지친 아이들은 운동신경이 없다고 느끼거나, 스포츠의 진짜 매력을 느끼지 못한 채 스포츠의 세계를 떠나게 된다.

동작을 나누지 않고 과제를 단순화한다

아이들이 스포츠에 흥미를 잃지 않으면서 지각-운동 기술을 효과적으로 익혀나갈 수 있는 새로운 방법을 우리는 고민해야 한다. 콘을 늘어놓는 방식 말고 축구의 드리블을 익힐 수 있는 더 좋은 방법은 없을까? 코치가 궁극적으로 원하는 것은 선수가 주변을 잘 탐색하면서 다리와 발의 코디네이션을 통해 움직이는 기술을 습득하는 것이다. 경기장에서 선수는 상대의 움직임에 따라 자신의 움직임을 결정하기 때문이다.

축구의 이런 특성을 생각하면 우리가 어린 시절 하던 어떤 놀이가 생각나지 않는가? 바로 술래잡기 놀이다. 술래잡기 놀이를 잘 들여다 보면 매우 기능적이고 목적이 뚜렷하다는 것을 알 수 있다. 아이들은 상대를 잡거나 도망을 가야 한다. 상대의 움직임에 따라 어떻게 움직여야 할 지를 결정하게 된다. 다시 말해 상대의 움직임에서 어포던스(잡을 수 있을지, 도망갈 수 있을지)를 읽으려고 노력해야 한다.

이렇듯 술래잡기는 지각과 동작이 커플링되어 있는 좋은 놀이다. 상대를 잡으려면 도망가는 상대의 움직임에 따라 나의 움직임을 순간순간 선택해야 한다. 상대를 향해 돌진하거나, 상대를 특정 방향으로 이동하도록 압박할 수도 있다. 우리가 100년이 넘는 오랜 세월 동안 술래잡기 놀이를 해온 이유가 있다. 바로 재미있기 때문이다!

다양한 방식으로 술래잡기를 축구 연습에 응용할 수 있다. 마치 술래가 되어 도망을 가듯이 잡으러 오는 상대를 피해가며 드리블을 하는 연습을 디자인할 수 있다. 두 명의 선수가 제한된 공간에서 공을 드리블하면서 한 명은 잡고 다른 한 명은 도망가는 방식도 있다.

술래잡기를 응용한 축구연습

그 밖에도 지각과 동작을 커플링시켜 연습할 수 있는 많은 방법이 있다. 이렇게 목적이 분명한 연습은 실제 경기에 필요한 '진짜 민첩성'을 길러준다. 콘을 길게 늘어놓고 땅만 바라보며 움직이게 만들 필요가 없다. 아무 것도 하지 않으면서 순서를 기다릴 필요도 없다.

자기조직화 코칭모델의 관점에서 보면, 기술을 여러 동작으로 나눠서 연습하는 것이 아니라 과제를 단순화시키는 것이 새로운 운동기술을 배우는 더 나은 방법이다. 기술을 나눠서 연습하는 것이 아니기에 처음 기술을 익힐 때부터 기술의 전체적인 움직임을 온전히 연습하게 된다. 초보자가 움직임을 보다 쉽게 익혀나갈 수 있도록 과제는 단순화시켜 주지만 기술과 관련한 기본 구조는 그대로 유지하기 위해 신경을 쓴다.

술래잡기 놀이를 응용한 민첩성 연습이 기술을 나누지 않고 과제를 단순화하는 대표적인 예라고 할 수 있다. 야구라면 배팅티에 공을 올려 놓고 연습하는 대신 처음부터 날아오는 공을 때리는 연습을 하는 것이다. 날아오는 공을 인식해 스윙을 어떻게 할 지를 결정하는 타격의 기본 구조를 그대로 반영한 연습이다. 다만 치기 쉽도록 느린 공을 던져주거나 가까이에서 공을 던져 주며 과제는 단순화시킨다. 농구 골대의 높이를 낮추거나 가벼운 테니스 라켓을 사용하는 식으로 장비나 도구에 변화를 주어 과제를 보다 쉽게 세팅하는 것도 방법이다.

여기서 중요한 것은 두 가지다. 최종적으로 사용할 기술과 같은 방식으로 지각-동작 커플링을 발전시켜야 한다는 점이다. 또 하나는 연습 조건을 다양하게 만들어 선수가 과제를 해결하는 법을 익히도록 해야 한다는 것이다. 처음부터 경기에서 실제로 사용할 기술을 연습하면서 선수는 지각한 정보를 바탕으로 움직임을 코디네이션하고 의사결정을 하는 법을 익혀야 한다.

지각과 동작의 커플링이 끊어진 연습의 한계

기술을 여러 동작으로 나눠 연습하는 '기본기가 먼저' 접근 방식은 몇 가지 문제를 안고 있다. 특히 지각-동작 커플링이 끊어진 연습은 분명한 한계가 존재한다. 인간은 지각된 정보를 바탕으로 움직여야 할 때와 그냥 움직일 때 세상을 다르게 지각하기 때문이다. 또한 인간의 움직임 역시 지각 정보에 크게 영향을 받는다.

축구의 골키퍼를 대상으로 지각과 동작의 관계를 살펴본 흥미로운 연구가 있다. 연구팀은 시선측정장비를 이용해 페널티킥을 막는 골키퍼의 눈의 움직임을 관찰했다. 이때 한 그룹의 골키퍼들에게는 실제 공을 막기 위해 움직이지는 말고 공이 날아올 방향만 "오른쪽", "왼쪽" 이렇게 말하도록 했다. 지각과 동작을 커플링시키지 않은 조건이라고 할 수 있다. 다른 그룹의 골키퍼들에게는 실제로 공을 막기 위해 움직이도록 했다. 측정결과는 〈그림 11-1〉과 같이 나타났다.

위쪽 사진은 실제 움직이지는 않고 키커의 움직임을 관찰만 한 골키퍼들의 눈의 움직임을 보여준다. 아래쪽 사진은 실제로 공을 막기 위해 몸을 날려야 하는 조건에서 눈이 어떻게 움직였는지를 보여준다. 두 그룹의 골키퍼들은 완전히 다른 시선 움직임 전략을 사용하고 있다.

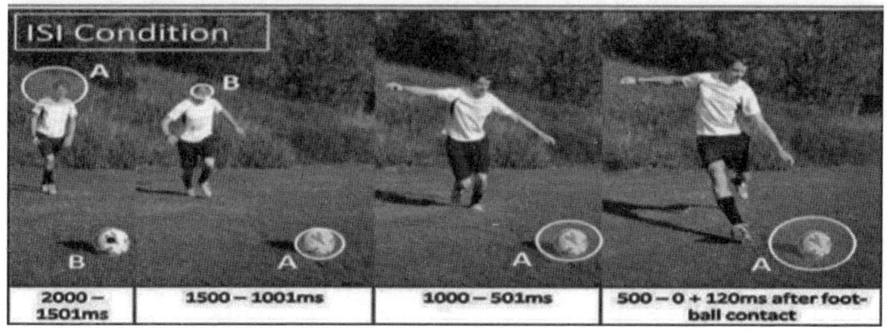

〈그림11-1〉 지각-동작 커플링이 끊어진 경우의 시선 움직임(위)과 지각-동작 커플링이 반영된 경우의 시선 움직임(아래) 차이. 딕스(2010).

실제로 몸을 움직여야 하는 조건이 지각 기능에 영향을 주었음을 확인할 수 있다.

비슷한 방식으로 내가 진행한 연구에서도 유사한 결과를 확인할 수 있다.[1] 나는 날아오는 야구공의 방향만 판단하는 경우와 실제로 야구공을 잡기 위해 움직이는 경우로 나누어 손의 위치를 추적관찰했다. 몸은 움직이지 않고 날아오는 야구공의 방향만 판단하도록 한 경우에는 실제로 공이 어떻게 날아갔는지 피드백을 주어도(예를 들어, "그 공은 네가 판단한 위치보다 오른쪽으로 조금더 갔어.") 방향을 판단하는데 작은 실수들을 반복했다. 하지만 선수로 하여금 그냥 공을 잡으라고 하자 이런 오류는 사라졌고 선수의 손은 공을 잡기 위해 필요한 위치로 올바로 움직였다.

이러한 결과는 시각 신호가 뇌에서 어떻게 처리되는지 과학이 밝히고 있는 사실과 맥을 같이한다. 빛이 눈에 닿아 전기 신호로 변환된 후에는 머리의 뒤쪽으로 이동하여 시각 피질이라고 불리는 영역에 도착한다. 시각 신호는 그곳으로부터 두 갈래로 나뉘는데, 뇌의 윗부분으로 가는 배측 줄기와 아랫부분으로 가는 복측 줄기로 갈라진다. 구달Goodale과 밀너Milner의 연구에 따르면, 이 두 영역은 상대적으로 '행동을 위한 시각'과 '지각을 위한 시각'을 맡고 있는 것으로 보인다.[2] 즉, 하나는 행동을 이끌어 내기 위해 시각 정보를 사용하는 반면, 다른 한 줄기는 수동적인 지각과 언어 반응을 위해 시각 정보를 사용한다는 것이다.

이를 뒷받침하는 증거는 뇌손상 환자들에게서도 확인할 수 있다. 예를 들어, 구달과 밀너의 연구에 등장하는 환자는 선의 방향이 어느쪽을 향하고 있는지 말로 표현하는 것에는 어려움이 있었지만, 다른 방향으로 열려있는 우편함 구멍을 찾아 편지를 넣는 데는 전혀 문제가 없었다. 지각과 동작이 커플링된 과제를 수행할 때와 움직임이 없이 지각 작용만 일어날 때 다른 뇌부위를 사용한다는 증거라고 볼 수 있다.

〈그림 11-2〉의 두 수평선의 길이는 같다. 하지만 대부분의 사람들은 위에 있는 선이 아래에 있는 선보다 길다고 말할 것이다. 하지만 이 수평선 모양 그대로 나무로 만들고 손가락을 벌려 잡으라고 하면 두 수평선을 잡기 위해 벌린 손가락 사이의 거리는 같을 것이다.[3] 다시 반복해서 말하자면 이 모든 이야기들의 결론은 이렇다. 선수가 지각과 동작이

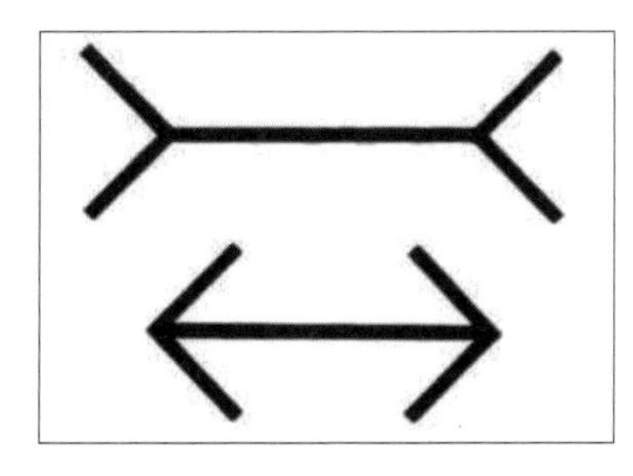
〈그림 11-2〉 뮬러-라이어 착시

커플링된 과제를 수행할 때와 움직임이 없이 지각 작용만 일어날 때는 다른 뇌부위를 사용한다는 것이다.

선수가 지각되는 정보 없이 동작만을 연습할 때도 비슷한 문제가 생긴다. 크리켓 선수들을 대상으로 진행한 어느 연구에서는 배츠맨*이 피칭머신에서 나오는 공을 칠 때 실제 경기에서 공을 칠 때와는 다른 움직임 패턴을 보인다는 사실을 발견했다. 특히 공을 맞추기 위해 앞뒤로 스텝을 밟는 방식이 현저히 달랐다.[4] 실제 경기에서 날아오는 공을 때리는 능력은 탁월한 크리켓과 야구의 베테랑 선수들은 피칭머신의 공을 치는 것은 오히려 어려워하기도 한다. 볼러**나 투수의 바디랭귀지와 투구동작에서 얻을 수 있는 정보를 피칭머신으로부터는 얻을 수 없기 때문이다.

이와 관련해 내가 아주 좋아하는 스포츠 이벤트가 바로 제니 핀치와

---

* 크리켓에서 볼러가 던지는 공을 때리는 선수. 야구로 치면 타자에 해당한다

** 크리켓에서 공을 던지는 선수. 야구로 치면 투수에 해당한다.

앨버트 푸홀스의 대결이다. 제니 핀치는 역사상 가장 뛰어난 소프트볼 투수 중 한 명이다. 올림픽 금메달리스트이며 올스타에도 2번이나 선정되었다. 앨버트 푸홀스는 명예의 전당이 예약되어 있는 최고의 타자다. 2004년에 푸홀스는 핀치와 맞대결 이벤트를 벌였는데, 그 해에 푸홀스는 타율 0.331에 46개의 홈런을 쳐서 내셔널리그 올스타에 선정되었다. 푸홀스 정도의 타자라면 단지 공이 조금더 커졌다든지, 마운드가 조금 가까워졌다든지, 투수가 언더핸드로 던진다고 해서 그다지 영향이 있었을까 하는 생각이 든다. 하지만 우리 모두의 예상과는 달리 푸홀스는 3개의 공을 상대하며 안타는 고사하고 공을 건드리지도 못했다.

제니 핀치와 앨버트 푸홀스의 투타 대결 영상

여기서 핵심은 환경에서 얻는 정보와 움직임 사이에 구체적인 관계를 만드는 것이 기술습득에서 매우 중요하다는 점이다. 정보와 움직임이 보다 높은 수준으로 커플링되어 있을수록 선수의 기술 수준도 높아진다. 지각과 동작의 커플링이 끊어진 고립 연습은 선수가 수행하는 과제의 성격을 근본적으로 바꾸게 된다. 연습의 효과가 실제 경기력으로 전이될 가능성이 줄어들 수 밖에 없다. 푸홀스가 오랫 동안 한 야구 연습이 소프트볼을 치는 능력으로 나타나지 않은 것도 같은 맥락이다.

푸홀스에게는 날아오는 소프트볼을 지각해 스윙과 연결하는 프로그램이 없었기 때문이다.

짧고 가벼운 라켓을 쥐어줄 때 나타난 변화

키가 130cm 정도 되는 8살 아이가 막 테니스를 배우기 시작했다고 상상해 보자. 코치가 포핸드 스트로크로 칠 수 있게끔 네트 너머로 공을 보내주고 있다. 그런데 성인용 테니스공을 그대로 사용하다 보니 공이 코트에 바운드되어 어린 아이의 머리 높이까지 튀어 오른다. 아이가 손에 쥔 라켓도 무척 버거워 보인다. 자신의 팔 길이보다도 긴 27인치 성인 테니스 라켓을 낑낑거리며 휘두르고 있다. 공을 때리는 것도 부정확하고, 스트로크를 하는 속도도 무척 느리다. 몸의 앞쪽에서 강하게 때리지 못하고 뒤에서 겨우겨우 컨택하는 모습도 나타난다. 아래에서 위로 '무지개' 모양의 궤적을 그리는 자연스러운 스트로크가 나오지 않는다.

연구에 따르면 스포츠를 처음 접하는 어린 선수들을 이렇게 성인들과 같은 조건에서 연습을 시키면 선수를 수동적으로 만들고 자신감도 떨어뜨리는 것으로 나타났다. 근본적인 문제는 선수에게 작용하는 제약들이 비효율적인 동작을 이끌어 낸다는 점이다. 여기서 작용하는 제약은 라켓과 공의 크기, 선수의 신체조건이라고 할 수 있다. 최근의 연구는 '장비 스케일링'이 이 문제를 해결하기 위한 효과적인 방법이라고 제안한다.

지각와 동작의 커플링을 끊어버리면서 과제의 성격을 근본적으로 바꾸는 대신, 공과 라켓에 변화를 주면 무슨 일이 벌어질까? 압력이 낮아 덜 튀는 공이나 더 짧고 가벼운 라켓을 사용하도록 하여 과제를 단순화시켜주는 것이다. 팀 버자드Tim Buszard의 연구는 이런 장비 스케일링이 어린 선수들이 기술을 익히는데 매우 효과가 좋은 코칭수단이라는 점을 보여주었다.[5] 25명의 유소년 테니스 선수들에게 성인용 라켓으로 10번, 짧은 라켓으로 10번 스트로크 동작을 하도록 하고 신체의 움직임을 측정했다. 선수들은 짧은 라켓을 사용했을 때 훨씬 더 정확하게 공을 때렸다. 퍼포먼스의 차이도 뚜렷하게 관찰되었을 뿐 아니라 스트로크 동작을 코디네이션하는 방식에서도 큰 차이가 있었다. 선수들은 성인용 라켓을 사용할 때는 주로 자유도 동결 전략을 사용하는 경향을 보였다. 팔뚝은 비교적 사용하지 않으면서 상박에 변화를 주며 스트로크를 조절했다. 반대로 스케일링된 장비, 즉 짧은 라켓을 사용할 때는 팔뚝의 움직임이 상박의 움직임과 긴밀하게 연결되어 스트로크 동작에 운동 시너지가 생겼다. 팔뚝과 상박이 기능적으로 커플링되어 움직였다고 할 수 있다. 스케일링된 장비가 유소년 선수들의 자유도를 해방시켜 더 효과적인 움직임 솔루션을 찾을 수 있게 해준 셈이다.

다른 스포츠에서도 유사한 사례를 확인할 수 있다. 농구를 배우는 10살 전후의 어린이를 대상으로 스케일링의 효과를 살펴본 연구에서는 가벼운 농구공을 사용했을 때 성인용 농구공으로 연습하는 것에 비해 슈팅의 정확도가 높아졌다. 슛을 성공한 빈도가 높아지면서 자기 효능감도 높아졌다.[6] 일반적인 배구공보다 가벼운 공을 이용해 연습을 한 중학생

배구선수들이 매치플레이에서 더 정확한 세트와 오버핸드 서브를 보여준 연구사례도 있다.[7]

부자드Buszard의 연구팀은 테니스, 농구, 배구, 크리켓은 물론 공을 던지고 받는 동작과 관련된 25건의 장비 스케일링 연구를 분석했다.[8] 그 중 18개의 연구에서 표준 성인 장비를 사용한 연습에 비해 스케일링을 적용한 연습이 상당한 수준으로 퍼포먼스가 더 좋았다는 것을 발견했다.

선수의 개인제약에 맞추어 과제를 적절히 스케일링하는 것은 매우 효과적인 코칭수단이 될 수 있다. 어느 방법을 선택할 지는 코치의 몫이다. 빈 코트에 공을 느리게 던져주며 스트로크를 연습시킬까? 아니면 다루기 쉬운 라켓을 손에 주어 주고 상대방과 랠리를 할 수 있게 만들어 줄까?

기본기를 갖춘 다음에 경기를 해야 한다는 생각

내가 장비 스케일링이나 경기장의 크기를 줄이는 방식으로 과제를 단순화시키는 코칭방식을 이야기하면 코치들은 이런 질문을 한다. 동작에 초점을 맞춘 고립 연습을 하지 않고 그렇게 처음부터 경기를 하게 놔두어도 어린 선수들이 기본기를 배울 수 있냐는 것이다. 이 질문 자체가 품고 있는 몇 가지 문제가 있는데, 관련 연구를 소개하며 이런 생각에 숨어 있는 문제를 들여다 보려고 한다.

10~11세의 축구 선수들을 대상으로 경기장의 규모를 줄여서 22주간 연습을 진행한 연구가 있다.[9] 선수들은 축구 훈련에서 전통적으로 많이

하는 동작 연습을 따로 하지 않았다. '경기 안에서' 드리블과 패스와 같은 기술을 익히는 것이 목적이었다. 연습이 시작되기 전과 11주 후, 그리고 연습이 끝나는 시점, 이렇게 3번으로 나눠 베테랑 코치들이 선수들의 드리블과 패스 기술을 0부터 2의 척도로 평가했다. 패스의 속도가 적절했는지, 패스받을 선수를 적절하게 선택했는지, 공을 잘 컨트롤했는지 등을 기준으로 점수를 매겼다.

처음 11주 동안에는 별다른 발전이 없었다. 하지만 22주의 연습이 모두 끝난 시점에서 평가를 했을 때는 패스와 드리블 능력에서 상당한 발전이 나타났다. 이것은 연습에 변동성을 늘려서 자기조직화를 촉진했을 때 장기적으로 관찰되는 현상과 맥을 같이 한다. 기술을 여러 동작으로 나누지 않고 장비나 경기장 스케일링을 통해 과제를 단순화시키는 방식은 기본기가 드러나는 데는 시간이 더 걸릴 수 있다. 하지만 장기적으로 보면 고립 연습의 반복을 통해 익히는 그런 '기본기'를 똑같이 발전시킨다.

더 중요한 질문은 우리가 이것에 대해 굳이 걱정할 필요가 있냐는 것이다. 기본기를 갖춘 다음에 경기를 해야 한다는 생각은 과연 옳은가? '기본기'란 대체 무엇일까? 기본기라는 것은 〈그림 11-3〉에서 피라미드 구조로 정리한 것처럼 여러 기본적인 요소들이 모여야 숙련된 기술로 발전한다는 오랜 가정으로부터 비롯된 개념이다.

기본기라는 개념은 운동기술 사이에 선형적인linear 관계가 있다고 가정한다. A라는 기술을 갖추길 원한다면 그 기술과 관련된 기본기 a1, a2, a3를 먼저 연습해야 한다는 생각이다. 하지만 이것은 복잡적응계adaptive

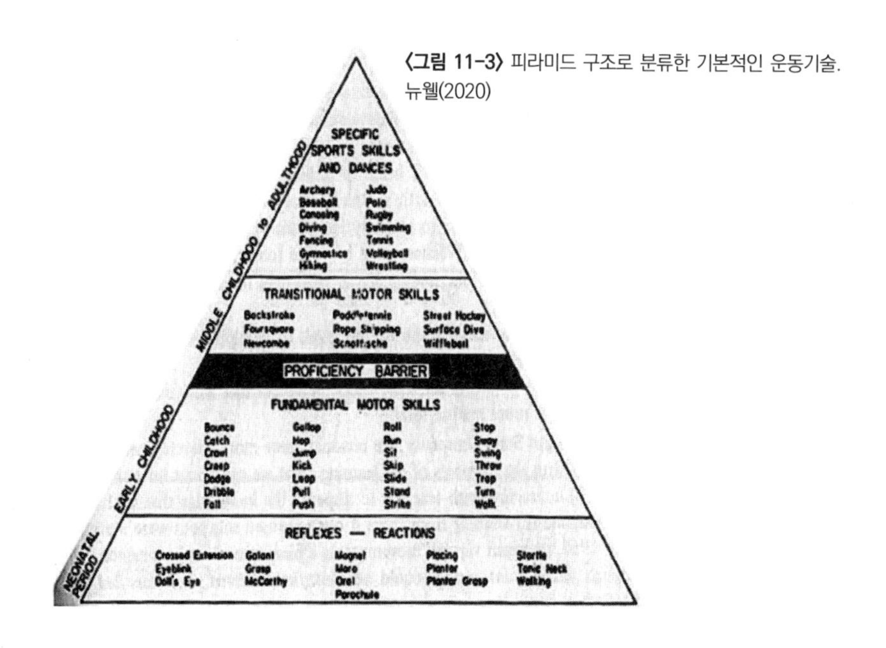

〈그림 11-3〉 피라미드 구조로 분류한 기본적인 운동기술. 뉴웰(2020)

complex system의 성격을 가지고 있는 운동과는 동떨어진 개념이다. 운동기술이 주변 환경에서 얻는 정보와 매우 구체적으로 연결되어 있다는 사실을 간과하고 있다. 콘 사이를 돌며 드리블하는 연습 으로 상징되는 기본기 연습은 대체로 목적이 불분명하다. 기능적이지도 않다. 보기에만 흐뭇할 뿐이다. 움직임 자체를 만들어내는 것 외에는 실제로 어떤 목적도 달성하지 못한다.

기본기에 관한 이야기를 할 때 내가 좋아하는 에피소드가 있다. 팟캐스트에 초대했던 리버풀 존무어스 대학의 제임스 러드 박사가 들려준 이야기다.[10]

“신체능력을 평가할 때 종종 갤롭이라 불리는 동작을 테스트

합니다. 마치 말처럼 뛰는 동작인데요. 한 쪽 다리가 뒤에 남고 다른 쪽 다리가 앞으로 나오는 동작입니다. 제가 시범을 보여드리고 연습할 시간을 드리겠습니다. 두 번을 요청드릴 겁니다. 얼마나 리듬감있게 움직이는지 볼겁니다. 팔도 진자의 움직임과 유사하게 자연스럽게 움직이는지 볼거구요.

갤롭 동작

이 테스트를 도저히 따라하지 못했던 한 여자아이가 있었습니다. 솔직히 꽤 흔한 일이죠. 어떻게 시작해야 할지도 모르는 사람이 무척 많습니다. 그래서 그 아이한테 걱정 말라고 하고 10분 동안 쉬고 오라고 했습니다. 저는 쉬는 시간에 그 아이와 친구들이 놀이터에서 술래잡기 놀이를 하고 있는 모습을 보았습니다. 그 여자아이가 언덕을 달려 내려가며 친구를 쫓아가고 있는데 놀랍게도 우리가 테스트하려고 했던 갤롭 동작의 패턴이 완벽하게 나타나고 있었습니다."

맥락도 없고, 목적도 없이 이 기이한 달리기 동작을 시키는 것은 연구자의 호기심을 충족시키는 것 외에는 별다른 의미가 없다. 아이는 그런 동작을 통해 어떤 어포던스도 지각하지 못한다. '가짜 민첩성'의 또다른 예라고 할 수 있다. 하지만 아이는 술래잡기 놀이를 하며 자연스럽게 갤럽 동작을 만들어 냈다. 다른 아이를 쫓아가 잡아야 한다는 구체적인 목적을 이루기 위해, 그리고 언덕을 달려 내려가며 신체의 균형을 유지하기 위해 갤럽 동작을 스스로 만들어 냈다. 기능적으로 필요하고, 구체적인 목적을 달성하기 위해 필요하다면, 갤롭과 같은 움직임 패턴은 과제를 수행하는 과정에서 저절로 창발하게 된다. 이에 반해 여러 기본기들을 익혀야 궁극적으로 원하는 기술을 수행할 수 있다고 하는 실험적 증거나 이론적 근거는 특별히 존재하지 않는다.

'기본기'라는 개념이 안고 있는 또 다른 문제는 이를 어떻게 진단하고 평가할 것인가다. 대체로 코치들이 기본기를 판단하는 과정은 비슷하다. 코치가 기본기라고 생각하는 특정한 동작을 연습시킨다. 특정 상황에서 특정한 선택을 하는 연습을 반복시키기도 한다. 그렇게 몇 주간 연습을 시킨 바로 그 코치가 선수가 익힌 기본기의 기술적, 전술적 숙련도를 평가한다. 바로 이런 모습 때문에 많은 스포츠에서 선수들이 창의성을 발휘하지 못하고 있다. 그리고 코치들은 기본기를 평가할 때 어떤 특정한 움직임을 확인하려고 하는 경향이 강하다. 하지만 운동기술에는 적응 능력이 중요하고, 다양한 움직임 솔루션을 끄집어 낼 수 있어야 하며, 문제를 해결하는 것이 중요하다는 관점으로 보면 이런 기본기 평가방식은 문제가 있다. 우리가 추구해야 할 것은 특정한 한두 개의 움직임이 아니라 다양한 움직임 솔루션이다. 오히려 주어진 과제를 다양한 방식으로 해낼

수 있어야 한다.

어릴 때 한 종목에 올인할 경우의 위험

지금까지 이야기한 것들에서 핵심을 끄집어내면 결국 이것이다. 아이들은 배우려고 하는 스포츠의 속성을 그대로 반영한 조건 내지는 그와 매우 유사한 조건에서 연습을 해야 한다는 것이다. 실제 경기와 같은 방식으로 정보를 지각하면서 움직이는 조건이다. 이런 주장은 자연스럽게 유소년 스포츠의 오랜 논쟁과 연결된다. 조기 전문화와 다양한 체험 중에 어느 쪽을 선택해야 하는지의 문제다. 전문화 과정은 기술을 높은 수준으로 끌어올리기 위해 반드시 요구되는 시간이다. 하지만 유소년 스포츠에서는 문제를 다른 차원으로 들여다 보아야 한다.

도너 스포츠DonorSport는 유소년 스포츠에 새롭게 등장한 흥미로운 개념이다.[11] 특정 종목에 필요한 움직임 솔루션과 어포던스 지각능력을 개발하기 위해 다른 종목의 도움을 받는 접근법을 의미한다. 도너 스포츠라는 개념은 우리가 이 책을 통해 줄곳 이야기해 온 새로운 코칭 모델과 맥을 같이 한다. 단순히 동작의 완성도가 아니라 적응능력과 문제해결능력을 중요시한다. 도너 스포츠는 전문 운동선수가 되기 전에 다양한 움직임을 통해 적응능력을 키우는 활동이 필요하다고 제안한다. 또한 스포츠 퍼포먼스의 맥락에서 어포던스(행동의 기회)를 지각하는 능력을 발달시켜야 한다고 여긴다. 도너 스포츠는 어떤 특정 종목에 요구되는 움직임과 어포던스를 조금씩 공유하는 활동이라고 할 수 있다.

파쿠르 영상

예를 들어, 파쿠르를 도너 스포츠로 활용해 축구선수를 연습시킨다고 가정해 보자. 파쿠르에 대해 잘 모르는 분들을 위해 간단히 설명하면, 파쿠르는 복잡하게 마구 얽힌 구조물을 지나가며 움직이는 스포츠다. 한 지점에서 다른 지점으로 점프, 공중제비, 달리기, 구르기 등 그때그때

필요한 움직임을 만들어 이동해야 한다. 어떻게 보면 우리 모두 어렸을 때 놀이터에서 했던 운동이다.

왜 파쿠르 같은 운동이 어린 축구선수에게 도움이 될까? 파쿠르와 축구는 같은 어포던스를 공유하기 때문이다. 예를 들어, 축구에서 수비수를 제치기 위해 필요한 사이드 스텝 움직임은 파쿠르에서 구조물을 피해 지나가는 움직임과 유사한 기술과 코디네이션 역학coordination dynamics 을 사용한다. 지각해야 하는 어포던스도 유사하다. 수비수를 피할 수 있을지를 지각하는 것은 장애물을 피할 수 있을지 지각하는 것과 유사하다. 장애물과 나 사이의 공간을 지각하는 것은 상대 수비수와 나

사이의 공간을 지각하는 것과 유사하다. 장애물 사이를 지나갈 수 있을지 지각하는 것은 수비수 사이의 공간을 뚫을 수 있을지 지각하는 것과 유사하다.

비록 학문적으로는 더 검증되어야겠지만 파쿠르 연습은 축구의 경기력으로 긍정적으로 전이transfer된다고 볼 수 있다. 체조나 다이빙, 피겨 스케이팅 같은 종목보다 파쿠르가 도너 스포츠로 더 선호되는 이유는 파쿠르의 움직임이 지니고 있는 개방적이고 실험적인 속성 때문이다. 체조나 다이빙 같은 종목은 어느 정도 사전에 정해진 동작을 수행하는 측면이 강하다. 하지만 파쿠르는 정해진 몇 가지 동작으로 온갖 장애물들을 돌파해 나갈 수 없다. 파쿠르를 하며 선수는 자신만의 고유한 움직임 패턴에 맞춰 기술을 발전시켜야 한다. 그렇기 때문에 다른 종목으로 연습효과가 전이될 가능성이 높다고 할 수 있다.

어린 선수들이 하나의 스포츠에만 올인하지 않고 다양한 종목을 경험해야 하는 또 다른 이유가 있다. 스트렝스와 유연성, 스피드 등 다른 종목을 하며 일어난 신체능력의 변화가 주종목의 경기력에도 긍정적인 영향을 주기 때문이다. 또한 어릴 때 여러 종목의 움직임을 경험하는 것은 신체에 대한 인지능력을 키워준다. 선수들은 대개 고유수용성감각처럼 신체 내부에서 전달되는 정보에 둔감한 편이다. 눈으로 들어오는 시각 정보에 주로 의존하기 때문이다. 하지만 신체가 전달하는 정보를 잘 캐치하는 것이 경기력 향상에 중요할 수 있다는 연구결과들이 속속 등장하고 있다.

체조, 수영, 스포츠 댄스, 배드민턴, 축구의 5가지 다른 스포츠에 걸쳐 중국의 국가대표급 선수 100명을 대상으로 신체인지능력을 측정한 연구가 있다.[12] 연구팀은 선수들에게 눈을 가린 상태에서 특정한 동작을 하도록 하고 발목, 무릎, 손가락, 어깨의 각도 등을 알려달라고 요청했다. 그렇게 선수들이 실제로 한 동작과 말한 것들을 비교해 고유 수용성감각 민감도를 정리했다. 신체 부위에 관계없이 일단 모든 종목의 선수들이 일반인에 비해 고유수용성감각 민감도가 훨씬 높았다.

선수들 사이에서는 발목과 어깨의 고유수용성감각 민감도가 선수의 기술수준과 상당한 상관관계가 나타났지만 다른 신체 부위와는 그다지 관계가 없었다. 이 데이터를 이용하여 연구팀은 민감도 점수를 기반으로 선수의 경쟁력 수준을 예측하는 다중 회귀 모델을 만들었다. 그 모델은 고유수용성감각을 지각하는 능력만으로도 경기력의 30%를 설명할 수 있었다. 이는 더 높은 수준에 있는 선수들이 자신의 신체로부터 전달되는 정보에 더 민감하다는 증거가 될 수 있다.

마지막으로, 어떤 종목에 특화된 연습을 한 시간과 고유수용성감각 민감도 사이에는 유의미한 관계가 발견되지 않았다. 이는 어릴 때부터 한 종목에 올인하는 선수는 신체인지능력을 발전시키기 어렵다는 것을 암시한다. 체육 교사이자 연구자인 켄 알렉산더Ken Alexander의 말을 끝으로 이번 장을 마무리하려고 한다. 우리 유소년 스포츠에는 변화가 필요하다. 지금 우리가 하고 있는 코칭방식은 그다지 효과적이라고 말하기 어렵다.

"저는 많은 유소년 프로그램들이 숨기고 있는 '세 가지 비밀'이 있다고 생각합니다. 아이들은 운동기술을 제대로 발전시키지 못하고 있으며, 경기에서의 퍼포먼스도 발전시키지 못하고 있으며, 건강한 신체도 발달시키지 못하고 있습니다. 이 3개만 빼면 모든 게 잘 굴러가고 있죠."[13]

12장

자동으로 나오는 움직임이 좋은 기술인가

실용적인 이야기로 보다 깊숙히 들어가기 전에 근본적인 질문을 먼저 던져보자. 최고의 기술을 가진 선수는 무엇이 달라진 것일까? 그 선수는 어떻게 최고의 기술을 가진 선수가 된 것일까?

전통적인 운동학습의 관점에서 탁월한 운동기술을 갖고 있는 선수는 다음 두 가지를 지니고 있다고 간주된다. (1) 먼저 선수는 연습을 통해 어떻게 움직여야 하는지 알게 된다. (2) 그리고 특별히 주의를 집중하지 않아도 움직임을 컨트롤할 수 있게 된다.

운동학습 분야에서 자주 사용하는 '기술 습득skill acquistion'이라는 말에서도 우리는 (1)의 의미를 읽을 수 있다. 연습을 통해 선수는 움직이는 방법을 알게 된다. 즉 습득하게 된다. 그리고 그것들은 뇌에 운동 프로그램으로 저장되어 움직임을 계산하고 예측하는 표상 representation으로 작용한다. 선수는 발달한 운동 프로그램 덕에 같은 움직임을 반복할 수 있게 된다. 저장된 기억을 소환해 지금 마주한 상황을 해석할 수 있게 된다. 창의성을 상당 부분 선수 개인의 타고난 능력으로 간주하듯 운동기술도 그렇게 연습을 통해 선수가 '소유하는' 무언가로 여긴다. 선수 개인으로부터 나오는 능력으로 보는 것이다.

어떤 기술이 자동으로 나오게 만들어야 한다는 생각은 반복훈련과 같은 수준으로 인정받아 왔다. UCLA대학의 전설적인 농구 코치인 존 우든은 "자동으로 움직일 수 있을 때까지 반복해야 한다. 그것의 중요성은 아무리 강조해도 지나치지 않다"고 말했다.[1] 세계적인 베스트셀러 '긍정적 사고방식'의 저자인 노먼 빈센트 필은 "같은 방식으로 신체 움직임을 반복하면 습관으로 발전하고, 그 습관을 오래 반복하면 반사적인 움직임으로 발전한다"고 하며 역시 반복과 자동적인 움직임의 중요성을 강조했다.[2] 보스턴 셀틱스의 농구 선수 빌 샤먼은 "농구는 습관과 반복의 게임이다. 반사적으로 움직여야 한다. 농구 경기는 너무 빠르기 때문에 생각할 시간같은 건 없다"고 말했다.[3]

우리가 오랫동안 사용해온 '연습드릴practice drill'이라는 말에서도 비슷한 생각을 읽을 수 있다. 군대에서 유래한 이 개념은 마치 드릴로 구멍을 내듯 선수가 기술을 자동적으로 실행할 수 있도록 연습시킨다는 의미를 담고 있다. 기술에 능숙해진다는 것은 정말 이렇게 어떤 기술을 자동적으로 수행하는 것만을 의미하는 것일까? 환경과는 분리된 채 자동화해야 할 움직임 을 반복하는 것이 연습을 하는 목적이 되어야 할까? 스포츠코칭을 새로운 관점에서 들여다 보는 사람들은 그런 생각에 완전히 동의하지는 않는다.

호나우도를 최고의 선수로 만든 것

축구 스타 크리스티아누 호나우도와 보통의 축구선수는 어떤 차이가 있는 것일까? 최고의 선수는 연습을 통해 기술을 자동적으로 수행할 수 있는 능력을 습득한 선수라는 기존의 관점에 대해 나는 의문을 가지고 있다. 나의 생각을 뒷받침하기 위해 호나우도 선수의 움직임을 어둠 속에서 테스트한 기발한 연구를 소개하려고 한다.

호나우도의 어둠 속 반응 테스트

연구팀은 특이한 환경을 세팅해서 호나우도가 크로스로 날아오는 공을 처리하는 동작을 관찰했다. 평범하게 날아오는 공을 받아서 슈팅을 하는 것이 아니라 조금씩 다른 타이밍에 조명이 꺼지도록 테스트 환경을 만들었다. 호나우도는 저 멀리서 다른 키커가 크로스를 보내는 시점에 불이 꺼져도 헤딩으로 골대 구석에 정확히 슈팅을 하는 모습을 보여주었다. 호나우도는 갑작스레 불이 꺼져서 공을 지각하지 못하는 조건에서도 상당히 공을 잘 다루었다. 하지만 같은 테스트를 한 보통의 선수들은 조명이 바뀔 때마다 어려움을 겪었다.

나는 운동기술에 관해 이야기를 할 때 호나우도의 이 테스트 영상을 자주 예로 들어 설명하는 편이다. 호나우도가 이런 남다른 능력을 보여주는 이유를 들 때 보통은 그가 오랜 시간 동안 연습을 통해 이런 능력을 습득했다고 이야기한다. 이 테스트를 소개하고 있는 영상에는 이런 설명이 덧붙여져 있다.

"호나우도의 무의식에 저장된 프로그램은 0.5초 단위까지 크로스를 보내는 키커의 바디랭귀지를 해석한다. 공이 어느 방향으로, 어떤 스피드와 궤적으로 날아갈지를 순간적으로 계산한다. 그리고는 최적의 타이밍에 공이 날아오는 지점에 닿을 수 있도록 몸을 프로그래밍한다. 그의 머릿속은 마치 수학문제를 푸는 컴퓨터처럼 작동한다."

이 말에는 운동기술을 바라보는 기존의 관점 두 가지가 고스란히 녹아있다. 호나우도가 공을 능수능란하게 다루는 능력은 그가 연습을 통해 습득한 운동 프로그램(뇌 속의 컴퓨터) 때문이라고 말하고 있다. 뇌 속에 저장된 이 운동 프로그램이 날아오는 공의 궤적과 스피드 등을 계산하고 예측하게 해준다는 것이다. 이렇게 계산과 예측 작업이 끝나면 움직임에 대한 정보가 운동제어부서로 전달된다. 호나우도의 몸은 이렇게 전달받은 정보의 내용대로 '자동적으로' 기술을 실행한다.

또한 저 설명은 기존의 기술습득 이론이 품고 있는 핵심 가정을 고스란히 드러낸다. 인간의 지각 시스템을 통해 얻는 정보가 움직임을 결정하는 중요한 요소가 아니라는 가정이다. 지각한 정보로는 충분하지 않으며 저장된 운동 프로그램이 주도적으로 움직임을 선택한다는 가정이 깔려 있다. 그렇기 때문에 호나우도가 어둠 속에서도 슛을 성공시킬 수 있다고 주장한다. 조명이 꺼지는 바람에 키커나 공의 움직임은 제대로 지각할 수 없었지만 그가 내면에 가지고 있는 운동 프로그램이 탁월한 정보 분석과 처리를 통해 움직임을 이끌어 냈다는 것이다.

이렇게 지각을 움직임에 영향을 미치는 '간접적인' 요인으로 보는 견해를 제임스 깁슨은 받아들이지 않았다. 깁슨이 볼 때 이런 관점은 인간의 움직임을 이해하는데 전혀 도움이 되지 않을 뿐더러 지나치게 복잡했다. 깁슨은 5장에서 살펴본 연구를 통해 인간의 지각 기능이 움직 임에 보다 직접적으로 관여하고 있다는 사실을 밝혀냈다. 깁슨이 볼 때 환경 속에서 지각하는 정보들은 움직임에 '직접적으로' 영향을 미치고 있었다. 정보를 해석하고 처리하기 위한 추가적인 작업도 필요하지 않았다.

〈그림 12-1〉은 크로스된 공을 받기 위해 이동하는 축구 선수의 움직임을 보여준다. 인간의 지각 기능이 움직임에 미치는 영향이 상대적으로 적고 간접적이라고 보는 관점에서는 공이 어느 타이밍에 어느 위치에 도달할지를 선수가 계산하고 예측할 필요가 있다. 하지만 놀랍게도, 그런 과정은 사실 필요하지 않다.

깁슨의 설명처럼 날아오는 공에 대한 정보를 지각하는 것이 움직임에

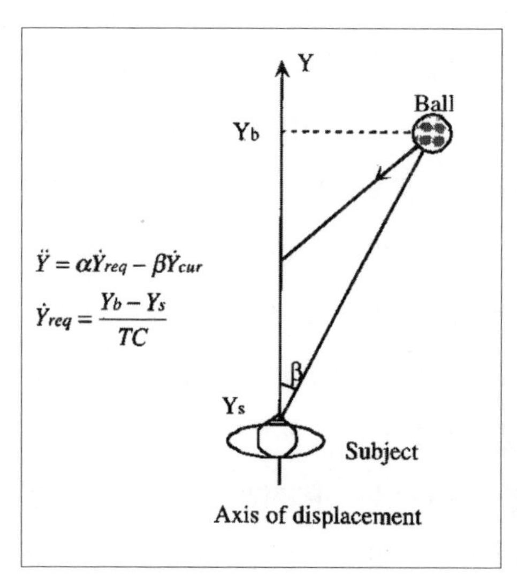

〈그림 12-1〉 정보와 움직임의 커플링을 통해 날아오는 공에 접근하는 모습. 샤드논(2002)

직접적으로 영향을 주기 때문이다. 〈그림 12-1〉에서 β는 선수와 날아오는 공 사이의 각도를 의미한다.[4] 공이 날아오는 동안 이 각도를 똑같이 유지하면서 움직이면 딱 맞는 타이밍에 크로스를 받을 수 있는 위치에 도달하게 된다. 실제로 선수들은 각도가 커지면 스피드를 올리고, 각도가 줄어들면 스피드를 낮추는 식으로 지각된 정보에 따라 움직임에 변화를 준다. 그것이 전부다. 정보와 움직임 사이에 다른 프로세스가 필요하지 않다.

사실 이렇게 β의 각도를 일정하게 유지하는 움직임은 잠자리부터 물고기에 이르기까지 많은 동물에게서도 관찰되는 모습이다. 인간을 포함해 많은 유기체들이 환경으로부터 지각한 정보에 직접적으로 반응해 움직임을 컨트롤한다. 연습을 통해 이런 움직임을 습득하게 되었다고 말하기는 어렵다. 과거의 움직임을 저장한 운동 프로그램으로 계산과 예측의 과정을 거쳐 이런 움직임을 만들어 낸다고 보기도 어렵다.

이것은 유기체가 환경에 적응하는 방식이다. 건강한 유기체는 환경과 우호적인 관계를 만들어 나가며 직접적으로 영향을 주고 받는다. 환경으로부터 정보를 얻고 나서는 환경과 완전히 단절된 움직임을 선택한다는 개념이 오히려 이상하지 않은가?

외국에 나가서 운전을 하면

"학습은 주의를 기울이는 것과 관련이 있다. 무언가를 알게 되고 나서는 다시 신경쓰지 않는 것이 아니다." -팀 잉골드(인류학자)[5]

기술이 연습을 통해 내면에 만들어진 운동 프로그램에 의해 나타나는 것이 아니라면 최고의 선수들에게는 그럼 무슨 일이 일어난 것일까? 저명한 인류학자 팀 잉골드의 통찰력있는 코멘트처럼, 학습은 스스로를 환경과 분리된 존재로 만드는 작업이 아니다. 어떤 것을 알게 된 다음에는 그것에 더 이상 신경을 쓰지 않고, 오로지 내면의 프로그램에 의해서만 돌아가는 과정이 아니다.

자기조직화 코칭모델에서는 최고의 선수들이 보여주는 탁월한 기술을 다른 차원에서 바라본다. 그들이 보여주는 환상적인 기술이 환경과 무관하게, 오로지 연습을 통해 선수의 내면에 저장된 프로그램에 의해서만 일어난다고 생각하지 않는다. 오히려 최고 수준의 기술은 환경과의 강력하고 효과적인 연결을 통해 만들어진다고 여긴다. 이와 관련해

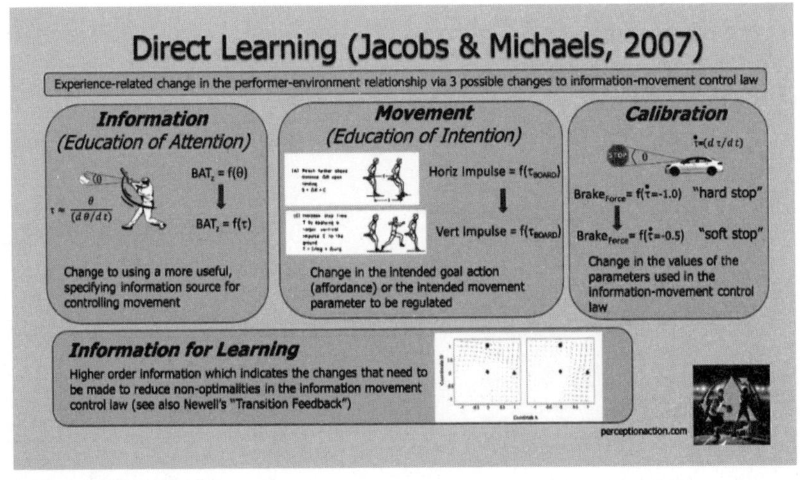

〈그림 12-2〉 직접학습 이론

제이콥스와 마이클스Jacobs & Michaels 는 〈그림 12-2〉의 인포그래픽으로 정리한 '직접학습 이론Direct Learning Theory'으로 운동기술의 발달을 설명한다.[6] 그들은 인간이 어떤 기술을 배우고 점점 능숙해지는 과정에서 일어나는 변화를 세 가지 영역으로 나눠서 이야기한다.

첫 번째 변화는 기술 수준이 높아질수록 인간은 정보를 더 효과적으로 사용해 움직임을 컨트롤하게 된다는 것이다. 이렇게 정보를 다루는 과정을 '주의 학습education of attention'이라고 부르며 구분한다. 운전을 예로 들면 주의학습을 이해하기 좋다. 세계 인구의 약 3분의 2가 그런 것처럼 나 역시 차가 도로의 오른쪽으로 지나가는 나라인 캐나다에서 운전을 처음 배웠다. 그래서 영국에서 잠깐 지내게 되었을 때 도로의 왼쪽으로 운전하는 일은 나에게 상당한 도전이었다. 바뀐 핸들 위치와 도로 상황에 맞게 운전을 하려면 많은 것들에 의식적으로 주의를 기울여야 했다. 방향을 바꿀 때마다 왼쪽으로 운전해야 한다는 사실을 스스로에게 계속 상기시켜 주어야 했다. 내가 영국에서 운전을 하며 경험한 이런 현상은 이전에 학습한 것이 새로운 것의 학습을 더 어렵게 만드는 '부정적인 훈련 전이'의 대표적인 사례라고 할 수 있다.

그런데 만약 내가 처음 운전을 배운 시기에 영국과 캐나다를 왔다갔다 하며 차를 몰 기회가 있었다면 어땠을까? 그렇게 두 나라에서 동시에 운전을 배울 수 있었다면 나의 주의력은 다른 방식으로 개발되었을 가능성이 높다. 두 나라의 도로와 교통정보를 유연하게 받아들이는 방식으로 주의학습능력이 발달했을 것이다.

정보가 움직임을 직접 바꾼다

주의를 학습한다는 것은 움직임을 컨트롤하는데 도움이 되는 정보를 사용하는 능력을 키우는 일이다. 그래서 깁슨은 주의 학습을 정보를 구체화하는 작업이라고 표현했다. 주의 학습은 선수가 보다 다양한 조건에서 과제를 달성할 수 있게 만들어 준다. 나는 캐나다에서 도로에 있는 자동차들을 정보의 원천으로 삼는 방식으로 주의를 학습했다. 그래서 캐나다에서는 편하게 운전을 할 수 있었지만, 영국으로 넘어가서는 바뀐 조건에 맞게 주의를 다시 학습시켜야 했다.

사람들이 충돌 상황을 컨트롤하기 위해 하는 행동들을 통해서도 주의 학습을 다루어볼 수 있다. 사람들끼리 걷다가 서로 부딪히는 것도 충돌이고, 야구에서 배트와 공이 강하게 부딪히는 것도 일종의 충돌이다. 다른 사람과의 충돌을 피해야 하는 과제와 처음 맞닥뜨리면 사람은 대상과의 거리에만 주로 주의를 기울이게 된다.[7] 그러다가 몇 번의 시행착오를 겪으며 그렇게 거리에만 신경을 써서는 충돌을 제대로 피할 수 없다는 사실을 알게 된다. 특히 충돌을 피해야 하는 대상이 빠르게 움직이고 있을 경우에는 더욱 판단하기가 어렵게 된다. 그렇게 조금씩 거리와 속도 등에 함께 신경을 쓰며 주의를 학습하게 된다.

타격을 처음 경험하는 어린 아이도 마찬가지다. 어린 아이들은 공이 얼마나 멀리서 날아오는지에 먼저 주의를 보내게 된다. 그러다가 다양한 스피드의 공이 날아온다는 것을 확인하고는 공이 스트라이크존까지 오는 시간에도 조금씩 주의를 옮기게 된다. 이런 방식으로 인간은 기술 수준이 높아질수록 정보를 더 효과적으로 사용해 움직임을 컨트롤하게 된다

이러한 내용들은 앞에서 다룬 제약에 관한 이야기, 그리고 제약주도 접근법과도 맥락이 잘 통한다. 선수가 움직임을 컨트롤하기 위해 어떤 정보를 사용하는지는 연습에 어떤 제약들이 세팅되었는지에 따라 크게 달라진다. 매우 제한된 조건에서만 연습을 하면 선수는 주의학습능력을 충분히 발전시키기 어렵다. 캐나다에서만 운전을 하면 영국에서 운전을 하기 어려워지는 것과 같은 이치다. 타자가 배팅머신에서 같은 속도로 날아오는 공만을 반복해서 때리면 실제 타격에 필요한 정보를 학습하는 능력이 길러지지 않는다.

연습에 변동성이 낮은, 지루한 반복훈련을 그다지 선호하지 않는 또다른 이유가 바로 선수의 주의학습능력을 충분히 발전시킬 수 없기 때문이다. 연습에 변동성이 별로 없는 반복훈련은 경기의 수준이 높아질수록 더더욱 필요한 요소인 정보를 얻는 능력을 떨어뜨린다. 그렇기 때문에 코치는 연습에 제약을 다양하게 세팅해서 선수들의 주의학습을 도와주어야 한다.

직접학습 이론이 말하는, 기술습득 과정에서 일어나는 두 번째 변화는 '의도 학습education of intention'이다. 선수는 기술 수준에 맞게 움직임의 의도를 바꾼다는 개념이다. 축구경기에서 프로 레벨의 뛰어난 수비수는 순간순간 의도가 달라진다. 처음에는 자신의 앞에 있는 공격수가 돌파를 하지 못하도록 막아야겠다는 의도로 움직였다가, 순간적으로

공을 빼앗아야겠다는 의도로 바꾸고 벼락같이 달려들기도 한다. 공을 빼앗으려는 의도로 다가갔다가 즉흥적으로 상대가 잘 쓰는 왼발만 못쓰게 하자는 의도로 바꾸기도 한다. 하지만 기술 수준이 낮은 선수는 움직임의 의도를 이렇게 유연하게 바꾸지 못하는 경우가 많다.

7장에서 다룬 것처럼 골프 선수들은 연습을 해나가고 기술이 발전하면서 의도에 변화를 주곤 한다. 먼거리 퍼팅을 할 때 처음에는 백스트로크의 스피드를 조절하려는 의도를 가지고 퍼팅을 하는 경우가 많다. 그러다가 점점 백스트로크의 크기에 초점을 맞추자는 의도로 바꿔 퍼팅을 시도하곤 한다.

의도 학습의 사례는 멀리뛰기에서도 확인할 수 있다. 멀리뛰기에서는 달리는 속도를 줄이지 않으면서 보드를 정확히 밟고 점프를 하는 것이 매우 중요하다. 보드를 너무 일찍 밟으면 기록에서 손해를 볼 수 밖에 없기 때문에 멀리뛰기 선수는 보드와의 거리를 잘 계산해 달려야 한다. 리Lee의 연구팀은 멀리뛰기 선수들이 보드를 밟는 동작을 어떤 과정으로 해내는지 관찰했다.[8] 연구팀은 멀리뛰기 선수들이 마지막 몇 차례 스텝에서 보폭을 조절해 타이밍과 거리를 맞춘다는 사실을 확인했다. 이 과정에서 선수들은 시각 정보를 활용해 보드에 발이 닿는 타이밍을 구체화시키는 모습을 보여주었다.

번스타인의 자유도 개념을 다시 꺼내지 않더라도 멀리뛰기 선수가 마지막 몇 번의 스텝을 매번 똑 같은 보폭과 타이밍을 만들어 보드를 밟는다고 생각하기는 쉽지 않다. 마지막 스텝을 하는 굉장히 다양한 방식이 존재할 수 밖에 없다. 그렇다면 멀리뛰기 선수들은 마지막 몇 번의 스텝을 만들기 위해 어떤 움직임 변수들을 컨트롤하는 것일까?

멀리뛰기 선수의 마지막 몇 번의 스텝은 우리가 흔히 보폭이라고 하는 수평적 측면의 변화에 따라서도 달라지고, 다리가 얼마나 높게 올라갔느냐 하는 수직적 측면의 변화에 따라서도 달라질 수 있다. 몸을 얼마나 기울이고 뛰었느냐에 따라서도 스텝은 바뀔 수 있다. 멀리뛰기 선수들은 경험이 쌓여가면서 스텝의 의도를 바꾸는 모습을 보여주었다.[9] 대부분의 선수들은 처음에는 보폭에 변화를 주면서 스텝을 조절하는 모습이 관찰되었다. 하지만 연습을 해나가며 점점 다리의 수직 움직임에 초점을 맞추어 스텝을 조절하는 패턴으로 바뀌어 나갔다. 이것은 멀리뛰기 종목에서 더 나은 전략이 된다. 속도를 줄이지 않고 달리면서 정교하게 보드를 밟는 타이밍과 위치를 조절해야 하는 과제를 보다 수월하게 달성할 수 있게 해주기 때문이다.

직접학습 이론이 마지막으로 말하는 변화는 정보와 움직임 사이의 '미세조정calibration'이다. 여기서도 운전을 예로 들면 좋을 것 같다. 렌트를 하거나 해서 평소에 몰던 자동차가 아닌 다른 차를 운전하게 되면 처음에는 브레이크를 밟는 느낌이 달라 살짝 애를 먹곤 한다. 하지만 몇 번 급브레이크를 밟으면서 시행착오를 겪으면 금새 편안하게 브레이크를 조절할 수 있게 된다. 브레이크가 다소 부드럽게 작동하는 상태라면 조금 더 쎄게 밟고, 브레이크가 살짝 뻑뻑한 상태라면 더 적은 힘으로 밟으면서 발의 움직임을 조절하는 것이다. 바로 이것이 미세조정을 하는 모습이다.

발의 힘으로 브레이크페달을 밟는 움직임은 차가 바뀌어도 똑같다. 앞에 있는 차와 충돌할 수도 있는 거리와 시간을 지각하는 것도 같다. 같은 정보를 이용해 같은 방식의 움직임을 수행하지만 정보와 움직임 사이를 미세하게 조정한 것이다.

직접학습 이론에서 말하는 주의학습, 의도학습, 미세조정, 이 세 가지 학습 과정 모두 선수의 내면에 존재하는 운동 프로그램이나 컴퓨터 시스템을 동원할 필요가 없다. 선수와 환경 사이의 관계만 변할 뿐이다. 환경으로부터 얻는 정보가 변함에 따라 그 정보와 커플링되어 일어나는 움직임이 변한다. 또는 정보와 움직임 사이에 미세조정이 일어난다. 직접학습 이론이 운동기술에 대해 말하는 이런 관점은 다소 단순해 보이기도 하지만, 인간의 움직임을 설명하는데 매우 효과적이다.

다음은 자동차를 벗어나 사람들이 붐비는 쇼핑몰로 들어가 보자. 저멀리에 만나기로 한 친구가 보인다. 친구와 나 사이에는 사람들도 많고, 여러 가판대들과 작은 분수도 있다. 그 밖에도 피해가야 할 여러 장애물들이 보인다.

우리 머릿속에 외부 세계에 대한 내적 표상internal representation이 있어서 그것을 통해 움직임을 이끌어낸다고 보는 것이 기존의 관점이다. 내적 표상은 세상에 대한 정신적인 지도라고 할 수 있다. 기존의 관점에 따르면 바로 그 내적 표상을 이용해 나는 친구에게 다가가는 길을 계획 하게 된다.

하지만 내가 쇼핑몰을 걸어가는 과정이 그렇게 복잡해야 하는지 의문이 든다. 정말 우리 머릿속에 있는 보스가 이동계획을 세워서 어떻게 움직이라고 명령을 내려줘야만 우리 몸이 움직일 수 있는 것인가? 그렇게 신호를 주기 전까지는 아무 것도 할 수 없다는 말인가? 파헨과 워렌Fajen & Warren의 훌륭한 연구에서 확인할 수 있듯, 그것은 사실이 아니다.[10] 보스의 명령을 따르는 대신 우리는 정보와 움직임 사이에서 관계를 만든다. 친구의 위치, 가판대와 분수의 위치, 사람들이 이동하는 속도 등의 정보에 커플링된 움직임을 만들어낸다. 사람들 사이를 지나가기 위해 상체의 방향을 바꾸기도 하고 갑작스레 지나는 유모차를 보고 걸음을 멈추기도 한다. 이런 '정보-움직임 컨트롤 법칙'을 통해 복잡한 쇼핑몰을 가로질러 나는 친구와 만나게 된다.

요약하자면, 직접학습 이론에서 인간이 움직임을 컨트롤하는 과정은 '정보-움직임 컨트롤 법칙'으로 쉽고 단순하게 설명할 수 있다. 인간은 환경으로부터 정보를 지각한다. 그리고 그 정보를 움직임을 컨트롤하는데 사용한다. 예측을 하거나, 정보를 처리하거나, 과거의 기억을 동원해 평가할 필요가 없다.

습관을 만들고 있는가 vs 기술을 익히고 있는가

그동안 많은 사람들은 뚜렷하게 발전과정이 보이는, 점진적이고 선형적인 단계를 따라 운동기술이 발전한다고 생각해 왔다. 이를 가장 잘 설명하는 모델이 〈그림 12-3〉에 정리된 피츠와 포즈너Fitts & Posner의 기술습득 모델이다.[11] 피츠와 포즈너의 기술습득 모델에서는 우리가

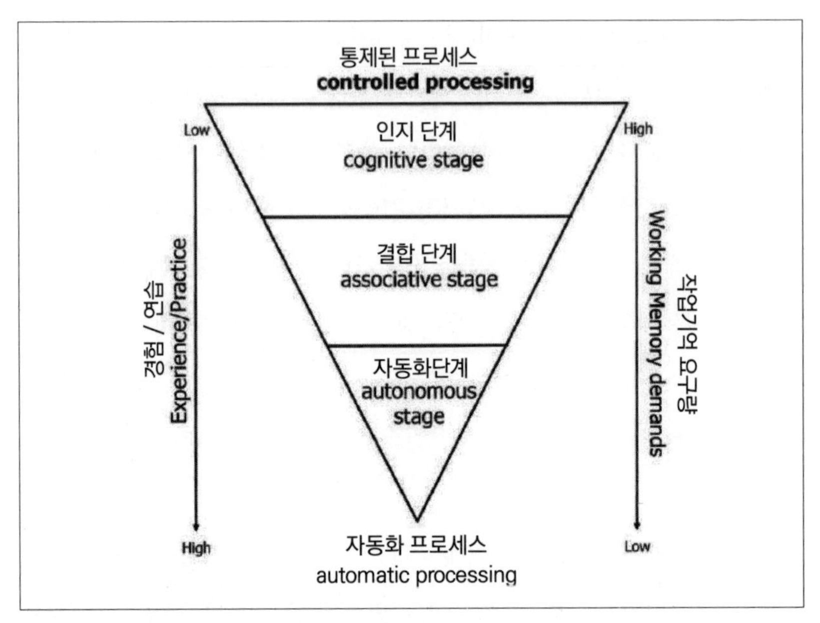

〈그림 12-3〉 피츠와 포즈너의 기술습득 모델 (1967)

새로운 기술을 처음 배우기 시작할 때 '통제된controlled 프로세스'를 따른다고 주장한다. 새로운 기술을 연습하는 사람은 신체의 각 부위가 어떻게 위치하고 움직여야 하는지 코치로부터 지도받은 내용들을 작업기억으로 소환한다. 코치의 주문대로 하고 있는지 자신의 몸의 움직임에 계속 집중하며 연습한다. 이것이 바로 통제된 프로세스다.

골프 퍼팅을 연습한다면 의식적으로 다음과 같은 단계를 밟아 나가는 식이다. "어깨, 엉덩이, 무릎을 타겟과 평행하게 정렬한다." "엄지손가락을 아래로 향하게 해서 클럽을 잡는다." "눈을 공의 바로 위에 위치시킨다." 그렇게 계속 반복해서 연습을 해나가면 '자동화 프로세스automatic process'에 진입하게 된다. 기술습득의 마지막 단계다. 움직임이 자동화된다는 것은 어떻게 움직여야 한다는 생각을 굳이 하지 않아도 기술을 수행할 수 있게 되었다는 것을 의미한다. 자동화 프로세스와 관련하여 우리가 자주 듣는 표현이 있다. 바로 '근육기억muscle memory'이다. 의식적으로 몸에 주의를 기울이고, 근육과 관절을 컨트롤하려고 애쓰지 않아도 필요한 동작을 수행할 수 있다는 점을 강조하기 위해 코치들은 근육기억이라는 말을 자주 사용한다. 최고의 선수들은 연습을 통해 근육기억과 내면의 운동 프로그램을 발달시켰다고 생각한다. 정말 그럴까?

자기조직화 코칭모델은 다른 관점으로 기술습득 단계를 바라본다.[12] 피츠와 포즈너의 모델로 상징되는 기존의 방식은 움직임이 저절로 일어나는 단계로 들어가기 전에 일련의 단계를 차근차근 밟아야 한다고 생각한다. 과거의 기억을 소환하고, 의도적으로 몸에 주의를 기울이며 조금씩 자동화 단계로 발전해야 한다고 믿는다. 하지만 자기조직화 코칭모델은 이런 단계들을 거치지 않아도 충분히 운동기술을 익힐 수 있다고 생각한다. 자동으로 기술을 수행할 수 있는 능력은 자기조직화 코칭모델에서는 큰 의미를 갖지 않는다. 적응능력과 다양한 방식으로 문제를 해결하는 능력이 좋은 선수가 좋은 운동기술을 가지고 있다고 생각한다. 그렇기 때문에 경험이 쌓인다고 해서 운동기술을 수행하는데 노력이 덜 들어간다고 볼 수 없다. 단지 노력의 방향이 다를 뿐이다. 우리는 단순하게 습관을 만드는 것이 아니라 기술을 발전시켜야 한다.

앞서 한 행동을 그대로 따라하는 것이 습관이다. 습관은 연습이나 조건화conditioning를 통해 만들어진다. 습관은 지능intelligence과는 무관하게 일어난다. 어떤 일을 습관적으로 한다고 말할 때는 자동적으로 그 일을 하고 있음을 의미한다. 그 일을 하고 있다는 생각조차 없다. 주의를 기울이고 관심을 보내는 행동을 우리는 습관적인 행동이라고 부르지는 않는다. 습관은 순식간에 반사적으로 일어난다.

우리는 습관적인 움직임과 기술을 구분할 필요가 있다. 습관이 지능과 무관하게 일어난다면 기술에는 지능이라는 요소가 관여된다. 습관이 주변 상황과 관계없이 같은 움직임을 반복하는 것이라면 기술은 주변 상황에 민감하게 반응하며 다양한 움직임 솔루션을 만들어 내는 것이다. 니콜라이 번스타인과 라파엘 나달의 말처럼 선수는 매 순간 조금씩 다르게 움직이며 과제를 해결해야 한다. 다르게 말하면, 기술은 매번 움직임을 혁신innovation하는 것이다. 습관이 미리 만들어진 운동 프로그램을 그대로 반복하는 것이라면 기술은 상황에 적응하면서 유연하게 변화를 주는 것이다.

기술의 관점으로 볼 때 선수는 자신의 움직임을 늘 비판적인 시각으로 바라본다. 이것은 기술의 수준과 관계가 없다. 결과가 좋지 못했다면 기술을 수행한 과정을 모니터링하며 개선할 점이 무엇인지 고민한다. 이렇게 기술은 매번 개선된 형태로 등장한다. 연습을 통해 같은 동작을 반복하는 것이 습관이라면 기술은 연습을 통해 매번 혁신해 나가는 과정이다.

이제 다시 질문을 던져보자. 선수가 무엇을 발전시켜야 할까? 습관인가? 기술인가? 너무나 답이 뻔한 질문이다. 모든 코치와 선수들이 기술을 발전시키길 원할 것이다. 선수에게는 어떤 동작을 잘 하는 것이 중요한 것이 아니다. 그 동작이 과제를 달성할 수 있는지, 문제를 해결할 수 있는지가 중요하다. 코치들은 스스로에게 질문을 던져야 한다.

"지금 내가 가르치는 방식은 습관을 만들고 있는가? 기술을 발달시키고 있는가? 경직된 움직임만을 반복하도록 가르치고 있지는 않은가?"

삐빅
이렇게 움직이니
소리가 나는군!

13장

과학기술을 효과적으로 연습에 적용하는 방법

스포츠의 세계는 선수의 경기력을 향상시킬 수 있다고 주장하는 수많은 장비와 도구들의 경연장이기도 하다. 스포츠 장비산업은 빠르게 성장하고 있는 분야로 장비의 발전 속도가 관련 연구를 앞질러가는 경우도 많다. 골프가 대표적이다. 골프 클럽과 골프공도 점점 진화하고 있으며, 스윙을 교정하기 위한 소도구들도 꾸준히 시장에 소개되고 있다. 9장에서 본 것처럼 심지어는 골프 스윙에 로봇이 동원되기도 한다. 최근에는 특히 데이터를 측정하고 분석하는 기술이 코치와 선수의 주목을 끌고 있다. 위치를 추적하는 GPS 센서, 힘을 측정하는 지면반력 매트, 공의 궤적과 회전을 알려주는 트래킹장비, 영상 분석을 통해 생체 역학 데이터를 제공하는 프로그램 등이다. 심지어는 핸드폰으로도 생체 역학 분석을 할 수 있는 어플도 등장하고 있다.

오래 전부터 테크놀로지와 데이터는 스포츠코칭에 적용되어 왔지만 주로 동작과 기술을 나눠서 연습하는 기존의 코칭방식을 따라왔다. 이를 테면 반응속도라든지 주의력같은 일반적인 지각-인지 능력을 향상시키기 위한 '브레인 트레이닝'이 대표적이다. 브레인 트레이닝은 지각과 움직임의 통합적인 맥락은 고려하지 않은채 움직임과는 분리된 지각-인지 능력을 키우는데 초점을 맞춰 사용되고 있다.

또한 테크놀로지와 데이터는 '이상적인 동작'을 만들기 위해 사용되는 경우가 많았다. 앞서 들여다 본 것처럼 최고의 선수들이 보여주는 기술을 데이터로 분석해 그것을 다른 선수들에게 적용하는 방식이다. 다시 반복해서 강조하지만 이런 방식이 선수의 발전에 효과적이라는 증거는 거의 존재하지 않는다. 과학기술을 보다 효과적으로 연습에 적용할 수 있는 방법들이 있다. 선수에 맞게 잘 적용된 장비와 데이터는 선수가 자기조직화를 통해 움직임 솔루션을 탐험해 나가는데 큰 도움이 된다.

지금까지 우리는 동작만을 갈고 닦는 것으로는 운동기술이 충분히 발달할 수 없다는 사실을 확인했다. 선수가 경기에서 사용할 기술을 개발하려면 환경으로부터 보다 효과적으로 정보를 지각하는 법을 배워야 한다. 직접학습 이론에서 '주의 학습'이라고 이름붙인 과정이다.

공을 보면서 드리블하지 말라는 말 대신

선수가 정보를 지각하는 패턴에도 어트랙터가 작용한다. 선수는 수많은 정보로 둘러 싸여 있음에도 불구하고 종종 특정한 정보만을 사용하곤 한다. 정보를 탐색하는 과정에서도 자신이 파놓은 어트랙터의 깊은 골짜기로 빠져 들어가는 것이다. 여기서 코치의 고민은 시작된다. 선수가 계속 같은 정보만을 지각하고 사용하는 모습이 보이면 그런 어트랙터의 골짜기로부터 빠져 나오게 할 방법이 무엇인지 방법을 찾을 필요가 있다. 시각에 제약을 주는 장비들은 정보를 지각하는 과정에서 깊은 어트랙터에 갇혀 있는 선수들을 빠져 나오게 만드는 유용한 수단이 될 수 있다. 〈그림 13-1〉의 친업 고글Chin Up Goggles*은 아일랜드 코크 공과대학의 에드 코글린Ed

---

* chin은 턱을 의미한다. 고글을 착용하면 아래쪽 시야가 막혀 있어 턱을 위로up 들게 한다는 뜻을 담고 있다.

〈그림 13-1〉 친업 고글

Coughlin의 연구팀이 개발한 시각차단 장비다. 이 시각차단 장비는 축구, 농구, 하키 등 공을 다루는 스포츠에 제약주도접근법을 적용하기 위해 많이 사용되고 있다. 친업 고글을 착용하게 되면 선수는 아래쪽을 제대로 볼 수 없게 된다. 고글의 아래쪽에 플라스틱으로 된 차단막이 있어 시야를 가리기 때문이다.

이 고글을 연습에 사용하는 목적은 이름에 그대로 드러난다. 선수가 턱chin을 들어up 땅이 아니라 앞을 보게 하기 위함이다. 공을 다루는데 익숙치 않은 농구선수나 축구선수는 고개를 떨구고 공을 보며 움직이는 경우가 많다. 이런 동작이 습관이 되면 경기를 제대로 할 수가 없다. 주변 선수들의 위치나 동작을 살피면서 움직일 수 없기 때문이다. 친업 고글은 시각에 제약을 주어 자연스럽게 앞을 관찰하는 동작을 유도한다.

이렇게 친업 고글로 연습에 제약을 추가하면 선수의 주의학습은 이전과는 다른 방식으로 이루어질 수 밖에 없다. 상대 선수, 그리고 동료 선수들의 위치나 움직임으로부터 보다 많은 시각 정보를 얻게 된다. 어포던스를 지각하는 능력과 의사결정 능력도 자연스럽게 커지게 된다.

친업 고글을 사용한 연습

던튼Dunton의 연구팀은 최근에 발표한 논문에서 이러한 시각차단 안경을 사용한 연습의 효과를 소개하고 있다.[1] 연구팀은 축구선수가 공을 받고 패스하는 동작을 친업 고글을 사용한 그룹과 평소대로 연습한 그룹으로 나눠서 관찰했다. 연구팀은 선수들이 주의학습에 어떤 차이를 보이는지 확인하기 위해 동시에 두 개의 과제를 수행하도록 테스트 환경을 세팅했다. 선수들은 굴러오는 공을 받아서 패스를 하는 동시에 정면에 설치된 스크린에 0.5초마다 바뀌면서 나타나는 숫자를 외쳐야 했다.

친업 고글을 착용하고 연습한 선수들은 패스에서의 실수가 연습 전에 비해 평균 5.2개에서 1.4개로 눈에 띄게 줄어들었다. 숫자를 잘못 부르는 실수도 평균 32개에서 9개로 크게 감소했다. 반면에 친업 고글을 착용하지 않고 평소와 다름없이 연습한 선수들은 테스트 결과에 큰 변화가 없었다. 친업 고글로 시각에 제약을 준 연습이 볼을 컨트롤하는 능력과 정보를 얻는 능력 모두를 향상시켰다고 볼 수 있다.

라울 아우데얀Raoul Oudejans의 연구팀이 시야를 일시적으로 차단하는 안경을 사용하여 농구선수를 대상으로 진행한 연구도 무척 흥미롭다.[2]

안경에는 원격으로 작동되는 액정이 들어 있어, 선수가 연습을 하는 동안 언제라도 시각을 완전히 차단할 수 있다. 연구팀은 선수가 점프슛 동작을 시작할 때 시야를 차단했다가 슛을 쏘기 직전에 시야를 다시 열어주었다. 네덜란드의 21세 이하 국가대표팀 선수 6명은 시각차단 안경을 이용해 8주간 연습을 진행했다. 연습을 마치고 선수들의 시각 움직임을 측정해보니 시각차단 안경을 이용해 연습을 하기 전보다 슛을 쏘기 전에 골대를 바라보는 시간이 평균 0.02초 정도 더 늘어났다. 실제 테스트 환경과 실제 경기에서의 슛 정확도도 높아졌다. 테스트 환경에서는 57%에서 63%로 높아졌고, 실제 경기에서는 35%에서 49%로 확연하게 슛 정확도가 높아졌다. 시각차단 안경으로 시각에 제약을 추가한 연습을 통해 선수들이 슛을 쏠 때 시각 정보를 지각하고 사용하는 능력이 높아졌다고 할 수 있다.

시각차단 안경을 쓰고 슛을 하는 농구선수들

아두데양의 연구팀은 휠체어 농구선수들을 대상으로 한 실험에서도 시각차단 연습의 유사한 효과를 확인했다.[3] 연구팀은 골대가 어디에 있는지 알 수 없도록 대형 스크린으로 골대 앞을 막아놓았다. 선수들은 스크린을 지나 골대가 보이자 마자 슛을 쏴야했다. 앞선 연구와 마찬가지로 선수들은 슛을 쏘기 직전에 최대한 주의를 기울여 골대에 관한 시각 정보를 얻기 위해 신경을 써야 했다. 결과적으로 이런 시각차단 연습을 통해 선수들의 슛 정확도는 눈에 띄게 높아졌다.

마지막으로 소개하고 싶은 장비는 스트로보 안경 stroboscopic glasses 이다.[4] 앞서 소개한 시각차단 안경이 아래나 옆을 볼 수 없게 만들어 앞을 보며 시각 정보를 탐색하도록 유도하는 제약주도접근법에 가깝다면, 스트로보 안경은 차이학습법과 통하는 도구라고 할 수 있다. 시야가 전체적으로 열리고 닫히면서 선수가 정보를 지각하는 작업을 전반적으로 교란시킨다. 시야가 열리고 닫히는 빈도 등은 원격으로 조종이 가능하다. 선수는 마치 나이트클럽의 현란한 조명 속에 있는 듯한 느낌으로 연습을 하게 된다. 어느 시점에는 눈 앞에 벌어지는 일이 선명하게 보였다가, 어느 시점에는 잘 보이지 않는 현상이 반복된다. 하지만 아직까지 스트로보 안경을 사용한 연습은 실제 경기력으로 전이된 효과가 있다고 밝혀진 연구와 별다른 상관관계가 없다고 말하는 연구가 혼재하고 있다.[5]

스트로보 안경을 쓰고 연습하는 스테판 커리

스포츠코칭의 미래! 가상현실기술

내가 볼 때 가상현실기술은 스포츠코칭에 엄청난 영향을 미칠 잠재력을 가지고 있다. 가상현실기술을 이용해 코치와 선수는 실제 경기 환경과 똑 같은 조건을 만들어 연습을 할 수도 있고, 여러 상황들을 시뮬레이션한 연습을 할 수도 있다. 가상현실 기술은 이 책에서 내가 스포츠 코칭의 대안적인 모델로 줄곧 주장하고 있는 자기조직화 코칭모델과 특히 통하는 면이 많다.[6]

연습에 다양한 제약들을 추가하면서 변동성을 키우는 작업이 늘 가능한 것은 아니다. 제한된 연습시간 안에서 경기장의 크기를 수시로 바꾸거나, 피칭머신에서 날아오는 공의 구종과 스피드를 매번 바꾸거나, 배구나 테니스의 네트 높이를 조금씩 바꾸는 등의 작업을 이어나가기는 만만치 않다.

그리고 대부분의 연습이 가지고 있는 문제는, 연습을 선수 각자에 맞추어 개별화하기가 어렵다는 점이다. 연습의 도전과제나 난이도를 선수마다 다르게 세팅하기가 쉽지 않다. 그리고 '실제' 연습에서는 제약을 통해 이끌어낸 움직임의 변화가 제약을 제거하게 되면 사라지는 경우가 많다. 커넥션볼을 빼버리면 선수는 예전의 쓰로잉 동작으로 돌아가곤 한다. 또는 코치가 동작의 포인트를 짚어주는 코칭큐가 제공되지 않을 때에도 선수는 이전의 동작으로 돌아가곤 한다. 가상현실기술을 활용하면 연습에서 일어나는 이런 문제들을 적절히 보완할 수 있다.

가상현실기술을 적용해 내가 직접 진행했던 연구를 4장에서 소개한 바가 있다. 야구의 타격을 테마로 한 그 연구에서 나는 실제 경기장에서 벌어지는 일을 단순히 재생하기 위해 가상현실기술을 사용한 것이 아니었다. 그보다는 오히려 실제 연습에서는 하기 어려운 연습을 위해 가상현실기술을 사용했다. 가상현실기술은 연습에 변동성을 더하고 선수의 수준에 맞는 과제를 제공하기에 딱 맞는 수단이었다.

나는 가상현실기술을 적용해 타자들을 연습시키면 타구의 발사각을 높이고,[7] 반대편 방향으로 타구를 보내는 능력*도 향상시킬 수 있다는 사실을 확인했다.[8] 발사각을 높이기 위한 연습에서는 타자의 앞에 가상의 장애물을 제약으로 세팅했다. 타자에게 눈 앞에 보이는 장애물 너머로 타격을 해야 하는 과제가 주어진 셈이다. 반대편 방향으로 타구를 보내는 연습에서는 스윙이 지나가는 특정 위치에 장애물을 세팅했다. 타자는 장애물에 맞지 않도록 스윙을 해서 타구를 반대 방향으로 보내야 했다.

가상현실기술을 이용해 제약을 세팅할 때 좋은 점은 선수의 수준이나 반응에 따라 제약을 쉽게 바꿀 수 있다는 사실이다. 발사각이 무척 낮아서 거의 대부분의 타구가 땅볼이 나오는 타자라면 높은 장애물이 그다지 의미가 없다. 선수를 좌절시킬 가능성만 높아질 뿐이다. 그런 선수에게는 장애물을 최대한 낮게 세팅했다가 점점 높여가면서 난이도를 조절해 주면 좋을 것이다. 가상현실기술은 그렇게 선수의 수준에 맞게 제약을 다양하게 세팅하기에 적절한 수단이다. 연습을 마무리할 때쯤이면 장애물을 사라지게 세팅해서 제약이 없이도 선수의 연습효과가 유지되는지 확인할 수도 있다.

---

* 보통 야구에서는 '밀어치는' 능력이라고 표현한다.

이런 사례들처럼 스포츠코칭에서 가상현실기술이 지닌 진짜 가치는 실제 경기장에서 하는 연습을 그대로 반복하는 것에 있지 않다. 코치가 가상현실기술을 선수육성을 위한 도구로 최대한 활용하기 위해서는 오히려 실제 연습에서는 구현하기 어려운 환경을 가상현실기술을 이용해 만드는 능력을 키워야 한다. 심지어는 실제 연습에서는 사실상 불가능한 연습조건을 디자인하는 창의성이 필요하다.

생체역학분석이 빠지기 쉬운 함정

선수마다 고유한 움직임 패턴을 가지고 있으며 신체조건과 운동능력도 차이가 나기 때문에 모든 선수에게 통하는 '단 하나의 올바른 동작'은 존재할 수 없다는 이야기를 반복해서 하고 있다. 자기조직화 코칭모델의 이러한 관점은 코치들이 오랫동안 해 온 생체역학분석도 다른 관점에서 바라볼 것을 요구한다. 야구의 투수가 몸에 센서를 단 채로 공을 던지는 모습을 우리는 미디어를 통해 자주 접한다. 이렇듯 대개의 생체역학분석은 센서나 카메라 등을 이용해 선수의 움직임을 측정하고 데이터를 수집한다. 이때 데이터는 대체로 선수의 결함이나 문제점을 찾기 위해 사용된다. 생체역학분석팀은 최고의 선수들이 보여주는 데이터와 비교하며 이상적인 수치로부터 얼마나 벗어났는지를 살펴본다. 그리고 나서는 선수와 코치에게 그 차이를 알려주며 데이터가 이상적인 수치가 나올 때까지 '교정'을 위한 연습을 해야 한다고 권유한다.

이와 관련하여 스포츠의학 분야의 권위자인 글렌 플라이식Glenn Fleisig 박사의 연구팀이 미국스포츠의학협회American Sports Medical Institute (ASMI)에 발표한 연구를 주목할 필요가 있다.[9] 플라이식 박사는 46명의 투수들을 생체역학분석을 통해 데이터를 수집했다. 그리고 최고 수준의 투수 100명의 피칭동작을 분석한 데이터와 비교했다. 그리고는 그 차이를 투구동작에서의 '문제'로 정의했다. 스트라이드 길이, 어깨 회전 각도 등에서 나타난 차이를 성장을 위해 보완해야 할 요소로 간주한 것이다. 연구팀은 각각의 선수들에게 데이터분석 영상을 보내주며 부족한 부분을 보완하는 연습을 할 것을 권유했다. 선수들은 1년 후에 다시 모여 생체역학분석을 진행했다. 얼마나 많은 선수들이 연구팀이 문제라고 정의한 부분을 개선하였을까? 문제로 정의된 138개 중에 61개(44%)가 교정이 되었다. 상대적으로 변화가 일어난 선수가 적다고 할 수 있다. 자기조직화 코칭모델의 관점에서 보면 그다지 놀라운 일은 아니다. 선수가 저마다 가지고 있는 코디네이션 패턴을 고려하고 있지 않기 때문이다.

펠턴Felton의 연구팀은 생체역학분석의 효과적인 활용과 관련해 흥미로운 대안을 제시하고 있다.[10] 연구팀은 최고 수준의 크리켓 볼러들의 동작을 분석해 생체역학 모델을 만들었다. 공을 던지는 동작에서의 관절 각도와 토크torque를 공을 놓는 순간의 공의 속도와 연결시킨 모델이다. 이 모델을 통해 연구팀은 움직임을 만드는 여러 매개변수들 사이의 변화를 확인할 수 있었고, 각각의 선수에게 최적화된 처방을 내려줄 수 있었다. 특히, 이들이 만든 생체역학 모델에서는 몸통의 신전extenstion을 더 증가시키거나 어깨를 더 늦게 신전할 때 피칭의 속도가 10%(시속 13km 정도) 빨라진다는 사실을 발견했다. 1~2km만 빨라져도 볼러의 퍼포먼스에 엄청난 영향을 미칠 수 있는 크리켓이라는 종목에서 이는 정말 중요한 부분이라고 할 수 있다. 다만 이런 발견을 어떻게 선수에게 최적화된 솔루션으로 적용할 것인가 하는 문제가 숙제로 남아있다.

어떻게 움직였는지 소리로 피드백을 해준다

많은 코치나 선수들에게 지금까지 소개한 사례들은 부담스럽게 느껴질 수 있다. 비용도 제법 들고 연구소나 사설 아카데미 등을 방문해야만 경험할 수 있기 때문이다. 하지만 주변을 잘 둘러보면 가성 비도 좋고 활용하기도 쉬운 장비들을 찾을 수 있다. 그 중에 하나가 소니피케이션sonification(음성피드백) 장비다. 많은 종목에서 선수의 자기 조직화를 촉진하기 위해 사용되어 온 기술이다. 소니피케이션은 옷에 부착된 저가의 센서를 이용해 무릎의 각도라든지 팔스윙의 속도 등 움직임과 관련한 데이터를 측정한다. 그리고는 그 데이터를 소리와 연결시킨다. 움직임에 따라 다른 소리를 전달해 줌으로써 코치나 선수는 동작이 어떻게 이루어졌는지를 바로 피드백받을 수 있다. 예를 들어 무릎을 더 많이 펴게 되면 소리가 커지도록 한다든지, 팔스윙이 빠를수록 고음의 소리가 나도록 세팅을 하면 선수는 소리를 듣고 자신이 어떻게 움직였는지를 실시간으로 피드백 받을 수 있다. 피드백이 소리로 전달되기 때문에 선수는 중요한 시각정보를 놓칠 위험도 없다. 그리고 인간의 감각은 작은 소리의 변화에도 매우 민감하다. 소니피케이션 장비는 이런 특성을 최대한 활용할 수 있다.

보이드와 가드바웃Boyd & Godbout이 스피드 스케이팅 선수의 크로스오버 동작을 훈련시키기 위해 개발한 시스템도 소니피케이션의 개념을 적용한 사례다.[11] 크로스오버 동작은 스피트 스케이팅 선수가 코너를 돌 때 한쪽 발을 다른쪽 발 위로 넘기며 앞으로 나가는 움직임을 말한다. 이들이 만든 소니피케이션 시스템은 선수의 정강이 부근에 붙이는 하나의 탄성 센서만으로 구성되어 있다. 가격도 500달러 미만으로 비교적 저렴하다. 센서는 발목이 어느 정도 구부러졌는지를 측정해 신호를 보낸다. 발목 신전이 일정 수준을 넘어가면 시스템은 스피커를 통해 톱질을 하는 듯한 거친 소리를 전달한다. 정해진 기준에서 멀어질수록 소리는 커지고 기준 안에서 움직임이 계속 이루어지면 듣기 편안한 소리가 스피커를 통해 재생된다.

연구팀은 이런 소니피케이션 기법을 적용해 한 스케이팅 선수를 훈련시켰다. 선수는 크로스오버 동작에 문제가 있었지만 교정에 애를 먹고 있는 상황이었다. 오른발이 왼발 앞으로 나갔다가 다시 뒤로 돌아올 때 스케이트의 앞날로 얼음을 파는 문제가 고쳐지지 않아 몹시 힘든 시간을 보내고 있었다. 그로 인해 스피드에 많은 손해를 보고 있었고 가끔은 넘어지기까지 했다. 그 선수는 국가대표 레벨에서 경쟁할 만큼 뛰어난 선수였음에도 불구하고 어느 순간부터 이런 기본적인 동작을 제대로 하는 법을 잃어버린 상태였다. 이 선수의 문제를 해결하기 위해 많은 코치들과 스포츠 심리학자들이 1년 넘게 매달리며 이런저런 노력을 했지만 별다른 성과가 없었다.

이런 선수에게 연구팀은 두 달에 걸쳐 소니피케이션 연습을 진행했다. 연습은 세 가지 다른 방식으로 진행되었다. 연습의 첫 단계에서는 일반적인 교정 피드백을 제공하는데 소니피케이션 기법을 사용했다. 연구팀은 먼저 최고 수준의 스케이트 선수들로부터 수집한 데이터를 기반으로 발목 신전의 움직임에 대해 오차범위를 설정했다. 연습 도중에 이 범위를 벗어나는 움직임이 나올 때마다 선수에게는 귀에 거슬리는 소리가 크게 전달됐다. 연습이 진행될 때마다 연구팀은 오차범위를 조금씩 줄여나갔다. 이런 피드백은 종종 '끌어당기기pull' 피드백이라고도 불린다. 선수가 올바른 테크닉을 구사할 수 있도록 소리로 끌어당기는 역할을 하고 있기 때문이다.

소니피케이션 기술을 적용한 두 번째 연습방법은 인식awareness에 초점을 맞춘 방식이다. 연구팀은 선수에게 오차범위를 벗어났을 때 들리는 거친 소음을 의도적으로 만들라고 요청했다. 일부러 문제가 있는 동작을 하라는, 언뜻 들으면 이해가 잘 되지 않는 이런 연습의 목적에 대해 연구팀은 다음과 같이 설명한다.

"의도적으로 소음이 나도록 발목을 움직이면서 선수는 어떻게 움직이면 소리가 나고, 어떻게 움직이면 소리가 나지 않는지 보다

분명하게 인식을 하게 된다. 그런 인식을 바탕으로 오차범위를 줄여나가며 올바른 크로스오버 동작을 하게 된다."

소니피케이션 기법을 적용한 이런 접근법은 4장에서 살펴 본 '오류증폭 방법'과 상당히 유사하다고 할 수 있다.

소니피케이션 기술을 적용한 또하나의 연습방법은 '지시 기반instruction based' 이라고 부르는 방식이다. 앞선 두 연습방법에서는 동작에 대해 피드백을 제공하기 위해 소리를 사용했다면 이번에는 동작을 지시하기 위해 소리를 사용했다. 선수는 크로스오버 동작을 할 때 발목이 신전되어야 하는 타이밍에 소리로 신호를 받았다. 신호를 보내는데 필요한 데이터는 최고의 선수들의 동작을 분석해 만든 모델을 활용했다.

소니피케이션 기술을 적용해 연습을 한 선수에게는 어떤 변화가 일어났을까? 선수의 스케이팅 동작은 두 달간의 연습 후에 훨씬 좋아졌다. 지난 1년 넘게 해결하지 못했던 크로스오버 동작에서의 문제를 말끔하게 교정했다.

선수에게 제공된 세 가지 연습 중에 교정 피드백은 그다지 효과가 없었던 것으로 확인되었다. 선수는 소니피케이션 기술을 적용한 연습을 하기 전에 몇 차례 처방중심의 교습을 받은 적이 있었다. 코치들은 스케이트 앞날이 얼음과 부딪히는 것을 막기 위해 발가락 부분을 의도적으로 든 상태에서 스케이트를 타도록 코칭큐를 주기도 했다. 교정 피드백은 이런 코칭큐와 마찬가지로 동작을 교정하는데 별로 효과가 없었다.

인식에 초점을 맞춘 연습은 훨씬 효과가 좋았던 것으로 나타났다. 선수는 이 연습을 하는 동안 문제가 드러나지 않는 완벽한 크로스오버 동작을 보여주곤 했다. 지시 기반 방식도 그다지 효과는 없었다. 기존의 움직임 패턴에 너무 큰 변화를 요구했기 때문이다.

교정 피드백과 지시 기반 방식보다 인식에 초점을 맞춘 소니피케이션 연습이 선수의 문제를 해결하는데 결정적으로 작용했다는 이런 사례를 통해서도 우리는 자기조직화 코칭모델의 가치를 확인할 수 있다. 올바른 동작을 알려주는 방식이 아니라 소리를 통해 신체에 대한 인식 수준을 높여줄 때 선수는 보다 효과적으로 움직임 솔루션을 찾아냈다.

데이터는 분석 만큼이나 전달하는 방식이 중요하다

대학원에서 통계 수업을 할 때 나는 이런 말을 하며 학생들의 동기를 북돋워주려고 노력한다

> "요즘 세상을 한번 보죠. 사람들이 남기고 있는 수많은 데이터들이 있습니다. 어느 사이트에 접속하는지, 하루에 얼마나 걷는지, 수면 패턴은 어떤지 등이죠. 하지만 이 모든 데이터를 가지고 무엇을 해야 할 지 아주 작은 실마리라도 가지고 있는 사람은 극소수입니다. 바로 우리가 그런 사람이 됩시다!"

스포츠 분야도 마찬가지다. 많은 팀들은 데이터를 측정하기 위한 장비와 분석가들에게 많은 투자를 하고 있다. 하지만 내가 볼 때 아주 중요한 부분을 놓치고 있는데, 분석에만 초점을 맞춘 나머지 코치나 선수가 사용할 수 있는 형태로 전달하려는 노력은 소홀히 하고 있다. 데이터에서 의미있는 정보를 끄집어 내어 선수가 쉽게 이해할 수 있는 방식으로 전달하는 것은 효과적인 코칭을 위해 필수적인 부분이다. 그리고 그 중요성은 앞으로 더욱 커질 수 밖에 없다.

데이터를 어떻게 전달하느냐에 따라 선수의 퍼포먼스가 달라질 수 있다는 사실을 나는 직접 진행한 연구를 통해 확인한 적이 있다. 다른 종목도 물론 마찬가지지만 야구팀은 상대 선수를 분석하기 위해 많은

데이터를 수집하고 분석한다. 다음 경기에 상대할 투수가 어떤 구종을 잘 던지며, 볼카운트에 따라 던지는 패턴은 어떻게 바뀌는지 분석한다. 상대할 타자들이 스트라이크존의 어디에 들어오는 공에 강점과 약점이 있는지를 분석한다.

많은 팀들이 상대팀 투수와 타자의 패턴을 정리한 자료를 경기가 시작되기 전에 선수들에게 나눠준다. 나도 몇 차례 그 자료를 본 적이 있다. 거기에는 다양한 차트와 점, 그리고 숫자들이 담겨 있었다. 나는 선수들이 그 자료를 보고 경기에 필요한 핵심정보를 제대로 이해했을까 의문이 들었다. 더 나은 피칭, 더 나은 타격을 하는데 그 자료가 도움이 될지 궁금했다. 오히려 퍼포먼스를 떨어뜨리는 요인으로 작용하지는 않을지 걱정도 들었다. 그래서 나는 선수들이 데이터를 어떻게 받아들이는지 알고 싶은 마음에 가상현실기술을 활용해 작은 실험을 해보았다.

나는 특정한 투구 성향을 가진 가상의 투수를 만들었다. 이를테면 노볼 투스트라이크 상황에서는 타자의 바깥쪽 낮은 존으로 커브를 주로 던진다든지, 왼손 타자를 상대로는 초구로 체인지업을 던진다든지 하는 특정한 패턴을 가진 투수다.[12] 그런 다음 선수들을 세 그룹으로 나눠서 비교했다. 첫 번째는 명시적 지시explicit instruction를 받는 그룹이다. 이 선수들은 투수의 한 시즌에 걸친 투구 차트를 볼 수 있었다. 그리고 타격을 하기 전에 15분 동안 차트를 공부할 수 있었다. 두 번째는 자기 발견 그룹이다. 이 선수들은 타격을 하기 전에는 투구 차트를 보지 못했다. 대신 각각의 타석 후에는 투수가 어느 카운트에서 어떤 공을 던졌는지

피드백을 해주었다. 세 번째는 암시적implicit 학습 그룹이다. 이 선수들은 투수의 피칭과 관련해 어떤 도움도 받지 않았다. 타석에서의 경험을 통해 투수의 성향을 스스로 파악해야 했다.

예상대로 투수를 상대하는 첫 경기에서는 투구 차트를 미리 공부하고 타석에 들어간 명시적 지시 그룹의 성적이 더 좋았다. 하지만 투구 차트를 미리 접함으로써 얻을 수 있는 이점은 금새 사라졌다. 두 번째 경기부터 투구에 대한 피드백을 받은 자기 발견 그룹도 명시적 지시 그룹만큼 좋은 타격을 보여주기 시작했다. 암시적 학습 그룹은 경기를 치르면서 조금씩 타격결과가 좋아지긴 했지만 다른 두 그룹만큼 결과가 나오지는 않았다. 이 실험은 상대 투수의 투구 성향을 데이터로 알려주는 것이 분명 도움이 된다는 것을 확인해 준다. 타자는 투수를 상대하는데 필요한 정보를 얻게 되면 그것을 타격에 도움이 되는 방향으로 즉각적으로 활용한다.

여기서 끝내지 않고 나는 타자들을 더욱 어려운 상황으로 몰아넣었다. 기존에 상대했던 투수와는 전혀 다른 투구 성향을 가진 가상의 투수를 새로 만들어 세 그룹이 어떻게 반응하는지 관찰했다. 모든 선수들은 이 새로운 투수를 아무런 정보도 없이 상대해야 했다.

명시적 지시 그룹은 새로운 투수를 상대로 매우 고전하는 모습을 보였다. 데이터를 통해 확인한 결과 명시적 지시 그룹의 타자들은 대체로 구종을 잘못 예측하고 있었다. 이런 모습은 훈련 효과가 부정적으로 전이된 사례라고 할 수 있다. 한 투수의 투구 성향을 학습한 것이 다른 투수를 상대할 때는 오히려 경기력을 떨어뜨리는 요인으로 작용했기 때문이다. 그런데 놀랍게도 자기 발견 그룹과 암시적 학습 그룹에서는 그러한 부정적인 전이 효과가 나타나지 않았다. 두 그룹 모두 새로운 투수의 공에 비교적 잘 대응하는 모습을 보였다. 특히 자기 발견 그룹의 타격 성적이 가장 좋았다.

이러한 실험 결과는 데이터를 활용하는 방법을 고민하는 사람들에게 몇 가지 힌트를 제공한다. 상대 투수의 성향 데이터를 미리 접하면 타자는 경기를 하는데 큰 도움이 된다. 하지만 정보가 전달되는 방식에 따라 장기적으로 트레이드오프trade-off 현상이 일어날 수 있다. 트레이드오프는 하나의 목표를 달성할 때 다른 목표의 달성이 늦어지거나 어려워지는 현상을 의미한다. 명시적 지시 방식으로 데이터를 접한 선수들은 아무런 데이터가 없을 때 퍼포먼스가 크게 떨어지는 모습을 보여주었다. 이처럼 데이터를 어떻게 전달하느냐에 따라 단기적으로는 효과가 있지만 길게 보면 부정적인 전이가 일어날 수 있다.

하지 말아야 할 것을 강조하면 : 역설적 오류 현상

데이터를 어떤 방식으로 전달하느냐에 따라 선수의 경기력이 바뀔 수 있다는 사실을 알려주는 또하나의 흥미로운 연구가 있다.[13] 오늘날 야구의 전력분석에서 사용하는 관습적인 방식은 타자별로 히트맵을 만드는 것이다. 타자가 각각의 로케이션별로 어떤 타격성적(타율, 장타율 등)을 보여주었는지 이미지로 만든 것이 히트맵이다. 예를 들어, 바깥쪽 낮은 로케이션으로 들어온 투구에 대해 헛스윙을 많이 했다면 그 부분은 콜드존cold zone으로 분류해 파란색으로 표시한다. 반면 가운데 높은 로케이션으로 들어온 투구를 장타로 만든 비율이 높았다면 그 부분은 핫존hot zone으로 분류하여 붉은색으로 표시한다.

이렇게 단순하게 구분해 놓으면 타자가 이해가기가 쉽다. 그런데 히트맵은 뜻하지 않은 위험한 일이 벌어질 가능성을 내포하고 있다. 바로 '역설적 오류ironic error' 현상이다. 역설적 오류는 우리가 하려고 의도하지 않은 바로 그 행동을 자신도 모르게 하게 되는 현상을 말한다. 역설적 오류를 설명할 때 자주 언급되는 사례가 바로 분홍색 코끼리다. 분홍색 코끼리를 떠올리지 말라고 하면 머릿속에서는 바로 분홍색 코끼리의 이미지가 떠오른다. 그린 옆에 워터해저드가 있다고 알려주면 묘하게 바로 그곳으로 공을 보내게 된다. 이 타자는 가운데 낮은 로케이션으로 들어오는

공에 강하니까 절대로 그곳으로 던져서는 안된다고 생각을 하면 묘하게도 바로 그곳으로 공을 던지게 된다. 압박감이 심한 상황에서 특히 이런 역설적 오류가 일어날 가능성이 높아진다. 긴박한 상황에서 타자를 상대하는 투수는 머리에 입력된 '던져서는 안되는 존'으로 공을 던지게 된다.

나는 역설적 오류가 실제 존재하는지를 확인하고 싶었다. 그래서 커리어가 제법 있는 투수들을 모아 실험을 진행했다. 벽에 타자의 모양과 스트라이크존을 프로젝터로 투사해서 투수들에게 보여주었다. 스트라이크존은 4개의 로케이션으로 나누었다. 투수들이 던져야 할 로케이션은 검은색으로 표시하고 그곳을 맞추면 1점을 주었다. 던져서는 안되는 로케이션은 빨간색으로 표시했다. 그곳을 맞추면 1점이 감점되었다. 나머지 두 로케이션은 흰색으로 표시했다. 흰색을 맞추면 점수를 얻지도 잃지도 않았다. 이렇게 환경을 세팅하고 투수들에게 공을 던지게 했다.

아니나 다를까 압박감이 심해지자 투수들은 검은색 로케이션으로

〈그림 13-2〉 히트맵 학습이 피칭에 미치는 영향 테스트. 그레이(2017)

정확히 공을 던지는 비율이 확연히 줄어들었다. 그리고 빨간색 로케이션으로 공을 던지는 비율은 눈에 띄게 늘어났다. 역설적 오류 현상이 일어난 것이다. 여기서 흥미로운 점은 동작의 관점에서는 투수들에게서 특별히 문제를 발견할 수 없었다는 사실이다. 투수들은 마치 빨간색 로케이션으로 공을 던져야 하는 것처럼 움직였다.

그래서 내가 추천하는 데이터 전달 방식은 해서는 안되는 것이 아니라 해야 하는 것에 초점을 맞추라는 것이다. 투수에게 상대 타자에 대한 히트맵을 만들어 준다면 상대 타자가 약한 로케이션이 어디인지를 분명하게 투수의 머리에 입력시키는 히트맵을 제공하는 것이다.

자세나 움직임에 신경을 쓰면 퍼포먼스가 떨어진다

데이터가 선수의 연습을 방해할 가능성도 생각해 볼 필요가 있다. 생체역학분석 데이터로 인해 선수가 내적주의초점internal focus of attention에 빠질 위험이다. 내적 주의초점은 선수가 자세나 움직임에 주의를 기울이는 현상을 의미한다. 분석기술의 발달로 선수의 자세나 동작을 측정하는 일이 점점 쉬워지고 있다. 코치는 그런 정보를 선수에게 바로 적용하고 싶은 유혹에 빠지기가 쉽다. 데이터나 영상분석을 통해 나온 정보를 보고 골프 코치는 "백스윙을 할 때 팔이 몸에 너무 붙어있어"라고 말한다. 테니스 코치는 "무릎이 충분히 구부러지지 않았다"고 말하며 선수에게 무릎 움직임에 더 신경쓰라고 주문한다.

가브리안 울프Gabby Wulf 박사는 선수의 주의가 움직임에 미치는 영향에 대해 20년 이상 연구를 한 운동학습 분야의 거장이다. 울프 박사의 연구팀은 선수가 내적주의초점인 상태와 외적주의초점인 상태에서 어떻게 움직임이 달라지는지를 다양한 실험을 통해 밝혀냈다.[14] 내적주의초점은 선수가 움직이면서 자신의 몸에 주의를 쏟고 있는 상태를 의미한다. 달리기를 하며 무릎의 움직임에 집중하거나, 스윙을 할 때 손목의 움직임에 신경을 쓰는 것 등이 내적주의초점에 해당한다. 외적주의초점은 말 그대로 신체 외부에 초점을 맞추고 있는 상태를 말한다. 외부에 있는 어떤 대상에 집중하거나 동작의 결과에 초점을 맞추는 방식이다. 달리기를 하며 앞에 있는 결승선에 주의를 기울인다든지, 배트에 맞은 공이 날아가는 각도에 초점을 맞추는 것이 외적주의초점에 해당한다. 울프 박사는 내적주의초점 상태가 외적주의초점 상태에 비해 움직임의 질이 떨어지며 기술습득에도 도움이 되지 않는다는 사실을 밝혀냈다.

선수가 자신의 신체 움직임보다 외부의 대상에 집중할 때 더 좋은 퍼포먼스를 보여주는 이유는 자기조직화의 관점에서 이야기할 수 있다. "손목을 빨리 꺾지 말아야 해. 앞으로 나가면서 뒤쪽 무릎을 쭉 펴야 해." 이렇게 신체의 특정 부분을 특정한 방식으로 움직여야 한다는 생각은 선수의 자기조직화를 방해하는 요인으로 작용한다. 주의를 어디에 두느냐에 따라 근육 활동이 달라진다는 연구결과도 있다. 근전도검사EMG로 측정해 비교한 결과, 웨이트 리프팅을 할 때 팔의 위치에 주의를 기울이도록 내적큐를 주면 힘의 생성이 줄어드는 현상이 관찰되었다.[15] 근육과 관절에 특정한 움직임을 명령하는 방식은 인간이 가지고 있는 지각-운동 시스템을 거스르는 방식이라고 할 수 있다.

스마트폰의 동작분석 앱을 이용해 연습한 골프 선수들을 관찰한 연구에서도 같은 문제가 드러났다.[16] 최근에는 스마트폰으로 영상을 촬영하면 동작을 분석해 주는 앱도 속속 등장하고 있다. 연구팀은 스마트폰 앱을 사용하는 그룹과 그냥 평소대로 연습하는 그룹으로 나누어 4주 동안 연습을 진행했다. 동작분석 앱은 선수들이 스윙을 할 때마다 동작을 분석해 문제를 알려주고 이를 수정하기 위한 코칭큐도 선수에게 전달했다. 동작분석 앱이 선수들에게 전달한 코칭큐들을 분석해보니 내적주의초점을 요구하는 코칭큐가 2/3 가까이 되었다. 외적주의초점을 주문한 코칭큐는 1/3 정도 밖에 되지 않았다. 스마트폰 앱을 사용해 연습한 선수들은 평소대로 연습한 그룹과 비교했을 때 내적주의초점에 빠지게 하는 코칭큐를 두 배 넘게 받았다는 사실이 확인되었다. 결과적으로 스마트폰 앱을 사용해 연습한 그룹의 샷 정확도는 현저히 떨어졌다. 앱이 전달한 내적주의초점 중심의 코칭큐가 선수들의 퍼포먼스를 떨어뜨렸다고 볼 수 있다.

지금까지의 이야기를 종합하면 중요한 하나의 결론에 이르게 된다. 데이터와 선수 사이에는 코치가 있어야 한다! '팔스윙이 너무 낮다'고 데이터가 말하고 있다고 해서 선수에게 '팔스윙이 너무 낮다'고 그대로 말해서는 곤란하다. 코치는 데이터가 말하는 의미를 선수에게 잘 전달하기 위해 어떤 코칭큐가 필요한지 고민해야 한다. "낚시줄을 멀리 던진다고 생각해봐." 이런 비유를 사용한 코칭큐는 선수가 새로운 움직임을 시도할 때 유용하게 사용될 수 있다.

또한 코치는 역설적 오류가 일어나지 않도록 데이터 전달 방식에 신경을 써야 한다. 선수가 하지 말아야 할 것에 대해 자꾸 말하며 선수의 내면에 부정적인 정보를 심을 필요가 없다. 그리고 선수가 스마트폰 앱이나 생체역학 측정장비 등을 이용해 혼자 데이터를 보며 연습하면 내적주의초점에 빠져 퍼포먼스를 떨어뜨릴 수 있다는 점을 기억하자. 마지막으로, 선수를 정보의 홍수에 빠지지 않도록 하자. 머릿속이 해야 할 것, 하지 말아야 할 것으로 가득찬 선수는 자연스러운 자기조직화를 통해 효과적인 움직임 솔루션을 만들어 낼 수 없다.

워터해저드에
빠뜨리지만 말자구

14장

연습의 변동성이 부상의 위험을 줄여준다

현대 스포츠에서 선수의 건강을 유지하는 일은 선수를 육성하는 일만큼이나 중요한 과제가 되고 있다. 전방십자인대 재건수술을 하는 선수의 숫자는 지난 10년 동안 20% 이상 증가했다. 끊어진 팔꿈치인대를 연결하는, 일명 '토미존' 수술을 하는 선수도 매년 6% 가까이 늘어나고 있다.

내가 스포츠코칭의 대안적 모델로 제안하고 있는 자기조직화 코칭모델에는 또하나의 흥미로운 포인트가 있다. 자기조직화 코칭모델의 접근법이 기술을 습득하는데도 효과적이지만 부상을 예방하거나 다친 선수를 경기장으로 빨리 복귀시키는데도 큰 도움이 된다는 사실이다.

변동성이 있는 움직임이 부상을 막는 메커니즘으로 작동할 수 있다는 점을 우리는 이미 2장에서 다루었다. 같은 과제를 조금씩 다른 움직임으로 수행하는 능력을 갖춘 선수는 경기 중에 끊임없이 변화하는 상황에 효과적으로 대응할 수 있다. 뿐만 아니라 반복적인 움직임으로 인해 신체에 가해지는 충격과 마모를 줄이게 된다. 그렇기 때문에 코치가 연습에 변동성을 적절히 추가하는 일은 부상의 위험을 줄이는 일이기도 하다.

최근 연구에서 오란지Orangi의 연구팀은 변동성을 촉진하는 코칭방식이 축구선수들의 전방십자인대 부상 위험을 낮추는데 도움이 되는지를 관찰했다.[1] 연구팀은 66명의 초보 축구선수들을 처방중심 교습 그룹, 제약주도접근법 그룹, 차이학습법 그룹으로 나눠 12주 동안 연습을 진행했다. 처방중심 교습 그룹은 '올바른' 슈팅동작, '올바른' 패스동작을 익히기 위한 반복훈련을 했다. 올바른 동작에서 벗어나면 코치가 동작을 교정해 주었고, 변동성을 최소화하는 방식으로 연습을 디자인했다.

제약주도접근법이 적용된 그룹은 스몰사이드게임 등을 하며 연습에 여러 제약을 세팅했다. 선수 스스로 움직임 솔루션을 찾아 나가는데 초점을 맞추었다. 마지막으로 차이학습법 그룹은 선수에게 랜덤한 변동성을 제공하는 방식으로 연습을 진행했다. 슈팅을 하는 발을 바꾸거나, 손의 위치에 변화를 주거나, 공의 종류를 바꾸는 등 다양하고 예측불가능한 변화를 주면서 선수들의 움직임을 교란시켰다.

연구팀은 부상 위험을 평가하기 위해 모든 연습이 끝나고 방향전환 테스트를 진행했다. 선수들은 정해진 마커까지 전속력으로 달린 다음 방향을45도로 꺾어야 했다. 연구팀은 모션트래킹 장비를 사용해 전방 십자인대 부상의 위험인자로 분류된 움직임 변수들을 측정했다. 앞선 연구를 통해 위험인자로 확인된 변수들은 몸통과 골반, 그리고 무릎의 굴곡각도와 지면반력의 최고값 등이었다.

측정 결과 제약주도접근법과 차이학습법을 적용해 연습한 그룹은 모두 좋은 방향으로 변화가 나타났다. 무릎의 굴곡각도는 커졌고, 지면 반력의 크기도 처방중심 교습 그룹에 비해 눈에 띄게 감소했다. 연습에 변동성을 추가해 스스로 움직임 솔루션을 탐색할 기회를 주는 것이 부상의 위험도 낮춘다는 사실을 뒷받침하는 결과라고 할 수 있다.

지각과 동작이 커플링된 연습이 과부하를 막아준다

11장에서 유소년 스포츠코칭에 대해 집중적으로 다루면서 우리는 경기의 속성을 잘 반영한 연습을 디자인하는 것이 어린 선수들을 육성하는데 있어서 매우 중요한 요소라는 점을 이야기했다. 경기의 속성을 반영한 연습은 기술습득 뿐만 아니라 부상 예방에도 도움이 된다는 것을 증명하는 여러 연구들이 있다. 그렇다면 코치는 사용하는 정보와 움직임의 측면에서 어느 정도 수준까지 경기와 비슷한 연습을 디자인해야 하는 것일까? 여기서 중요한 포인트는 (실제 경기처럼) 선수가 계획할 수도 없고, 미리 예측하기도 어려운 움직임을 어떻게 연습을 통해 경험하게 할 수 있는가 하는 점이다.

대부분의 스포츠에서는 선수가 계획하지 않은 움직임을 해야 하는 상황이 비일비재하게 일어난다. 축구의 수비수는 상대 공격수가 갑자기 방향을 바꿔 달리기 시삭하면 바로 반응해서 움직여야 한다. 골키퍼에게는 선수를 맞고 굴절된 공을 막아야 하는 일이 종종 벌어진다. 스파이크를 하기 위해 점프를 한 배구 선수는 순간적으로 눈에 들어온 상대 블로커의 위치 변화를 보고 공중에 뜬 상태에서 스파이크 동작을 바꾸기도 한다. 이러한 예측불가능한 움직임들을 선수가 연습을 하며 경험할 수 있도록 많은 코치들이 연습방법을 고민하고 있지만 상당히 어려운 과제인 것만은 분명하다.

나는 연습을 어떻게 진행해야 하는지 자문을 해달라는 요청을 코치들로부터 종종 받는다. 그래서 실제 현장에 나가 연습을 관찰할 때마다 이런 생각이 머릿속에 떠오르곤 한다. "이건 연습이라기보다 멋진 댄스 공연 같잖아?"

댄스 스포츠를 폄하하는 말이 아니라는 점을 먼저 말하고 싶다. 대다수 종목의 선수들이 예측가능한 움직임을 연습하는데 대부분의 시간을 쏟고 있다는 점을 지적하기 위한 표현이다. 나에게는 연습을 하는 선수들의 움직임이 마치 댄스의 안무처럼 느껴진다. 선수들은 지나가야 할 타이어나 콘이 어디 있는지 잘 알고 있다. 자신이 잡아야 할 공을 코치가 어느 타이밍에 어디로 던져줄 지를 알고 있다. 모든 것이 계획되어 있고 예측이 가능하다. 예기치 못한 움직임을 갑자기 하게 될 때 선수는 부상을 당할 위험이 높아진다. 하지만 선수들은 연습을 하며 돌발적인 상황에 직면해서 갑작스럽게 움직임에 변화를 주는 경험을 좀처럼 하지 못한다.

머카도-팔로미노Mercado-Palomino의 연구팀은 이것이 부상 예방의 관점에서 문제가 될 수 있다는 사실을 배구선수를 대상으로 진행한 연구를 통해 확인했다.[2] 연구팀은 12명의 세미프로급 배구선수들에게 네트 위의 세 지점 중 한 곳으로 블로킹을 할 것을 요청했다. 테스트는 두 가지 조건에서 진행되었다. 한번은 선수가 도움닫기를 시작하기 전에 블로킹을 하러갈 위치를 알려주었다. 또다른 조건에서는 선수가 도움닫기를 시작한 후에 네트 위에 부착된 라이트로 신호를 보내서 블로킹을 하러 갈 위치를 알려주었다.

연구팀은 코트에 측정장비를 설치해서 지면반력을 측정했다. 그리고 모션캡쳐시스템을 사용해 동작분석을 위한 데이터도 측정했다. 데이터를 분석한 결과 선수들은 블로킹을 하러갈 위치를 알고 점프를 할 때 무릎에 더 많은 힘이 가해졌다. 관절이 꺾이는 각도나 회전의 범위가 더 커진 것이 확인되었다. 무릎과 골반의 움직임을 분석해 보니 신호를 보고 급하게 블로킹의 위치를 선택해야 하는 조건에서 움직임의 변동성은 더 커졌다.

여기서 우리는 다음과 같은 점들을 확인할 수 있다. 정해진 움직임을 지나치게 강조하면 관절이 꺽이는 각도나 회전의 범위가 더 커지게 되면서 더 많은 스트레스가 가해지게 된다. 과사용으로 인한 부상 위험이 높아진다고 할 수 있다. 반면 미리 정해지지 않은 움직임을 연습하는 환경에서는 변동성이 주는 도움을 받게 된다. 움직임을 과도하게 제한하지 않기 때문이다.

이처럼 지각과 동작이 커플링된 연습이 움직임의 변동성을 키워 과부하의 위험을 줄여준다는 사실은 다른 연구를 통해서도 확인할 수 있다. 티드먼Tidman의 연구팀은 호주식 풋볼선수를 지각과 동작이 커플링된 연습을 한 그룹, 지각과 동작의 커플링이 끊어진 연습을 한 그룹, 그리고 아무런 연습도 하지 않은 대조군으로 나눠 테스트를 진행했다.[3] 지각과 동작의 커플링이 끊어진 연습을 한 그룹은 실제 경기상황을 보여주는 대형화면 앞에서 연습을 했다. 화면에 보이는 수비수의 태클을 피하기 위해 어디로 움직여야 하는지 구체적으로 지시를 받으며 움직였다. 동작을 선택하기 위해 지각기능을 동원할 필요가 없었다. 지각과 동작이 커플링된 연습을 한 그룹 역시 대형화면 앞에서 연습을 한 것은 같았다. 하지만 어디로 움직여야 한다는 구체적인 지시는 없었기 때문에 화면에 보이는 수비수의 태클을 피하기 위해 사이드스텝이나 크로스컷 동작을 해야 했다.

4주간 연습을 한 후에 진행된 테스트에서 지각과 동작이 커플링된 연습을 한 선수들은 관절에 최대의 힘이 가해지거나 근육이 최대로 활성화되는 경우가 눈에 띄게 줄어들었다. 이는 부상의 위험이 줄어들었음을 의미한다. 하지만 다른 두 그룹에서는 이런 결과가 나오지 않았다.

부상은 정말 안좋은 폼 때문에 일어나는 것일까?

'안좋은 폼' 때문에, 동작에 문제가 있기 때문에 부상이 일어난다고 많은 코치들은 말한다. 부상은 과연 어느 정도까지 동작의 문제 때문에 생긴다고 할 수 있을까? 선수 한 명 한 명의 동작을 꼼꼼히 분석하고 문제점을 찾아내면 정말로 부상을 예방할 수 있을까? 수터Sutter의 연구팀은 여기에 궁금증을 가지고 색다른 연구를 진행했다.[4] 연구팀은 1920년부터 2015년에 걸친 메이저리그 경기 영상에서 하나의 투구동작이 측면과 후방에서 촬영된 영상들만을 따로 모아 동작을 분석했다. 몸통의 기울기, 팔스윙, 상체가 서있는 자세, 앞발을 내딛는 위치, 팔의 가속경로, 마무리 동작, 이렇게 투구동작을 6가지의 요소로 나누고 각각에 대해 0~4점으로 점수를 매겼다. 완벽한 투구동작이라면 24점 만점이 되어야 했다. 449명의 서로 다른 투수들의 투구동작에 대해 점수가 매겨졌고, 이 선수들이 실제로 부상을 당한 횟수는 총 375번이었다.

투구동작에 대한 평가점수와 부상의 상관관계를 살펴보니 점수가 높은 투구동작일수록 부상의 위험도 크게 줄어들었다. 하지만 개별 요소를 기준으로 살펴보면 몸통의 기울기, 팔스윙, 앞발을 내딛는 위치는 부상과 크게 관계가 없었다. 그리고 이렇게 투구동작 전반에 점수를 매기는 방식이 나이와 같은 인구통계학적 요인으로 부상을 예측하는 것보다 더 정확했다. 어찌되었든 이런 연구결과는 동작과 부상 사이에는 분명한 상관관계가 있다는 사실을 보여준다.

선수마다의 고유한 움직임 패턴이 존재하지만 모든 기술은 또한 선수에 따라 변하기 힘든 공통적인 속성들을 조금씩 가지고 있기도 하다. 선수의 움직임이 그것에서 벗어나게 되면 경기력도 떨어지게 되고 부상의 위험도 높아지게 된다. 하지만 우리는 이것을 너무 절대적인 것으로 받아들여서도 곤란하다. 위의 연구는 투구동작의 문제들을 모두 합쳐도 투수가 부상을 당할 상대적 위험은 고작 8% 정도 증가한다고 분석했다. 안좋은 폼 때문에 당하는 부상도 당연히 있지만 부상에는 수많은 다른 요인들이 작용한다는 점을 인식해야 한다.

'재활'이라는 말을 버리자

부상을 입은 선수의 몸에는 어떤 일이 일어날까? 나는 '재활'이라든지 부상으로부터의 '회복' 같은 말 대신에 부상에 대한 '적응'이라는 표현을 우리 모두가 사용해야 한다고 생각한다. 재활이나 회복같은 말을 쓰면 선수는 무의식적으로 부상이 생기기 전으로 돌아가는 것을 목표로 하게 된다. 내가 볼 때 그런 생각은 문제가 있다. 왜냐하면 그렇게 부상 전으로 돌아가는 것은 불가능하기 때문이다.

"같은 강물에 두 번 발을 담글 수 없다."

그리스의 철학자 헤라클레이토스가 한 말이다. 부상이 생겼다는 것은 선수가 새로운 개인제약을 마주했다는 의미와 같다. 선수가 풀어야 할 새로운 문제가 생긴 것이다. 긍정적인 이야기를 먼저 하면, 제약의 변화에 적응하면서 움직임 솔루션을 만들어 내는 일은 선수들이 운동을 시작할 때부터 계속 해온 일이라는 점이다. 선수들은 다양한 제약조건의 변화에 맞추어 기술을 발전시켜 왔다. 몸도 계속 성장하며 바뀌어 왔고, 기술 수준도 계속 높아져 왔으며, 경기규칙과 장비의 변화도 겪어왔다. 늘 그렇게 변화를 겪으며 적응해 온 것이 선수들이다. 어떻게 보면 부상 역시 그런 변화의 또다른 일부일 뿐이다.

2019년에 네토Neto의 연구팀이 발표한 논문에는 전방십자인대 부상이 뇌에 일으키는 변화를 관찰한 흥미로운 내용이 담겨있다.[5] 전방십자인대 부상의 재발율은 약 30% 정도로 매우 높은 편이다. 이런 높은 재발율은 젊은 선수들도 마찬가지라고 알려져 있다. 나는 재활과정에 어떤 문제가 있기 때문에 재발율이 높은 것은 아닌지 추측해 본다. 혹시 선수가 부상으로 인해 새롭게 맞닥뜨린 개인제약을 충분히 고려하지 않고 재활과정이 이루어지는 것은 아닐까?

이 연구는 전방십자인대가 손상되면 감각과 운동을 담당하는 관련

뇌 영역에서도 장기적인 기능 변화가 일어난다는 사실을 밝히고 있다. 움직임을 조절하는 운동피질도 활동이 저하되고, 움직임을 느끼는 고유수용성감각과 촉각을 처리하는 기능도 떨어졌다. 전방십자인대 재건수술을 받아도 신경계의 기능저하는 회복이 되지 않는 것으로 관찰되었고. 수술 후에 성공적으로 복귀한 선수들 조차도 건강한 대조군과 비교했을 때 다른 뇌 활동이 확인되었다.

내가 부상을 당한 야구선수들의 주의초점attentional focus을 관찰한 연구도 비슷한 결과를 보여준다.[6] 나는 무릎 부상을 당해 재활을 하고 있는 타자가 스윙을 할 때, 그리고 팔꿈치 부상으로 재활을 하고 있는 투수가 공을 던질 때 주의를 어디로 가져가는지를 건강한 대조군과 비교하여 관찰하였다. 이를 위해 우리 연구팀은 타자가 배트를 휘두르는 사이에, 그리고 투수가 공을 던지는 사이에 짧은 소리를 들려주고 소리를 들은 시점에서의 팔의 각도, 무릎의 각도를 말해달라고 요청했다. 이를테면 '삐' 소리를 들었을 때 무릎이 45도 이상 구부러졌는지 등을 판단해서 알려주는 식이다. 나는 응답의 정확도 수준을 주의초점의 수준으로 간주했다. 대답이 정확할수록 그만큼 선수가 팔이나 무릎의 움직임에 더 많은 주의를 기울였을 가능성이 높기 때문이다.

타자의 팔의 움직임에 대해서는 부상 중인 선수와 부상이 없는 선수 사이에 주의초점의 수준은 차이가 없었다. 하지만 무릎의 각도에 대해서는 정확도가 확실히 차이가 났다. 무릎 부상에서 회복 중인 타자들이 무릎의 각도를 훨씬 더 정확하게 말하는 모습을 보였다. 부상은 선수로 하여금 부상을 당한 신체 부위에 더욱 주의를 쏟도록 만든다는 사실을 확인해 주는 연구결과라고 할 수 있다.

투수는 이야기가 조금 달랐다. 팔꿈치인대접합수술, 일명 토미존 수술을 받고 재활을 하고 있는 선수들은 건강한 대조군에 비해 무릎과 팔의 움직임 모두를 더 정확하게 인지했다. 투수에게는 팔꿈치 부상이 단순히 부상을 당한 팔 뿐만 아니라 신체 전반에 폭넓게 내적주의초점을 유도하는 것처럼 보인다. 다리를 움직이는 방식이 팔꿈치에 가해지는 스트레스에 영향을 주기 때문에 투수에게는 내적주의초점이 신체 전반에 보다 넓게 작용하는 것이 아닐까 나는 생각한다.

정리를 하자면, 부상은 선수가 마주하는 개인제약을 근본적으로 바꾼다. 그리고 이것은 단순히 일시적으로 일어나는 변화가 아니다. 선수는 바뀐 개인제약으로 인해 받아들이는 정보에도 차이가 생기게 된다. 정보라는 입력과 움직임이라는 출력 사이를 미세조정하는 방식도 달라지게 된다. 다소 과장해서 이야기하면 완전히 새로운 현실을 마주하고 있다고도 할 수 있다. 그러므로 재활 프로그램은 이 점을 고려해 재활을 시작할 때부터 퍼포먼스 향상을 위한 운동들을 적극적으로 반영해야 한다. 단순히 이전에 움직이던 방식으로 돌아가려는 노력만으로는 부족하다. 선수에게는 재활이 아니라 새로운 몸에 적응하기 위한 프로그램이 제공되어야 한다.

15장

레시피만 따라해서는 최고의 요리사가 될 수 없다

좋은 운동기술에 대한 생각과 어떻게 해야 좋은 기술을 익힐 수 있는지에 대한 정보들은 계속 변하고 있다. 기존의 처방중심 교습방식은 코치가 올바른 동작을 가르쳐 주고 선수는 반복훈련을 통해 그것을 익히면 된다고 믿는다. 하지만 이 책에서 제안하는 자기조직화 코칭모델은 선수가 주도적으로 환경을 탐색하면서 어포던스(행동의 기회)를 발견해 나가는 것을 지향한다. 환경과의 직접 연결을 통해 스스로 움직임 솔루션을 만들어 나간다.

나는 여러 종목에 자문을 해주면서 코치들의 변화를 목격했다. 많은 코치들이 처방중심의 코칭에서 벗어나 제약주도접근법이나 차이학습법과 같은 새로운 코칭 방법을 연습에 적용하기 시작했다. 코치들은 새로운 시도를 통해 얻은 경험을 나에게 피드백 해주었는데, 코치들의 이야기에는 주목할 만한 공통점이 있었다. 연습방법을 바꾸자 선수들의 에너지가 바로 바뀌었다는 점이다. 선수들이 연습에 참여하는 에너지의 변화가 바로 느껴졌다고 코치들은 말했다. 경기장에는 활력이 더욱 넘치고, 코치와 선수 사이의 대화도 늘어났으며, 선수들이 연습과 경기를 보다 즐겁게 하게 되었다고 전해준 코치들이 많았다. 이런 모습이야말로 우리가 스포츠를 하는 이유라고 할 수 있다.

물론 스포츠코칭과 운동학습 분야에는 여기서 소개하지 못한 많은 접근법과 이론들이 있다. 비록 이 책에서는 구시대의 유물처럼 묘사하긴 했지만, 정보이론에 기반한 기술습득 방법도 많은 훌륭한 학자들에 의해 계속해서 발전하고 있다.

이를 테면 최근 인기를 얻고 있는 '예측처리이론predictive processing'이 있다.[1] 예측처리이론은 인간의 뇌가 행동으로부터 얻게 될 감각 피드백을 예측하려고 한다는 주장을 한다. 또한 선수들이 상대의 움직임을 어떻게 예측하는지 관찰한 많은 연구들이 있다. 상대 선수의 바디랭귀지, 공의 궤적, 점수 등 다양한 단서들을 결합하고 가중치를 부여해서 진행하는 이런 연구에 사용되는 유명한 모델이 바로 베이즈 정리Bayes Theorem다.[2] 베이즈 정리를 적용한 많은 연구들 덕에 연습의 기대효과를 예상할 수 있는 여러 프로그램이 생겨났다.

그리고 여전히 많은 코치들은 멘탈 모델(내적인 운동 프로그램)을 중요하게 생각한다. 운동선수로서의 성공은 멘탈 모델을 풍부하게 발전시키고, 자신의 플레이를 어떻게 컨트롤해야 하는지 제대로 아는 것에 달려 있다고 믿는다.[3] 그래서 코치들은 선수들의 멘탈 모델을 가득 채우기 위해 화이트보드에 작전을 그리며 설명하는 것을 좋아한다.

이처럼 여전히 많은 연습 프로그램과 장비들이 기존의 처방중심 코칭방식을 기반으로 개발되고 있다. 하지만 연습의 대부분은 지각과 동작의 커플링이 끊어진 연습들이다. 신체 전반의 움직임보다는 특정 동작을 집중적으로 반복하는 고립연습들이다. 이런 연습을 하는 많은 코치들은 '내가 시키는 연습은 다르다'고 착각하며 새로운 관점을 인정하지 않는다.

깊은 어트랙터의 골짜기에서 빠져나온 나의 스토리

자기조직화 모델을 대표하는 사람은 어쩌면 나일지도 모른다. 나는 기술습득을 선형적인linear 과정으로 바라보는 전통적인 운동학습 이론들을 테스트하는데 경력의 초반부를 보냈다. 나는 최고의 선수들이 보여주는 움직임의 특징을 정의하고 싶었다. 최고의 선수들은 변동성이 적은 움직임을 가지고 있을 거라 믿었고, 반복훈련을 통해 익힌 동작을 자동으로 수행하는 능력이 뛰어나다는 것을 내 눈으로 확인하고 싶었다. 이렇듯 나는 연구자로서 운동선수와 마찬가지로 나 스스로 파놓은 어트랙터의 깊은 골짜기에 빠져 있었다. 그러다가 어떤 계기로 인해 그곳을 빠져 나와야겠다고 결심했다. 특히 야구코치, 야구선수들과 함께 일하게 된 것이 결정적인 계기가 되었다.

이제는 너무나 당연하게 받아들이고 있는 사실들을 야구선수들과의 협업을 통해 비로소 인식하기 시작했다. 선수들이 이전에 학습한 운동 프로그램(내적 모델)에 따라 기술을 수행한다는 기존의 생각이 움직임을 설명하는데 적절치 않아 보였다. 내가 타자를 대상으로 만든 예측 모델에도 의문이 생겼다. 언듯 보면 많은 것을 발견한 듯 보였지만, 움직임의 문제를 근본적으로 설명한다고 보기는 어려웠다. 문제는 다른 형태로 여전히 존재했다.

이를 테면 나의 예측 모델은 타자가 현재의 상황(카운트)에서 이전의 경험과 저장된 정보를 바탕으로 어떻게 이후의 상황을 예측하는지를 설명할 수 있었다. 하지만 그런 예측으로 무엇을 할 수 있는지에 대해서는 분명한 답을 주지 못했다. 타자가 다음 투구를 패스트볼로 예상했다고 해보자. 그런 예측이 어떻게 구체적인 스윙 동작을 이끌어낼 수 있을까? 그저 사전에 프로그래밍된 스윙을 해서 배트를 특정 시점에 특정한 위치로 보내면 되는 것인가? 9장에서 여러 연구들을 통해 자세히 들여다 본 바와 같이 이런 모델은 움직임을 온전히 설명하지 못한다.

어둠 속에서 진행했던 호나우도의 테스트로 돌아가 이 실험을 소개하고 있는 영상에 올라온 설명을 다시 소환해 보자.

> "호나우도의 무의식에 저장된 프로그램은 0.5초 단위까지 크로스를 보내는 키커의 바디랭귀지를 해석한다. 공이 어느 방향으로, 어떤 스피드와 궤적으로 날아갈지를 순간적으로 계산한다. 그리고는 최적의 타이밍에 공이 날아오는 지점에 닿을 수 있도록 몸을 프로그래밍한다. 그의 머릿속은 마치 수학문제를 푸는 컴퓨터처럼 작동한다."

이게 정말 가능한 일일까? 최적의 타이밍에 딱 그 지점에 닿을 수 있도록 어떻게 사전에 프로그래밍할 수 있단 말인가? 내가 여기서 말하고자 하는 포인트는 이것이다. 사전에 학습된 운동 프로그램이 중요하다는 기존의 생각을 모두 부정한다기 보다는 이런 관점이 지니고 있는 문제를 이야기하고 싶은 것이다. 선수의 기술이 머릿속에 있는 내적 모델에 기반해 일어난다고 하는 생각으로는 여전히 많은 문제들이 풀리지 않는다. 불이 꺼지는 순간 호나우도는 무의식에 저장된 정보를 바탕으로 공의 궤적을 예측하고 움직였을까? 아니면 다른 무언가가 작용한 것일까?

선수의 몸은 코치의 말에는 관심이 없다

나도 같은 실수를 저질렀지만 보통 운동기술에 대해 이야기를 할 때 움직임 코디네이션은 고려하지 않는 경향이 있다. "뒷무릎을 펴. 앞다리를 세워, 팔꿈치를 조금더 구부려." 선수들은 "이렇게 움직여. 저렇게 움직여"라는 코치의 주문으로 인해 어려움을 겪는다.

〈그림 15-1〉은 널리 알려진 개리 클라인Gary Klein의 인식 기반 의사결정 모델 recognition primed decision-making model 이다. 어떤 동작에 대한 결정이 내려지기까지 무슨 일이 일어나는지 상세한 단계와 과정들이 정리되어 있다. 무척 복잡해 보이지만 하나의 문장으로 간단히 요약할 수 있다. 우리는 단지 '일련의 행동action'을 계속해서 실행하고 있다는 사실이다.

많은 코치들이 선수가 만들어야 하는 코디네이션이나 움직임을 마치 X-BOX 컨트롤러의 'A' 버튼을 누르면 나오는 것처럼 단순하게 생각한다. 인식 기반 의사결정 모델은 〈그림 12-1〉에서 다룬 모델과 비교해서 보면 좋다. 축구선수가 날아오는 공에 반응하며 지속적으로 각도를 조절하는 모델로 인간이 움직임을 어떻게 컨트롤하는지, 정보가 움직임을 컨트롤하는데 어떻게 사용되는지를 구체적으로 설명해 준다. 혁신적인 트레이닝 기법으로 유명한 프란스 보쉬Frans Bosch가 한 말이 있다.[4]

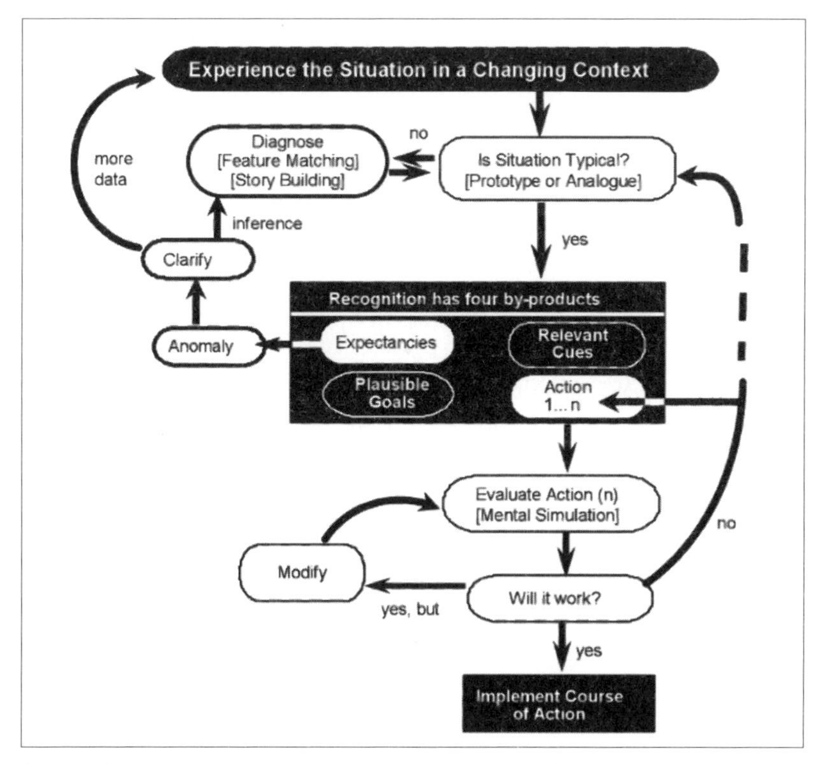

〈그림 15-1〉 인식 기반 의사결정 모델의 움직임 제어. 개리 클라인(1993)

"선수의 몸은 코치가 하는 말에는 거의 관심이 없다."

나 역시 선수들과 일을 하며 이 사실을 깨닫게 되었고, 운동학습과 스포츠코칭의 영역을 탐구해 나가는 여정에 큰 분기점이 되었다. 팔이 벌어져서 나오는 투수를 대상으로 진행했던 연구처럼 나는 좋은 피칭이나 타격에 필요한 주요 공통적인 특성들을 발견하기 위해 많은 시간을 투자했다. 그런데 연구를 해나가면서 나는 또다른 중요한 사실을 깨닫게 되었다. 내가 발견한 것을 가지고 선수에게 무엇을 어떻게 해야 할지 모르겠다는 점이었다. 또한 나는 움직임을 설명하는 것과 움직임을 가르치는 것은 엄청나게 다르다는 것을 알게 되었다.

앞서 소개한 기블린Giblin의 테니스 선수들을 대상으로 한 연구사례처럼 선수들은 동작의 교정을 위해 내가 전달하는 간단한 교습도 잘 받아들이지 못했다. 프란스 보쉬의 말처럼 선수의 몸은 코치가 하는 말에는 관심이 없어 보였다. 나 역시 동작을 어떻게 교정해야 하는지는 알았지만 그것을 위해 몸을 어떻게 움직여야 한다고 선수에게 말하기가 너무나 어려웠다. 선수 스스로도 자신의 몸에 명령을 내리는 것을 어려워했다. 무언가를 알아내는 것과 그것을 선수에게 적용하는 것은 다른 차원의 일이었다.

또한 나는 움직임의 변동성에 대해 점점 알아가면서 이전과는 다른 관점으로 연구를 진행하기 시작했다. 나는 조종사가 비행기를 착륙시킬 때 컨트롤스틱을 어떻게 조작하는지 관찰하는 연구를 진행한 적이 있다. 비행 시뮬레이터를 이용해 움직임의 변동성을 들여다 본 테스트였다.[5] 이를 위해 우리 연구팀은 경험이 부족한 초보 조종사들과 평균 6000시간 이상의 비행 경험을 가진 베테랑 조종사들의 움직임을 비교했다. 연구에 참여한 조종사 중에는 15,000시간이 넘는 비행 경험을 가진 사람도 있었다. 당시에 우리는 당연히 베테랑 조종사들이 움직임의 변동성이 적을거라고 생각했다. 하지만 우리가 눈으로 확인한 사실은 정반대였다. 베테랑 조종사들이 초보 조종사들에 비해 컨트롤스틱을 조작하는 움직임의 변동성이 1.5배 이상 컸다.

또한 우리는 앞이 잘 안보이는 상황을 만들어 조종사들이 어떻게 반응하는지를 관찰했다. 베테랑 조종사들은 그런 제약이 주어졌을 때 안전한 착륙에 필요한 정보를 얻기 위해 움직임에 더 많은 변화를 주는 모습 을 보였다. 이는 마치 최고의 축구선수들이 패스를 받기 전에 머리와 눈을 계속 움직이며 주변의 정보를 체크하는 모습과 비슷하다고 할 수 있다.[6]

직접 해보면서 만들어 가는 여정

이 책에서 소개하는 새로운 스포츠코칭 접근법에 대해 호기심이 생겼으면 하는 바램이다. "이거에 대해서는 조금더 알고 싶은데?" 이 책은 많은 코치들에게 이런 영감이 일어나기를 바라는 마음으로 쓴 책이다. 조금더 알아보고 싶은 마음이 생겼다면 이 책에서 줄곧 이야기했던 개념들을 그대로 공부에 적용해 보라고 권하고 싶다. 바로 자기조직화 모델이다. 공부 따로 연습 따로가 아니라 공부와 연습을 연결해서 배워나가는 방식이다. 전문가를 찾아 다니며 지식을 수동적으로 받아들이는 대신 직접 경험해 보면서 익혀 나가는 방식이다. 널리 알려진 논문이나 책을 읽으면서 머리를 채우려고 하기 보다는 자신의 호기심이 이끄는 대로 비선형적인 탐구의 과정을 가보는 것이다. 단순히 새로운 연습이라고 해서 기존의 연습을 대신하기 보다는 스스로 해보고 판단하면서 연습을 디자인하는 능력을 키워나가는 것이다. 레시피만 따라해서는 최고의 요리사가 될 수 없다.

여기서 다룬 내용들을 조금더 들여다 보고 싶은 분들을 위해 아래에 자료들을 정리해 놓았다. 하지만 이 자료들은 반드시 공부해야 하는 숙제라기 보다는 가이드에 가깝다. 우리는 많은 것들을 보고 듣고 읽으면서 성장한다. 우연히 접한 어떤 정보 하나가 세상을 보는 관점을 송두리째 바꾸기도 한다. 그 정보로 인해 이후에 만나는 많은 정보들을 더 잘 이해하게 된다. 또한 내 경험으로는 '언제' 봤는지가 '무엇을' 봤는지 만큼이나 중요하다. 나에게는 깁슨Gibson의 논문을 세 번째 읽은 순간이 그랬다. 그 이후로 세상과 운동기술에 대한 생각이 근본적으로 바뀌었다.

우리가 나눈 이야기들은 정말 매력적인 주제다. 나는 이 주제를 탐험해 나가는 길이 정말 재미있다. 여러분들도 나 이상으로 이 탐험의 여정을 즐겼으면 한다. 나와의 짧은 여정을 마친 모두에게 축하를 보내며, 마지막으로..

커플링을 잊지 말자!

탐구의 여정을 이어 나가고 싶은 분들을 위한 가이드 

미주

1장

1. Wooden, J., & Jamison, S. (1997). *Wooden: A lifetime of observations and reflections on and off the court* (p. 201). New York: McGraw-Hill.
2. Robbins, T. (2007). *Awaken the giant within: How to take immediate control of your mental, emotional, physical and financial*. Simon and Schuster.
3. Ziglar, Z. (2007). *Better than good: Creating a life you can't wait to live*. Thomas Nelson.
4. Coyle, D. (2009). *The talent code: Unlocking the secret of skill in maths, art, music, sport, and just about everything else*. Random House.
5. "A baseball swing is a very finely tuned instrument. It is repetition, and more repetition, then a little more after that". Reggie Jackson
6. "Don't be afraid to scrape the paint off and do it again. This is the way you learn, trial and error, over and over, repetition. It pays you great dividends, great, great dividends". Bob Ross
7. Bernstein, N. A., Latash, M. L., & Turvey, M. T. (2014). *Dexterity and its development*. Psychology Press.
8. Gandon, E., Bootsma, R. J., Endler, J. A., & Grosman, L. (2013). How can ten fingers shape a pot? Evidence for equivalent function in culturally distinct motor skills. *PLOS one*, *8*(11), e81614.
9. Zheng, N., Barrentine, S. W., Fleisig, G. S., & Andrews, J. R. (2008). Kinematic analysis of swing in pro and amateur golfers. *International Journal of Sports Medicine*, *29*(06), 487-493.
10. Ericsson, A., & Pool, R. (2016). *Peak: Secrets from the new science of expertise*. Houghton Mifflin Harcourt.
11. Schöllhorn, W. I., & Bauer, H. U. (1998). Identifying individual movement styles in high performance sports by means of self-organizing Kohonen maps. In *ISBS-Conference Proceedings Archive*

    Figueiredo, P., Seifert, L., Vilas-Boas, J. P., & Fernandes, R. J. (2012). Individual profiles of spatio-temporal coordination in high intensity swimming. *Human movement science*, *31*(5), 1200-1212.
12.
13. Horst, F., Janssen, D., Beckmann, H., & Schöllhorn, W. I. (2020). Can individual movement characteristics across different throwing disciplines be identified in high-performance decathletes?. *Frontiers in psychology*, *11*.

2장

1. Shaffer, F., & Ginsberg, J. P. (2017). An overview of heart rate variability metrics and norms. *Frontiers in public health*, *5*, 258.
2. Hasegawa, Y., Sumi, K., & Miura, A. (2020). State anxiety and low-frequency heart rate variability in high-level amateur golfers while putting under pressure. *International Journal of Sport and Health Science*, *18*, 144-153.
3. Regan, D., & Beverley, K. I. (1980). Visual responses to changing size and to sideways motion for different directions of motion in depth: Linearization of visual responses. *JOSA*, *70*(11), 1289-1296.
4. Blakemore, C., Muncey, J. P., & Ridley, R. M. (1971). Perceptual fading of a stabilized cortical image. *Nature*, *233*(5316), 204-205.
5. Rucci, M., Iovin, R., Poletti, M., & Santini, F. (2007). Miniature eye movements enhance fine spatial detail. *Nature*, *447*(7146), 852-855.
6. Shannon, C. E. (1948). A mathematical theory of communication. *The Bell system technical journal*, *27*(3), 379-423.
7. Renart, A., & Machens, C. K. (2014). Variability in neural activity and behavior. *Current opinion in neurobiology*, *25*, 211-220.
8. Waddington, G., & Adams, R. (2003). Football boot insoles and sensitivity to extent of ankle inversion movement. *British journal of sports medicine*, *37*(2), 170-175.
9. Auditory Resonance demo: https://youtu.be/4pEVl2Q86QM
10. Davids, K., Shuttleworth, R., Button, C., Renshaw, I., & Glazier, P. (2004). "Essential noise"–enhancing variability of informational constraints benefits movement control: a comment on Waddington and Adams (2003). *British journal of sports medicine*, *38*(5), 601-605.
11. Nadal & Carlin (2011). Rafa. Hyperion
12. Fitch, H. L. (2014). The Bernstein Perspective: I. The Problems of Degrees of Freedom and Context-Conditioned. *Human Motor Behavior: An Introduction*, 239.
13. James, C. R. (2004). Considerations of movement variability in biomechanics research. *Innovative analyses of human movement*, 29-62.
14. Bonacci, J., Fox, A., Hall, M., Fuller, J. T., & Vicenzino, B. (2020). Effect of gait retraining on segment coordination and joint variability in individuals with patellofemoral pain. *Clinical Biomechanics*, *80*, 105179.

3장

1. Schmidt, R. A. (1975). A schema theory of discrete motor skill learning. *Psychological review*, *82*(4), 225.
2. "25 Years of Dynavision: A Case Study of Vision Training in Sports" https://perceptionaction.com/12d/
3. "New Research on Generalized Perceptual-Cognitive Training" https://perceptionaction.com/167-2/
4. Formenti, D., Duca, M., Trecroci, A., Ansaldi, L., Bonfanti, L., Alberti, G., & Iodice, P. (2019). Perceptual vision training in non-sport-specific context: effect on performance skills and cognition in young females. *Scientific reports*, *9*(1), 1-13.

5. https://www.ftc.gov/news-events/press-releases/2015/09/ftc-charges-marketers-vision-improvement-app-deceptive-claims
6. https://www.ftc.gov/news-events/press-releases/2016/01/lumosity-pay-2-million-settle-ftc-deceptive-advertising-charges
7. Potts, W. K. (1984). The chorus-line hypothesis of manoeuvre coordination in avian flocks. *Nature, 309*(5966), 344-345.

4장

1. Uehara, L., Button, C., Araújo, D., Renshaw, I., & Davids, K. (2018). The role of informal, unstructured practice in developing football expertise: the case of Brazilian Pelada. *Journal of Expertise, 1*(3), 162-180.
2. Passan, J. (2016). *The arm: Inside the billion-dollar mystery of the most valuable commodity in sports*. HarperCollins.
3. Pitching in sand https://youtu.be/1RFOoyl5Tho?t=1490
4. Newell, K. (1986). Constraints on the development of coordination. *Motor development in children: Aspects of coordination and control.*
5. Milanese, C., Corte, S., Salvetti, L., Cavedon, V., & Agostini, T. (2016). Correction of a technical error in the golf swing: Error amplification versus direct instruction. *Journal of motor behavior, 48*(4), 365-376.
6. Chase, M. A., Ewing, M. E., Lirgg, C. D., & George, T. R. (1994). The effects of equipment modification on children's self-i and basketball shooting performance. *Research Quarterly for Exercise and Sport, 65*(2), 159-168.
7. Dicks, M., Davids, K., & Button, C. (2010). Individual differences in the visual control of intercepting a penalty kick in association football. *Human movement science, 29*(3), 401-411.
8. Gray, R. (2017). Transfer of training from virtual to real baseball batting. *Frontiers in Psychology.*
9. Uehara, L., Button, C., Araújo, D., Renshaw, I., & Davids, K. (2018). The role of informal, unstructured practice in developing football expertise: the case of Brazilian Pelada. *Journal of Expertise, 1*(3), 162-180.

5장

1. Gray, R. (2014). Embodied perception in sport. *International Review of Sport and Exercise Psychology, 7*(1), 72-86.
2. Proffitt, D. R., Stefanucci, J., Banton, T., & Epstein, W. (2003). The role of effort in perceiving distance. *Psychological Science, 14*(2), 106-112.
3. Taylor-Covill, G. A., & Eves, F. F. (2014). When what we need influences what we see: Choice of energetic replenishment is linked with perceived steepness. *Journal of Experimental Psychology: Human Perception and Performance, 40*(3), 915.
4. Gray, R. (2014). Embodied perception in sport. *International Review of Sport and Exercise Psychology, 7*(1), 72-86.
5. Gray, R., & Cañal-Bruland, R. (2015). Attentional focus, perceived target size, and movement kinematics under performance pressure. *Psychonomic bulletin & review, 22*(6), 1692-1700.

6. Gibson, J. J. (1979). The Ecological Approach to Visual Perception. Psychology Press
7. Warren Jr, W. H., & Whang, S. (1987). Visual guidance of walking through apertures: body-scaled information for affordances. *Journal of experimental psychology: human perception and performance*, *13*(3), 371.
8. Warren, W. H. (1984). Perceiving affordances: visual guidance of stair climbing. *Journal of experimental psychology: Human perception and performance*, *10*(5), 683.
9. Franchak, J. M., & Adolph, K. E. (2014). Gut estimates: Pregnant women adapt to changing possibilities for squeezing through doorways. *Attention, Perception, & Psychophysics*, *76*(2), 460-472.
10. van Knobelsdorff, M. H., van Bergen, N. G., van der Kamp, J., Seifert, L., & Orth, D. (2020). Action capability constrains visuo-motor complexity during planning and performance in on-sight climbing. *Scandinavian Journal of Medicine & Science in Sports*, *30*(12), 2485-2497.
11. Gray, R. (2013). Being selective at the plate: Processing dependence between perceptual variables relates to hitting goals and performance. *Journal of Experimental Psychology: Human Perception and Performance*, *39*(4), 1124.
12. Eves, F. F., Thorpe, S. K., Lewis, A., & Taylor-Covill, G. A. (2014). Does perceived steepness deter stair climbing when an alternative is available?. *Psychonomic bulletin & review*, *21*(3), 637-644.

6장

1. Schöner, G., Zanone, P. G., & Kelso, J. A. S. (1992). Learning as change of coordination dynamics: Theory and experiment. *Journal of motor behavior*, *24*(1), 29-48.
2. Zanone, P. G., & Kelso, J. A. (1992). Evolution of behavioral attractors with learning: nonequilibrium phase transitions. *Journal of Experimental Psychology: Human perception and performance*, *18*(2), 403.
3. Clark, J. E. (1995). On becoming skillful: Patterns and constraints. *Research quarterly for exercise and sport*, *66*(3), 173-183.
4. Tim Tebow's throwing mechanics https://youtu.be/w9R7vd78q1A
5. Gladwell, M. (2008). *Outliers: The story of success*. Little, Brown.

7장

1. Aguinaldo, A. L., & Chambers, H. (2009). Correlation of throwing mechanics with elbow valgus load in adult baseball pitchers. *The American journal of sports medicine*, *37*(10), 2043-2048.
2. Giblin, G., Farrow, D., Reid, M., Ball, K., & Abernethy, B. (2015). Exploring the kinaesthetic sensitivity of skilled performers for implementing movement instructions. *Human Movement Science*, *41*, 76-91.
3. Gray, R., Allsop, J., & Williams, S. (2013). Changes in putting kinematics associated with choking and excelling under pressure. *International Journal of Sport Psychology*, *44*(4), 387-407.

4. Lola, A. C., & Tzetzis, G. (2020). Analogy versus explicit and implicit learning of a volleyball skill for novices: The effect on motor performance and self-efficacy. *Journal of Physical Education and Sport*, *20*(5), 2478-2486.
5. Connection ball https://youtu.be/mSK7PnKm6Hg
6. Newell, K. M. (2003). Change in motor learning: a coordination and control perspective. *Motriz, Rio Claro*, *9*(1), 1-6.
7. Lee, M. C. Y., Chow, J. Y., Komar, J., Tan, C. W. K., & Button, C. (2014). Nonlinear pedagogy: an effective approach to cater for individual differences in learning a sports skill. *PloS one*, *9*(8), e104744.

8장

1. Schollhorn, W. I., Beckmann, H., Michelbrink, M., Sechelmann, M., Trockel, M., & Davids, K. (2006). Does noise provide a basis for the unification of motor learning theories?. *International journal of sport psychology*, *37*(2/3), 186.
2. Schollhorn, W. I., Hegen, P., & Davids, K. (2012). The nonlinear nature of learning-A differential learning approach. *The Open Sports Sciences Journal*, *5*(1).

9장

1. Guimarães AN, Ugrinowitsch H, Dascal JB, Porto AB, Okazaki VHA. Freezing Degrees of Freedom During Motor Learning: A Systematic Review. Motor Control. 2020 Mar 28;24(3):457-471. doi: 10.1123/mc.2019-0060. PMID: 32221040.
2. Hodges, N. J., Hayes, S., Horn, R. R., & Williams, A. M. (2005). Changes in coordination, control and outcome as a result of extended practice on a novel motor skill. *Ergonomics*, *48*(11-14), 1672-1685.
3. Kato, T., & Fukuda, T. (2002). Visual search strategies of baseball batters: eye movements during the preparatory phase of batting. *Perceptual and motor skills*, *94*(2), 380-386.
4. Klostermann, A., Vater, C., Kredel, R., & Hossner, E. J. (2015). Perceptual training in beach volleyball defence: different effects of gaze-path cueing on gaze and decision-making. *Frontiers in psychology*, *6*, 1834.
5. Gray, R. (2020). Changes in movement coordination associated with skill acquisition in baseball batting: Freezing/freeing degrees of freedom & functional variability. *Frontiers in Psychology*
6. Yang, J. F., & Scholz, J. P. (2005). Learning a throwing task is associated with differential changes in the use of motor abundance. *Experimental brain research*, *163*(2), 137-158.
7. Morrison, A., McGrath, D., & Wallace, E. S. (2016). Motor abundance and control structure in the golf swing. *Human movement science*, *46*, 129-147.

10장

1. https://www.macleans.ca/news/canada/record-setting-high-jumper-who-invented-technique/

2. Orth, D., McDonic, L., Ashbrook, C., & van der Kamp, J. (2019). Efficient search under constraints and not working memory resources supports creative action emergence in a convergent motor task. *Human movement science*, *67*, 102505.
3. Working Memory Capacity Test https://www.cognifit.com/cognitive-assessment/battery-of-tests/wom-asm-test/sequential-test
4. Renshaw, I., Glazier, P., Davids, K., & Button, C. (2005). Uncovering the secrets of The Don: Bradman reassessed. *Sport Health*, *22*(4), 16-21.
5. Caso, S., & van der Kamp, J. (2020). Variability and creativity in small-sided conditioned games among elite soccer players. *Psychology of Sport and Exercise*, *48*, 101645.
6. Torrents Martín, C., Ric, Á., & Hristovski, R. (2015). Creativity and emergence of specific dance movements using instructional constraints. *Psychology of Aesthetics, Creativity, and the Arts*, *9*(1), 65.

11장

1. Gray, R., Regan, D., Castaneda, B., & Sieffert, R. (2006). Role of feedback in the accuracy of perceived direction of motion-in-depth and control of interceptive action. *Vision research*, *46*(10), 1676-1694.
2. Goodale, M. A., & Milner, A. D. (1992). Separate visual pathways for perception and action. *Trends in neurosciences*, *15*(1), 20-25.
3. Bruno, N., & Franz, V. H. (2009). When is grasping affected by the Müller-Lyer illusion?: A quantitative review. *Neuropsychologia*, *47*(6), 1421-1433.
4. Stevenson, K. P., Smeeton, N. J., Filby, W. C., & Maxwell, N. S. (2015). Assessing representative task design in cricket batting: Comparing an in-situ and laboratory-based task. *International Journal of Sport Psychology*, *46*(6), 758-779.
5. Buszard, T., Garofolini, A., Reid, M., Farrow, D., Oppici, L., & Whiteside, D. (2020). Scaling sports equipment for children promotes functional movement variability. *Scientific reports*, *10*(1), 1-8.
6. Arias, J. L. (2012). Influence of ball weight on shot accuracy and efficacy among 9-11-year-old male basketball players. *Kinesiology*, *44*(1).
7. Pellett, T. L., Henschel-Pellett, H. A., & Harrison, J. M. (1994). Influence of ball weight on junior high school girls' volleyball performance. *Perceptual and motor skills*, *78*(3_suppl), 1379-1384.
8. Buszard, T., Garofolini, A., Reid, M., Farrow, D., Oppici, L., & Whiteside, D. (2020). Scaling sports equipment for children promotes functional movement variability. *Scientific reports*, *10*(1), 1-8.
9. Práxedes, A., Del Villar, F., Pizarro, D., & Moreno, A. (2018). The impact of nonlinear pedagogy on decision-making and execution in youth soccer players according to game actions. *Journal of human kinetics*, *62*, 185.
10. https://perceptionaction.com/196/
11. Strafford, B. W., Van Der Steen, P., Davids, K., & Stone, J. A. (2018). Parkour as a donor sport for athletic development in youth team sports: insights through an ecological dynamics lens. *Sports medicine-open*, *4*(1), 1-6.
12. Han, J., Waddington, G., Anson, J., & Adams, R. (2015). Level of competitive success achieved by elite athletes and multi-joint proprioceptive ability. *Journal*

13. Alexander, K. R. (2013). Some Seed Fell on Stony Ground: Three Models-Three Strikes!.

12장

1. Wooden, J., & Jamison, S. (1997). *Wooden: A lifetime of observations and reflections on and off the court* (p. 201). New York: McGraw-Hill.
2. Peale, N. V. The Power of Positive Thinking. Simon & Schuster
3. Sharman, B. (1965). *Sharman on basketball shooting*. Prentice-Hall.
4. Chardenon, A., Montagne, G., Buekers, M. J., & Laurent, M. (2002). The visual control of ball interception during human locomotion. *Neuroscience letters*, *334*(1), 13-16.
5. Ingold, T. (2002). *The perception of the environment: essays on livelihood, dwelling and skill*. routledge.
6. Jacobs, D. M., & Michaels, C. F. (2007). Direct learning. *Ecological psychology*, *19*(4), 321-349.
7. Mohebbi, R. & Gray, R. (2007). Perceptual-motor control strategies for left-turn execution. *Driver Assessment 2007 Proceedings.* Iowa City, IA.: University of Iowa Public Policy Center.
8. Lee, D. N., Lishman, J. R., & Thomson, J. A. (1982). Regulation of gait in long jumping. *Journal of Experimental Psychology: Human perception and performance*, *8*(3), 448.
9. Warren Jr, W. H., Young, D. S., & Lee, D. N. (1986). Visual control of step length during running over irregular terrain. *Journal of Experimental Psychology: Human Perception and Performance*, *12*(3), 259.
10. Fajen, B. R., & Warren, W. H. (2003). Behavioral dynamics of steering, obstable avoidance, and route selection. *Journal of Experimental Psychology: Human Perception and Performance*, *29*(2), 343.
11. Fitts, P. M., & Posner, M. I. (1967). Human performance.
12. Araújo, D., & Davids, K. (2011). What exactly is acquired during skill acquisition?. *Journal of Consciousness Studies*, *18*(3-4), 7-23.

13장

1. Dunton, A., O'Neill, C., & Coughlan, E. K. (2019). The impact of a training intervention with spatial occlusion goggles on controlling and passing a football. *Science and Medicine in Football*, *3*(4), 281-286.
2. Oudejans, R. R. (2012). Effects of visual control training on the shooting performance of elite female basketball players. *International Journal of Sports Science & Coaching*, *7*(3), 469-480.
3. Oudejans, R. R., Heubers, S., Ruitenbeek, J. R. J., & Janssen, T. W. (2012). Training visual control in wheelchair basketball shooting. *Research Quarterly for Exercise and Sport*, *83*(3), 464-469.
4. Stroboscopic glasses https://www.youtube.com/watch?v=4txQ_ZWfsZI
5. Wilkins, L., & Appelbaum, L. G. (2020). An early review of stroboscopic visual training: Insights, challenges and accomplishments to guide future studies. *International Review of Sport and Exercise Psychology*, *13*(1), 65-80.

6. Gray, R. (2019). Virtual environments and their role in developing perceptual-cognitive skills in sports. In *Anticipation and decision making in sport* (pp. 342-358). Routledge.
7. Gray, R. (2018). Comparing cueing and constraints interventions for increasing launch angle in baseball batting. *Sport, Exercise, and Performance Psychology*, *7*(3), 318.
8. Gray, R. (2020). Comparing the constraints led approach, differential learning and prescriptive instruction for training opposite-field hitting in baseball. *Psychology of Sport and Exercise*, *51*, 101797.
9. Fleisig, G. S., Diffendaffer, A. Z., Ivey, B., & Aune, K. T. (2018). Do baseball pitchers improve mechanics after biomechanical evaluations?. *Sports biomechanics*, *17*(3), 314-321.
10. Felton, P. J., Yeadon, M. R., & King, M. A. (2020). Optimising the front foot contact phase of the cricket fast bowling action. *Journal of Sports Sciences*, *38*(18), 2054-2062.
11. Boyd, J., & Godbout, A. (2010). Corrective sonic feedback for speed skating: A case study. Georgia Institute of Technology.
12. Gray, R. (2015, September). The Moneyball problem: what is the best way to present situational statistics to an athlete?. In *Proceedings of the Human Factors and Ergonomics Society Annual Meeting* (Vol. 59, No. 1, pp. 1377-1381). Sage CA: Los Angeles, CA: SAGE Publications.
13. Gray, R., Orn, A., & Woodman, T. (2017). Ironic and reinvestment effects in baseball pitching: How information about an opponent can influence performance under pressure. *Journal of Sport and Exercise Psychology*, *39*(1), 3-12.
14. Wulf, G. (2013). Attentional focus and motor learning: a review of 15 years. *International Review of sport and Exercise psychology*, *6*(1), 77-104.
15. Zachry, T., Wulf, G., Mercer, J., & Bezodis, N. (2005). Increased movement accuracy and reduced EMG activity as the result of adopting an external focus of attention. *Brain research bulletin*, *67*(4), 304-309.
16. Yeoman, B., Birch, P. D., & Runswick, O. R. (2020). The effects of smart phone video analysis on focus of attention and performance in practice and competition. *Psychology of Sport and Exercise*, *47*, 101644.

14장

1. Orangi, B. M., Yaali, R., Bahram, A., Aghdasi, M. T., van der Kamp, J., Vanrenterghem, J., & Jones, P. A. (2021). Motor learning methods that induce high practice variability reduce kinematic and kinetic risk factors of non-contact ACL injury. *Human Movement Science*, *78*, 102805.
2. Mercado-Palomino, E., Richards, J., Molina-Molina, A., Benítez, J. M., & Espa, A. U. (2020). Can kinematic and kinetic differences between planned and unplanned volleyball block jump-landings be associated with injury risk factors?. *Gait & posture*, *79*, 71-79.
3. Tidman, S. J., Lay, B., Byrne, S., Bourke, P., & Alderson, J. (2020). Reducing anterior cruciate ligament injury risk factors by training perception: How vital is maintaining the perception-action coupling?. *ISBS Proceedings Archive*, *38*(1), 440.

4. Sutter, E. G., Orenduff, J., Fox, W. J., Myers, J., & Garrigues, G. E. (2018). Predicting injury in professional baseball pitchers from delivery mechanics: a statistical model using quantitative video analysis. *Orthopedics*, *41*(1), 43-53.
5. Neto, T., Sayer, T., Theisen, D., & Mierau, A. (2019). Functional brain plasticity associated with ACL injury: a scoping review of current evidence. *Neural plasticity*, *2019*.
6. Gray, R. (2015). Differences in attentional focus associated with recovery from sports injury: does injury induce an internal focus?. *Journal of sport and exercise psychology*, *37*(6), 607-616.

15장

1. Clark, A. (2013). Whatever next? Predictive brains, situated agents, and the future of cognitive science. *Behavioral and brain sciences*, *36*(3), 181-204.
2. Gredin, N. V., Bishop, D. T., Williams, A. M., & Broadbent, D. P. (2020). The use of contextual priors and kinematic information during anticipation in sport: toward a Bayesian integration framework. *International Review of Sport and Exercise Psychology*, 1-25.
3. Filho, E., Tenenbaum, G., & Yang, Y. (2015). Cohesion, team mental models, and collective efficacy: towards an integrated framework of team dynamics in sport. *Journal of sports sciences*, *33*(6), 641-653.
4. Bosch, F. The Anatomy of Agility. HHMR Media.
5. Gibb, R., Schvaneveldt, R., & Gray, R. (2008). Visual misperception in aviation: Glide path performance in a black hole environment. *Human factors*, *50*(4), 699-711.
6. Aksum, K. M., Pokolm, M., Bjørndal, C. T., Rein, R., Memmert, D., & Jordet, G. (2021). Scanning activity in elite youth football players. *Journal of Sports Sciences*, 1-10.

마지막으로 저의 커리어를 이끌어 주신 두 분의 멘토,
퀸즈대학의 베리 프로스트 교수님, 요크대학의 데이비드 마틴 리건 교수님께 감사드립니다.

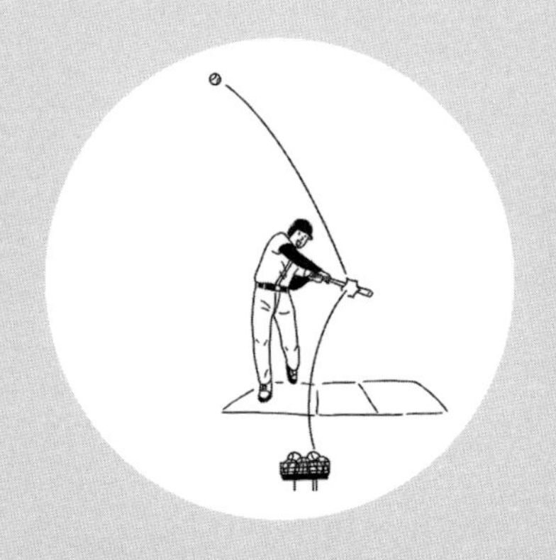